2024年度 明星高等学校（本科）

【英　語】（40分）〈満点：100点〉

I　リスニング問題です。放送を聞き、以下の【問題A】【問題B】に答えなさい。

【問題A】3つの対話文を聞いて、その最後の発話に対する応答として最も適当なものを、①～④の中から一つ選び、番号をマークしなさい。（選択肢はすべて放送されます。）

対話文1　［ 1 ］

①

②

③

④

対話文2　［ 2 ］

①

②

③

④

対話文3　［ 3 ］

①

②

③

④

【問題B】英文とそれに対する質問を聞き、その答えとして最も適当なものを、①～④の中から一つ選び、番号をマークしなさい。(選択肢はすべて放送されます。)

Question No.1 　4

①

②

③

④

Question No.2 　5

①

②

③

④

※　リスニングテスト放送文は，英語の問題の終わりに付けてあります。

Ⅱ　次の空欄に入る最も適当なものを①～④の中から一つ選び、番号をマークしなさい。

問1　I couldn't buy this watch because it was very (　　) to buy. 　6

① cheap　② expensive

③ high　④ much

問2　Tom finished (　　) his desk and went to his friend's house. 　7

① clean　② cleaned

③ to clean　④ cleaning

問3　The town is (　　) noisy for old people to live in. 　8

① much　② so

③ too　④ very

問4　I always get up at seven and go to bed (　　) nine and ten. 　9

① between　② for

③ since　④ under

問5　Do you know where (　　) the ticket? 　10

① buy　② bought

③ to buy　④ buying

■2025年度高等学校受験用

明星高等学校

収録内容一覧

★この問題集は以下の収録内容となっています。また、編集の都合上、解説、解答用紙を省略させていただいている場合もございますのでご了承ください。

（○印は収録、ー印は未収録）

入試問題の収録内容			解説	解答	解答用紙
2024年度	本科	英語・数学・国語	○	○	○
	MGS	英語・数学・国語	ー	○	○
2023年度	本科	英語・数学・国語	○	○	○
	MGS	英語・数学・国語	ー	○	○
2022年度	本科	英語・数学・国語	○	○	○
	MGS	英語・数学・国語	ー	○	○
2021年度	本科	英語・数学・国語	○	○	○
	MGS	英語・数学・国語	ー	○	○

★当問題集のバックナンバーは在庫がございません。あらかじめご了承ください。

●凡例●

【英語】

≪解答≫

〔　〕　①別解

②置き換え可能な語句（なお下線は置き換える箇所が2語以上の場合）

(例) I am〔I'm〕glad〔happy〕to ~

(　)　省略可能な言葉

≪解説≫

1, 2…　本文の段落（ただし本文が会話文の場合は話者の1つの発言）

〔　〕　置き換え可能な語句（なお〔　〕の前の下線は置き換える箇所が 2 語以上の場合）

(　)　①省略が可能な言葉

(例)「(数が) いくつかの」

②単語・代名詞の意味

(例)「彼（＝警察官）が叫んだ」

③言い換え可能な言葉

(例)「いやなにおいがするなべにはふたをするべきだ（＝くさいものにはふたをしろ)」

//　訳文と解説の区切り

cf.　比較・参照

≒　ほぼ同じ意味

【数学】

≪解答≫

〔　〕　別解

≪解説≫

(　)　補足的指示

(例)（右図１参照）など

〔　〕　①公式の文字部分

(例)〔長方形の面積〕＝〔縦〕×〔横〕

②面積・体積を表す場合

(例)〔立方体 ABCDEFGH〕

∴　ゆえに

≒　約、およそ

【社会】

≪解答≫

〔　〕　別解

(　)　省略可能な語

＿＿　使用を指示された語句

≪解説≫

〔　〕　別称・略称

(例) 政府開発援助〔ODA〕

(　)　①年号

(例) 壬申の乱が起きた（672 年)。

②意味・補足的説明

(例) 資本収支（海外への投資など）

【理科】

≪解答≫

〔　〕　別解

(　)　省略可能な語

＿＿　使用を指示された語句

≪解説≫

〔　〕　公式の文字部分

(　)　①単位

②補足的説明

③同義・言い換え可能な言葉

(例) カエルの子（オタマジャクシ）

≒　約、およそ

【国語】

≪解答≫

〔　〕　別解

(　)　省略してもよい言葉

＿＿　使用を指示された語句

≪解説≫

〈　〉　課題文中の空所部分（現代語訳・通釈・書き下し文）

(　)　①引用文の指示語の内容

(例)「それ（＝過去の経験）が ～」

②選択肢の正誤を示す場合

(例)（ア，ウ…×）

③現代語訳で主語などを補った部分

(例)（女は）出てきた。

／　漢詩の書き下し文・現代語訳の改行部分

明星高等学校

所在地	〒183-8531 東京都府中市栄町1-1
電　話	042-368-5201（入学広報室）
ホームページ	https://www.meisei.ac.jp/hs/　E-mail　pass@pr.meisei.ac.jp
交通案内	京王線 府中駅・JR中央本線・西武線 国分寺駅よりバス7分「明星学苑」バス停下車 JR武蔵野線 北府中駅より徒歩15分

普通科

男女共学

くわしい情報はホームページへ

応募状況

年度	募集数	受験数	合格数	倍率
2024	推薦 110名	104名	104名	1.0倍
	1回 200名	612名	520名	1.2倍
	2回 10名	54名	20名	2.7倍
2023	推薦 110名	86名	86名	1.0倍
	1回 200名	584名	573名	1.0倍
	2回 10名	32名	21名	1.5倍
2022	推薦 110名	81名	81名	1.0倍
	1回 200名	581名	576名	1.0倍
	2回 10名	23名	21名	1.1倍

＊スライド合格を含む。
＊募集数・受験数・合格数は，本科とＭＧＳの合計

試験科目　（参考用：2024年度入試）

推薦：作文（800字/30分），面接（個人）
一般：国語・数学・英語，面接（C志望を除く）

沿　革

経営母体の学校法人明星学苑は，大正12年に設立された明星実務学校をその前身としている。昭和２年に財団法人明星中学校と改組され，昭和23年には高等学校が開校になった。創始者児玉九十の教育理念のもと，その後も着実な歩みを続け，現在では幼稚園・小学校・中学校・高等学校・大学・大学院を擁する総合学園に成長している。

建学の精神

和の精神のもと，世界に貢献する人を育成する

校　訓

健康・真面目・努力

教育の特色

体験教育を重視し，国際教育・理科教育・ICT教育・キャリア教育を展開している。

ＳＭＧＳクラス：ＭＧＳ入試における成績優秀者を対象とし，最難関国公立大学を目指すクラス。少人数の生徒を複数名の教員が担当するチーム担任制で，文理の枠にとらわれないリベラルアーツ教育を行う。

ＭＧＳクラス：国公立大学，超難関私立大学や海外の大学を目指すクラス。２年次からは英語に特化した文系または国公立型理系を選択できる。MGSクラス向けの夏・冬期講習を実施。高い志と高い学力を身につけ，グローバル時代に活躍するリーダー的人材を育成することを目標としている。

本科クラス：基礎学力づくりをしっかりと行うだけでなく，さまざまな分野に対する興味や自律心を育て，自己実現できる第一志望大学への現役合格を目指す。広い分野で，21世紀を支える有用な人材を育成することを目標としている。

合格実績

◎2024年度・主な他大学合格者数

（2024年・春）

早稲田大７名，慶應大４名，上智大９名，東京理科大10名，学習院大４名，明治大17名，青山学院大15名，立教大24名，中央大17名，法政大19名，成蹊大９名，成城大７名，日本大30名，東洋大22名，駒澤大９名，専修大13名ほか

編集部注―本書の内容は2024年6月現在のものであり，変更されている場合があります。正確な情報は，学校のホームページ等で必ずご確認ください。

出題傾向と今後への対策 英語

出題内容

	2024	2023	2022
大問数	4	4	4
小問数	27	26	28
リスニング	○	○	○

◎大問数や小問数は年度によって違いが見られる。出題構成としては，放送問題１題と適語(句)選択・語形変化１題，整序結合１題が例年出題されており，これに加えて長文読解が出される。

2024年度の出題状況

Ⅰ 放送問題

Ⅱ 適語(句)選択・語形変化

Ⅲ 整序結合

Ⅳ 長文読解総合―ノンフィクション

解答形式

2024年度	記　述／マーク／併　用

出題傾向

長文の題材は説明文，物語などのほか，広告やパンフレットを読み解く形式も見られる。設問は英問英答，文脈・要旨把握，適語(句)選択・補充，内容真偽など内容把握の問題が中心である。放送問題は適切な語(句)や文を選ぶものである。整序結合は５～９語(句)を並べかえる問題。適語(句)選択は基本的な知識を問うものが多い。

今後への対策

基本的な文法や単語に加え，レベルの高い単語や熟語も見られる。教科書で基礎力を磨くとともに，問題集などで応用力を鍛えておくことが必要だ。また，問題数が多いので速読・速解を心がけて日々勉強しよう。放送問題と音声問題の対策として英語に耳を慣らしておくのも大切。過去問で時間配分にも慣れておくこと。

◆◆◆◆◆ 英語出題分野一覧表 ◆◆◆◆◆

分野			2022	2023	2024	2025予想※
音声	放送問題		●	●	●	◎
	単語の発音・アクセント					
	文の区切り・強勢・抑揚					
語彙・文法	単語の意味・綴り・関連知識					
	適語(句)選択・補充		■	■	■	◎
	書き換え・同意文完成					
	語形変化		●	●	●	◎
	用法選択					
	正誤問題・誤文訂正					
	その他					
作文	整序結合		■	●	■	◎
	日本語英訳	適語(句)・適文選択				
		部分・完全記述				
	条件作文					
	テーマ作文					
会話文	適文選択					
	適語(句)選択・補充					
	その他(英問英答)					
長文読解	内容把握	主題・表題				
		内容真偽	●	●		◎
		内容一致・要約文完成				
		文脈・要旨把握			●	△
		英問英答	●		●	◎
	適語(句)選択・補充		●	●	●	◎
	適文選択・補充			●		△
	文(章)整序			●		△
	英文・語句解釈(指示語など)		●	●	●	◎
	その他(適所選択・補充)					

●印：１～５問出題，■印：６～10問出題，★印：11問以上出題。
※予想欄　◎印：出題されると思われるもの。　△印：出題されるかもしれないもの。

出題傾向と今後への対策　数学

出題内容

2024年度

大問４題，16問の出題。[1]，[2]は小問集合で，計９問。[1]は数・式，方程式などの基本的な計算力を見る問題５問，[2]は場合の数，平面図形，関数の４問の出題。[3]は関数で，放物線と直線に関するもの。点のx座標，面積，直線の式などが問われている。図形の知識も要する。[4]は数の性質に関するもの。自然数を２と３でわったときの余りの合計について考えるもの。

2023年度

大問４題，14問の出題。[1]，[2]は小問集合で，計８問。[1]は数・式，方程式などの基本的な計算力を見る問題５問，[2]は数の性質，確率，図形の３問の出題。[3]は関数で，放物線と直線に関するもの。比例定数，y座標，直線の式などが問われている。[4]は特殊・新傾向問題。立方体を規則に従って積み重ねたときの立体の体積などを求めるもの。

作…作図問題　証…証明問題　グ…グラフ作成問題

解答形式

2024年度　記　述／マーク／併　用（マークに丸印）

出題傾向

近年は，大問４題，設問13〜16問になっている。解答形式は，選択肢の中から正しいものを選ぶ形式。基本的な計算力を見るものや基礎的な知識を問うもの中心の出題。最終題は，規則性などの特殊・新傾向問題となることが多い。

今後への対策

まずは教科書や基本問題集で基礎固め。公式や定理をしっかり確認し，活用できるようにすること。基礎が定着したら，標準レベルの問題集で演習を積もう。１問１問ていねいに解き，いろいろな解法や考え方を身につけるようにするとよい。偏りのない学習を心がけよう。計算練習もおろそかにしないように。

◆◆◆◆◆ 数学出題分野一覧表 ◆◆◆◆◆

分野		2022	2023	2024	2025予想※
数と式	計算，因数分解	★	★	★	◎
	数の性質，数の表し方	●	●	★	◎
	文字式の利用，等式変形				
	方程式の解法，解の利用	■	■	■	◎
	方程式の応用				
関数	比例・反比例，一次関数			●	△
	関数$y=ax^2$とその他の関数	★	★	★	◎
	関数の利用，図形の移動と関数				
図形	（平面）計量	●	●	●	◎
	（平面）証明，作図				
	（平面）その他				
	（空間）計量				
	（空間）頂点・辺・面，展開図				
	（空間）その他				
データの活用	場合の数，確率	●	●	■	◎
	データの分析・活用，標本調査				
その他	不等式				
	特殊・新傾向問題など	★	★		
	融合問題				

●印：１問出題，■印：２問出題，★印：３問以上出題。
※予想欄　◎印：出題されると思われるもの。　△印：出題されるかもしれないもの。

出題傾向と今後への対策 国語

出題内容

2024年度

論説文　小説

課題文

一大村はま・苅谷剛彦・苅谷夏子『教えることの復権』

二あさのあつこ『ハリネズミは月を見上げる』

2023年度

説明文　小説

課題文

一佐藤 洋一郎『知ろう　食べよう　世界の米』

二よしもとばなな『癒しの豆スープ』

2022年度

論説文　小説

課題文

一榎本博明『〈自分らしさ〉って何だろう？』

二重松　清『卒業ホームラン』

解答形式

2024年度	記　述／マーク／併　用

出題傾向

設問数はそれぞれの大問に７～10問となっている。設問の内容は，約７割が内容理解に関するものである。課題文の分量は，標準的であり，内容も読みやすいものが選ばれている。課題文は，比較的新しい作品からの出題が多い。国語の知識に関するものも，標準的なレベルの出題である。

今後への対策

設問が基本的な内容理解に関するものであるため，しっかりとした読解力が必要である。そのためには，日頃から基礎学力養成用のものでよいから，文章読解の問題集を使って練習を積んでおくこと。国語の知識については，漢字・慣用句・四字熟語などの，語句関連全般を教科書や便覧などで復習しておくとよい。

◆◆◆◆◆ 国語出題分野一覧表 ◆◆◆◆◆

分野		年度	2022	2023	2024	2025予想※
現代文	論説文 説明文	主題・要旨	●			△
		文脈・接続語・指示語・段落関係	●		●	◎
		文章内容	●	●	●	◎
		表現	●			△
	随筆 日記 手紙	主題・要旨				
		文脈・接続語・指示語・段落関係				
		文章内容				
		表現				
		心情				
	小説	主題・要旨		●		△
		文脈・接続語・指示語・段落関係				
		文章内容	●	●	●	◎
		表現	●		●	◎
		心情	●	●	●	◎
		状況・情景				
韻文	詩	内容理解				
		形式・技法				
	俳句 和歌 短歌	内容理解				
		技法				
古典	古文	古語・内容理解・現代語訳				
		古典の知識・古典文法				
	漢文	（漢詩を含む）				
国語の知識	漢字 語句	漢字	●	●	●	◎
		語句・四字熟語	●	●	●	◎
		慣用句・ことわざ・故事成語		●		△
		熟語の構成・漢字の知識				
	文法	品詞				
		ことばの単位・文の組み立て				
		敬語・表現技法				
	文学史					
作文・文章の構成・資料						
その他						

※予想欄　◎印：出題されると思われるもの。　△印：出題されるかもしれないもの。

合格を勝ち取るための

本書の使い方

本書に掲載されている過去問をご覧になって，「難しそう」と感じたかもしれません。でも，大丈夫。ほとんどの受験生が同じように感じるのです。高校入試の出題範囲は中学校の定期テストに比べて広いですし，残りの中学校生活で学ぶはずの，まだ習っていない内容からも出題されているかもしれません。

ですから，初めて本書に取り組む際には，点数を気にする必要はありません。点数は本番で取れればいいのです。

過去問で重要なのは「間違えること」です。自分の弱点を知るために，過去問に取り組むのです。当然，間違った問題をそのままにしておいては意味がありません。

本書には，長年にわたって高校受験に関わってきたベテランスタッフによる詳細な解説がついています。間違えた問題は重点的に解説を読み，何度も解きなおしてください。時にはもう一度，教科書で復習するのもよいでしょう。

別冊として，抜き取って使える解答用紙を収録しました。表示してあるように拡大コピーをとれば，実際の入試と同じ条件で，何度でも過去問に取り組むことができます。特に記述問題では解答欄の大きさがヒントになる場合があります。そうした，本番で使える受験テクニックの練習ができるのも，本書の強みです。

前のページにある「出題傾向と今後への対策」もよく読んで，本校の出題傾向に慣れておきましょう。

2025年度 高校受験用

明星高等学校　4年間スーパー過去問

をご購入の皆様へ

お詫び

本書、明星高等学校の入試問題につきまして、誠に申し訳ございませんが、以下の問題文は著作権上の問題により掲載することができません。設問と解答は掲載してございますので、ご必要とされる方は原典をご参照くださいますよう、お願い申し上げます。

記

2023年度　本科　国語 二 の問題文

2021年度　MGS　国語 二 の問題文

以上

株式会社　声の教育社　編集部

問６ Students (　　) want to buy these pens have to come to the shop by ten. 11

① what ② when
③ who ④ whose

問７ A: Look at the lion (　　) food over there. 12

B: What a strong animal!

① eat ② ate
③ eaten ④ eating

問８ Rachel wants a new wallet. Her old wallet was (　　). 13

① steal ② stole
③ stolen ④ stealing

問９ My sister lost my book. She makes (　　) angry. 14

① me ② my
③ our ④ we

問１０ A: I like the design of this shirt. Can I (　　) it on? 15

B: Sure. There is a dressing room on the second floor.

① enter ② make
③ see ④ try

Ⅲ

次の日本文の意味を表すように【　】内の語（句）を適当な順に並べかえるとき、**3番目と6番目に来るものの組み合わせ**を①～④の中から一つ選び、番号をマークしなさい。ただし、【　】の中では、文頭に来る語も小文字で示してある。

問1　日本からの桜の木を植えている男性たちは、私の友達です。　16

【 are / cherry trees / Japan / planting / the men / from 】my friends.

① 3番目：planting　　6番目：Japan
② 3番目：planting　　6番目：are
③ 3番目：cherry trees　　6番目：Japan
④ 3番目：cherry trees　　6番目：are

問2　だれがこの国でいちばん人気のある歌手ですか。　17

【 country / in / is / most / singer / the / this / who / popular 】?

① 3番目：most　　6番目：in
② 3番目：most　　6番目：singer
③ 3番目：the　　6番目：in
④ 3番目：the　　6番目：singer

問3　あなたは明日、早く起きる必要はありません。

【 don't / early / get / have / tomorrow / up / you / to 】.　18

① 3番目：to　　6番目：get
② 3番目：to　　6番目：up
③ 3番目：have　　6番目：get
④ 3番目：have　　6番目：up

問4　ケンと私は知り合って3年になります。

【 each / have / for / Ken and I / known / other / three years 】.　19

① 3番目：have　　6番目：for
② 3番目：have　　6番目：other
③ 3番目：known　　6番目：for
④ 3番目：known　　6番目：other

問5　とても忙しかったので、勉強できなかったです。　20

【 busy / could / I / I / not / so / that / was / study 】.

① 3番目：busy　　6番目：that
② 3番目：busy　　6番目：I
③ 3番目：so　　6番目：that
④ 3番目：so　　6番目：I

IV 次の英文を読んで、問いに答えなさい。(*印の付いた語には、本文のあとに［注］がある。)

1 A young mother is on a bed. Two babies are sleeping on a bed next to it. She is the mother of the two babies who were just born. The babies are twins. She is tired but happy. A woman is helping her. Suddenly the woman cries out. "What's the matter?" the mother asks. She lifts her head and looks at her babies. The babies are joined at their *chests. She cannot (ア) separate them.

2 That happened in Siam — now called Thailand — in 1811. The mother named her babies Chang and Eng. Chang and Eng grew up and became the famous *Siamese twins.

3 People came from all over Siam to look at the twins. One day, when the twins were 18, an American saw them. He thought, "I can make money with the twins." He asked Chang and Eng, "Will you come with me to the United States?" Chang and Eng wanted to go to the United States, so they went with the man. They never saw Siam or their family again.

4 Chang and Eng traveled around the U.S. with the American for ten years. Later they traveled alone. (イ) People【 ask / to / and / paid / see 】them questions about their lives. Finally, the twins got tired of traveling. They got tired of answering questions. They decided to live quietly in *North Carolina.

5 Soon after they moved to North Carolina, the twins met two sisters. The sisters' names were Adelaide and Sarah. The twins fell in love with the sisters. Chang married Adelaide, and Eng married Sarah. The two couples lived in separate houses. The twins lived in one house for four days. Then they went to the other house for four days. Their lifestyle was unusual, but they were happy. Chang and Adelaide had ten children, and Eng and Sarah had eleven children.

6 The twins were happy with Adelaide and Sarah, but they were not always happy with each other. They didn't talk to each other, and sometimes they (ウ). They asked doctor after doctor,

"Please separate us." Every doctor said, "I can't separate you. The operation is too dangerous." So, the twins stayed joined together.

7 One night, when the twins were 63, Eng suddenly woke up. He looked at Chang, who was sleeping beside him. Chang was not moving at all. Eng cried for help, and one of his sons came.

"Uncle Chang is dead," the young man said.

"Then I am going to die, too," Eng said, and he began to cry. Two hours later, Eng was dead.

8 For 63 years, the twins of Siam lived together as one. In the end, they also died as one.

［注］chests 胸　　Siamese: Siam の形容詞形
North Carolina: ノースカロライナ（アメリカの州）

問1 [1]において、次の Question の答えとして最も適当なものを①～④の中から一つ選び、番号をマークしなさい。 [21]

Question: Why does the woman cry out?

① Because the babies are twins.
② Because she is tired but feels happy.
③ Because the babies are joined at their chests.
④ Because she wants to know, “What’s the matter?”

問2 下線部(ア)の単語の意味として最も適当なものを①～④の中から一つ選び、番号をマークしなさい。 [22]

①治療する　②育てる　③切り離す　④結合する

問3 [2]において、“Siam”を説明している文として最も適当なものを①～④の中から一つ選び、番号をマークしなさい。 [23]

① Thailand was called Siam before.
② One of the twins’ names was Siam.
③ The twins’ mother’s name was Siam.
④ Something that happened in 1811 is called Siam.

問4 [3]において、その内容として最も適当なものを①～④の中から一つ選び、番号をマークしなさい。 [24]

① Chang and Eng didn’t want to leave Siam.
② Chang and Eng wanted to make money with an American man.
③ An American brought people from all over Siam to look at the twins.
④ An American thought he could become rich by bringing the twins to the U.S.

問5 下線部(イ)について、【　】内の語を文脈に合うように適当な順に並べかえるとき、**2番目と4番目**に来るものの組み合わせを①～④の中から一つ選び、番号をマークしなさい。 [25]

① 2番目：to　4番目：and
② 2番目：to　4番目：see
③ 2番目：and　4番目：to
④ 2番目：and　4番目：see

問６（　ウ　）に入る語として最も適当なものを①～④から一つ選び、番号をマークしなさい。

26

①ate　②argued　③traveled　④walked

問７ 次の Question の答えとして最も適当なものを①～④から一つ選び、番号をマークしなさい。

27

Question: How did the twins of Siam die?

① Chang and Eng died at the same time.

② Eng died a short time after Chang died.

③ Chang died only two hours after his brother died.

④ When Eng died, Chang was sleeping in the next room.

＜リスニングテスト放送文＞

これからリスニングテストを行います。

問題用紙の 1 ページを見なさい。リスニングテストはすべて放送による指示で行います。リスニングテストには問題 A と問題 B の二つがあります。問題用紙の余白にメモを取ってもかまいません。答えはすべて解答用紙にマークしなさい。では、始めます。

【2 秒の間】

N (女性): 問題 A

対話文を聞いて、その最後の発話に対する応答として最も適当なものを、それぞれ①～④の選択肢の中から 1 つずつ選び、番号をマークしなさい。問題は、対話文 1 から対話文 3 まで、3 題で、解答時間はそれぞれ 10 秒です。対話文と選択肢は 1 回しか読まれません。では、対話文 1 を始めます。

【3 秒の間】

A(男性): What did you do yesterday?

B(女性): I watched the baseball game. How about you?

【1 秒の間】

(男性)

① (one) I have to clean my room now.

② (two) I'm a baseball fan, too.

③ (three) I played tennis with my father.

④ (four) I didn't like the game.

【10 秒の間】

N(女性): 対話文 2 を始めます。

【3 秒の間】

A(男性): Excuse me. Can I help you?

B(女性): Thank you. I'm lost. Could you tell me how to get to this shop?

【1 秒の間】

(男性)

① (one) Yes, it's open today.

② (two) This shop is very nice.

③ (three) Go straight and turn left at the next corner.

④ (four) Have a nice trip.

【10 秒の間】

N(女性): 対話文 3 を始めます。

【3 秒の間】

A(女性): Jack, I haven't finished my zoo report yet.

B(男性): Oh, really? How long will it take?

【1 秒の間】

(女性)

① (one) I have to write about animals.

② (two) I like writing reports.

③ (three) I have already finished my report.

④ (four) I'm almost finished.

【10 秒の間】

N: これで問題 A を終わり、問題 B に入ります。

【2 秒の間】

N: 問題 B

英文とそれに対する質問を聞き、その答えとして最も適当なものを、①～④の中から 1 つ選び、番号をマークしなさい。英文は No.1 と No.2 の２つで、質問は一つの英文に１問ずつあります。英文も質問も２回ずつ読まれます。では始めます。

【3 秒の間】

(男性)No.1.

【2 秒の間】

Jack was very happy because the summer vacation started. However, he spent a lot of time playing video games. He didn't study at all and didn't meet his friends during summer vacation. His parents thought that he should go out and enjoy playing outside.

【2 秒の間】

(女性)

Question number one.　What did Jack's parents want him to do?

【1 秒の間】

(女性)

① (one) They wanted him to go outside.

② (two) They wanted him to study harder.

③ (three) They wanted him to meet his friends.

④ (four) They wanted him to play video games.

【2 秒の間】

N: 繰り返します。

Jack was very happy because the summer vacation started. However, he spent a lot of time playing video games. He didn't study at all and didn't meet his friends during summer vacation. His parents thought that he should go out and enjoy playing outside.

【2 秒の間】

(女性)

Question number one.　What did Jack's parents want him to do?

【1 秒の間】

(女性)

① (one) They wanted him to go outside.

② (two) They wanted him to study harder.

③ (three) They wanted him to meet his friends.

④ (four) They wanted him to play video games.

【3 秒の間】

(男性)No.2.

Hello, everyone. My name is Kohei. I'm a first-grade student of Meisei high school. I go to school by train and bus. It takes forty minutes to get to school. I like studying math and science. They make me excited. I just started learning about SDGs.

【2 秒の間】

(女性)

Question number two. What is Kohei excited about?

【1 秒の間】

(女性)

① (one) Learning about SDGs.

② (two) Studying math and science.

③ (three) Studying at Meisei high school.

④ (four) Going to school by train and bus.

【2 秒の間】

N: 繰り返します。

【2 秒の間】

Hello, everyone. My name is Kohei. I'm a first-grade student of Meisei high school. I go to school by train and bus. It takes forty minutes to get to school. I like studying math and science. They make me excited. I just started learning about SDGs.

(女性)

Question number two.　What is Kohei excited about?

【1 秒の間】

(女性)

① (one) Learning about SDGs.

② (two) Studying math and science.

③ (three) Studying at Meisei high school.

④ (four) Going to school by train and bus.

【3 秒の間】

N: 以上でリスニング問題は終了です。問題Ⅱに進みなさい。

【数　学】（40分）〈満点：100点〉

マークシート記入に関する注意点

解答は，すべての解答用紙の所定の欄にマークすること。

ア，イ，ウ，…… の一つ一つには，それぞれ「0」から「9」までの数字，または「−（マイナス）」のいずれか一つが対応します。

それらをア，イ，ウ，…… で示された解答欄にマークすること。

（例1）$\boxed{\text{ア}}$ に 3 と答えるとき

解答	解答記入欄											
番号	−	±	0	1	2	3	4	5	6	7	8	9
ア	⊖	(±)	⓪	①	②	●	④	⑤	⑥	⑦	⑧	⑨

（例2）$\boxed{\text{イウ}}$ に −3 と答えるとき

解答	解答記入欄											
番号	−	±	0	1	2	3	4	5	6	7	8	9
イ	●	(±)	⓪	①	②	③	④	⑤	⑥	⑦	⑧	⑨
ウ	⊖	(±)	⓪	①	②	●	④	⑤	⑥	⑦	⑧	⑨

解答が分数のときは，もっとも簡単な分数で答えます。符号は分子につけ，分母にはつけてはいけません。

（例3）$\dfrac{\boxed{\text{エオ}}}{\boxed{\text{カ}}}$ に $-\dfrac{4}{5}$ と答えるとき，$\dfrac{-4}{5}$ として

解答	解答記入欄											
番号	−	±	0	1	2	3	4	5	6	7	8	9
エ	●	(±)	⓪	①	②	③	④	⑤	⑥	⑦	⑧	⑨
オ	⊖	(±)	⓪	①	②	③	●	⑤	⑥	⑦	⑧	⑨
カ	⊖	(±)	⓪	①	②	③	④	●	⑥	⑦	⑧	⑨

1 次の各問いに答えなさい。

(1) $2a^2b\times(-6ab^3)\div\left(-\dfrac{4}{3}ab\right)$ を計算すると，$\boxed{\text{ア}}\,a^{\boxed{\text{イ}}}b^{\boxed{\text{ウ}}}$ となる。

(2) $(x+y)^2+3(x+y)-10$ を因数分解すると，
$\left(x+y+\boxed{\text{エ}}\right)\left(x+y-\boxed{\text{オ}}\right)$ となる。

(3) $\sqrt{5}-\dfrac{3}{\sqrt{5}}+\dfrac{1}{5}(1-\sqrt{5})^2$ を計算すると，$\dfrac{\boxed{\text{カ}}}{\boxed{\text{キ}}}$ となる。

(4) 1次方程式 $0.2x-0.09=0.06x-0.3$ の解は，$x=\dfrac{\boxed{\text{クケ}}}{\boxed{\text{コ}}}$ である。

(5) 2次方程式 $\left(\dfrac{x}{2}-1\right)^2-\dfrac{2x-5}{4}=0$ の解は，$x=\boxed{\text{サ}}$ である。

2 次の各問いに答えなさい。

(1) 1個30円のガムと1個40円のチョコレートを入れた袋詰めを作る。1袋の予算は200円以内とし，ガムもチョコレートも最低1個ずつ入れるものとするとき，異なる袋詰めは $\boxed{アイ}$ 通りできる。

(2) 下の図は長方形の紙を線分ABで折り返したものである。このとき，△PABの面積は $\boxed{ウエ}$ cm^2 である。

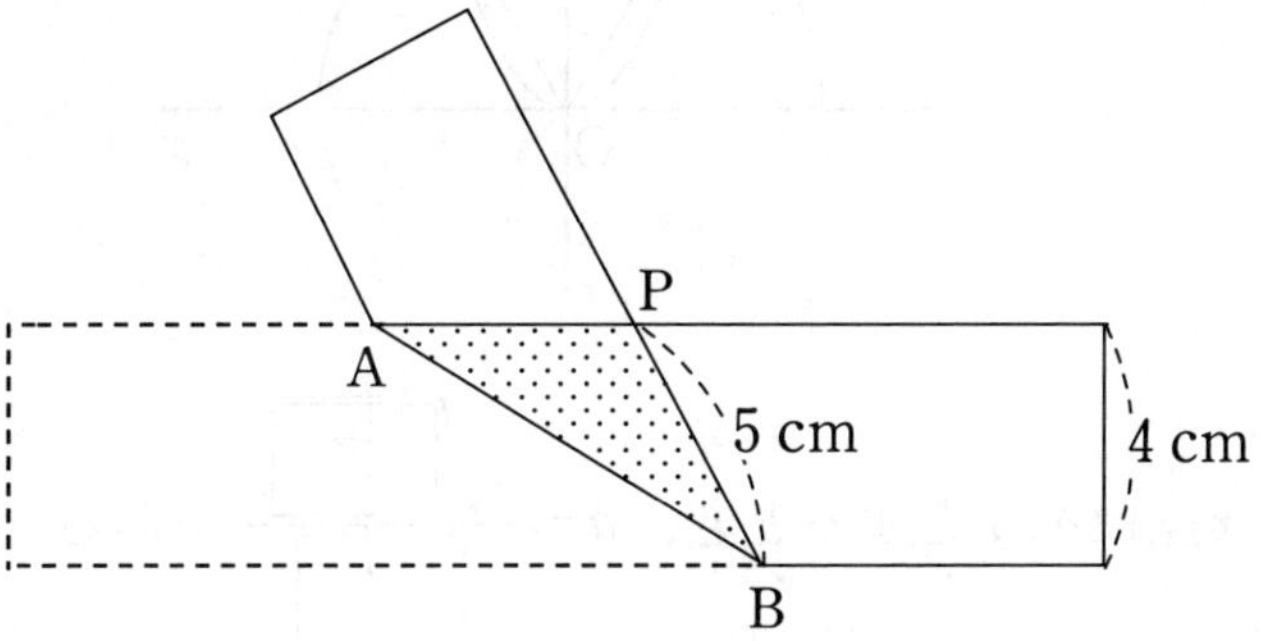

(3) 傾きが $-\frac{1}{2}$，点 $(-3, 4)$ を通る直線の式は $y=\frac{\boxed{オカ}}{\boxed{キ}}x+\frac{\boxed{ク}}{\boxed{ケ}}$ である。

(4) 円周を8等分する8個の点から3点を選んで三角形を作るとき，直角三角形は $\boxed{コサ}$ 個できる。

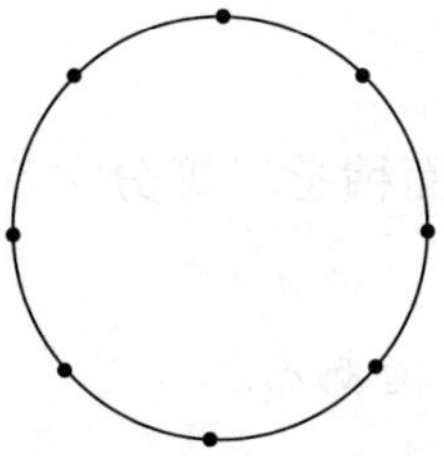

3 図のように，放物線 $y=2x^2$ 上の点A，Bを△OABが正三角形になるようにとる。また，半円は点A，Bを通り，原点が中心である。このとき，次の問いに答えなさい。

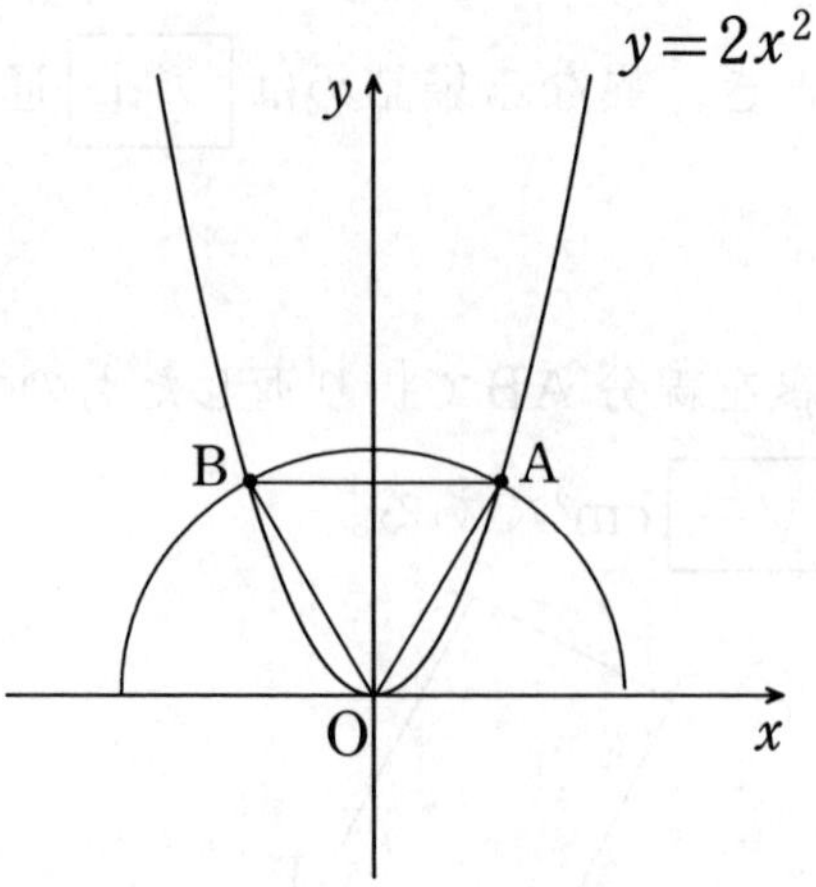

(1) 点Aの x 座標を a とするとき，$a=\dfrac{\sqrt{\boxed{\text{ア}}}}{\boxed{\text{イ}}}$ である。

(2) △OABの面積は $\dfrac{\boxed{\text{ウ}}\sqrt{\boxed{\text{エ}}}}{\boxed{\text{オ}}}$ である。

(3) 線分ABと弧ABに囲まれた部分の面積は $\dfrac{\boxed{\text{カ}}}{\boxed{\text{キ}}}\pi-\dfrac{\boxed{\text{ク}}\sqrt{\boxed{\text{ケ}}}}{\boxed{\text{コ}}}$ である。ただし，円周率を π とする。

(4) 点Aを通り，△OABの面積を二等分する直線の式は

$y=\dfrac{\sqrt{\boxed{\text{サ}}}}{\boxed{\text{シ}}}x+\boxed{\text{ス}}$ である。

4 自然数Nを2で割った余りをA，3で割った余りをB，それらの和A+BをSとする。このとき，次の問いに答えなさい。

(1) N=17のとき，S= ア である。

(2) Nを1以上100以下とするとき，S=0となるNは イウ 個ある。

(3) Nを1以上2024以下とするとき，S=1となるNは エオカ 個ある。

問六　傍線部オ「奥歯を噛み締めた」とありますが、「わたし」の心情はどのようなものだと考えられますか。その説明として最も適当なものを、次の①～④のうちから一つ選びなさい。解答番号は［23］。

① 菊池さんを厄介事に巻き込んだことに対して謝罪したのに、菊池さんが「わたし」を「いい人」だと決めつけて批判してきたことに怒りを覚えている。

② 菊池さんも「わたし」に謝ったのに、「わたし」が謝ると乱暴な口調で批判するという、自分に甘く他人に厳しい菊池さんの言動に矛盾を感じ、困惑している。

③ 菊池さんの「わたし」に対する人物評価は的確だったと思い、菊池さんへの怒りは感謝へと変わったものの、素直になれず、ほほえみたいのをこらえている。

④ 菊池さんは乱暴なことを言うが、「わたし」を心配して視線を向けてくれる優しい一面もあるので、それに対する感謝の気持ちを伝えたいと思っている。

問七　次に示すのは、この文章を読んだ四人の生徒が表現について気づいたことを話している場面です。**適当でないもの**を、次の①～④のうちから一つ選びなさい。解答番号は［24］。

① 生徒A―波線部(a)は、御蔵さんと菊池さんが再会した場面だね。逆光に包まれて浮かび上がる菊池さんの描写は、御蔵さんにとって彼女が特別な存在であることを印象づけているよ。

② 生徒B―波線部(b)のように菊池さんの動作が丁寧に描写されているから、菊池さんが「わたし」に抱いている感情がどんなものかをはっきりと読み取ることができるね。

③ 生徒C―波線部(c)は心情だけでなく、脈や血の流れなどの体の様子を短い文で書き連ねているね。それによって御蔵さんの菊池さんに対する強い怒りが臨場感を持って伝わってくるよ。

④ 生徒D―波線部(d)は、御蔵さんの一人称が「わたし」から「あたし」に変わっており、菊池さんに否定された御蔵さんがいつもと違って興奮状態になっていることを示しているね。

問三　傍線部イ「ごめんなさい」とありますが、「わたし」が菊池さんに謝ったのはなぜだと考えられますか。その説明として最も適当なものを、次の①～④のうちから一つ選びなさい。解答番号は[20]。

① 怒っている菊池さんに許してもらいたかったから。
② 菊池さんとの関係を良好なものにしたかったから。
③ 菊池さんに謝罪して早く苦しい思いから逃れたかったから。
④ 菊池さんに迷惑をかけたことを真摯《しんし》に謝ろうと思ったから。

問四　傍線部ウ「御蔵さんて、いい人なんだね」とありますが、菊池さんの言う「いい人」を御蔵さんはどのように受け取ったと考えられますか。その説明として最も適当なものを、次の①～④のうちから一つ選びなさい。解答番号は[21]。

① 不要な責任まで背負い込んでしまう、自信がなく弱気な人。
② 不要な責任まで背負い込んでしまう、真面目で几帳面な人。
③ 何事も自分のことのように考えてしまう、素直で誠実な人。
④ 何事も自分のことのように考えてしまう、優しく親切な人。

問五　傍線部エ「空気の通っていたはずの喉に、また何かが閊えた」とありますが、ここに至るまでの「わたし」の心の動きはどのようなものだと考えられますか。その説明として最も適当なものを、次の①～④のうちから一つ選びなさい。解答番号は[22]。

① 誠意をこめた謝罪ができることを嬉しく思ったが、菊池さんの謝罪を受け入れない頑固な態度に何も言えないほど失望している。
② 菊池さんからも謝罪の言葉があったことで和解できるのだと喜んだが、なぜ謝られたのかわからないため、戸惑いを隠せないでいる。
③ 自分の非を自覚し、それを謝罪できたことにほっとしていたが、菊池さんが突然、断定的な物言いをしてきたことに困惑している。
④ 自分の説明を菊池さんが真剣に聞いてくれたことで安心したが、その後の苛立つ様子から、自分が悪いのではないかと不安になっている。

問一　二重傍線部A～Cの本文中における意味として最も適当なものを、次の各群のア～エのうちから、それぞれ一つずつ選びなさい。
解答番号は[16]～[18]。

A　迂闊さ　[16]

①　性格の悪さ
②　間違いの多さ
③　落ち着きのなさ
④　注意の足りなさ

B　看破された　[17]

①　認められた
②　見抜かれた
③　教えられた
④　責められた

C　つっけんどんな　[18]

①　無愛想な
②　批判的な
③　いばったような
④　問い詰めるような

問二　傍線部ア「わたしの喉を塞ぐ」とありますが、この時の「わたし」の心情はどのようなものだと考えられますか。その説明として最も適当なものを、次の①～④のうちから一つ選びなさい。解答番号は[19]。

①　菊池さんに対して、決して謝りたくないと思いながらも、謝ってしまえば楽になれると諦めている。
②　菊池さんに対して、決して謝りたくないと思いながらも、謝らなくてはいけない状況に緊張している。
③　菊池さんに対して、謝らなければならないと思いながらも、謝罪の言葉を口にするのをためらっている。
④　菊池さんに対して、謝らなければならないと思いながらも、やはり謝りたくないと意地になっている。

呟《つぶや》きが聞こえた。聞こえた気がした。空耳かもしれない。

菊池さんはそのまま階段を上りきり、廊下を歩いていった。

今朝と同じだ。わたし一人が残されて、立ち尽くす。

(c)いや今朝とは違う、わたしは腹を立てている。菊池さんに怒りを覚えていた。脈が速くなる。額に汗が滲《にじ》むほど体温が上がる。指先まで血の流れを感じる。耳の底で血の流れる音を捉える。濁った風の音にそっくりだ。

なんで決めつけるのよ。

血の流れる音の奥で、わたしの声が振動した。

(d)なんであたしのことをわかったみたいな言い方するのよ。いったい、何様のつもり？　あたしを見下してんの。

声にならない罵声《ばせい》は身体を巡り、息さえ粘りつかせる。それがさらに、喉に閊えていく。

呼吸困難を起こしそうだ。それくらい腹が立つ。

わたしは手すりを掴《つか》み、一足一足階段を進んでいった。こんなに腹が立つのに、言われた通り指導室に向かっている。

それがさらに、怒りを掻《か》き立てた。

抗《あらが》うことを知らない従順な生徒、素直ないい子、まじめないい人。

いい人ってなによ。

そっちだって謝ったじゃない。「ごめんなさい」って言ったじゃない。あれは何よ。何のつもり？

菊池さんに怒りの矢が飛んでいく。

二階の廊下に立つと、その菊池さんの背中を目が捉えた。指導室の前にいた。

ノックをする前に、ちらっとわたしに視線を向けてきた。

わたしは視線を受け止め、オ奥歯を噛《か》み締めた。

（注）八杉さんたち……「わたし」が普段一緒にいるクラスメイト。

「あたしは、余計なこと言ったから……」

「余計なことって、なに」

菊池さんは顎《あご》を突き出し、Cつっけんどんな口調で問うてきた。乱暴なほど硬い調子だ。いつものわたしなら、この口調だけで怯《ひる》んでしまっただろう。慌てて目を伏せ、できるならその場から逃げ出したはずだ。けれど、今はどうしてだか怖くない。むしろ、こんなに早く再会できてよかったと安堵《あんど》というか、ちっちゃな喜びの芽が胸にある。再会できて、自分の過ちに気が付いて（遅ればせながら、だが）、謝る機会を得た。よかった。ほっとする。そして、嬉しい。

菊池さんにまた逢《あ》えて、嬉しい。

「あのね、実は……あたしがね、片森先生にしゃべったの」

校門での経緯を菊池さんに告げる。相変わらずのもたもたしたしゃべりだったが、菊池さんは戸惑いも苛立ちも眼の中にうかべなかった。黙って、わたしの話に耳を傾けてくれた。

「あの……だから、ごめんなさい」

もう一度、頭を下げる。
(b)ふっ。菊池さんが息を吐いた。その音が頭の上で震えた。
ウ「御蔵さんて、いい人なんだね」

それは棘《とげ》も抑揚もない物言いだった。平たくて、冷えている。わたしはゆっくりと身体を起こした。

「いつも自分が悪いみたいに感じちゃうんだ。それで、謝っちゃう。そういうの、辛いよね」

辛くない？　じゃなかった。悪いみたいに感じちゃうの？　じゃなかった。疑問じゃなく断定だった。

エ空気の通っていたはずの喉に、また何かが閊《つか》えた。

「……どういう意味、それ……」

「まんまだよ。いつだって、あたしが悪いって思ってる。あたしがしっかりしてないからだ。あたしがしゃべったからだ。あたしがしゃべらなかったからだ。そうやって、何でもかんでも自分のせいにしちゃう。そういうの辛いよ。辛くないわけないもの」

菊池さんが階段を上る。わたしの横を通り過ぎる。

「よく似てる」

「突然、片森先生から指導室に来いって言われた。御蔵さんも？」

そこで、わたしは気が付いた。

わたしが菊池さんの名前を出さなければ、痴漢の話なんかしなければ、菊池さんの遅刻はただの遅刻で、指導室に呼び出されたりはしなかった、と。

わたしが菊池さんを変にかばったから、さらなる迷惑をかけてしまった、と。

やっと気が付いた。何というA迂闊《うかつ》さだろう。

謝らなければと焦る。助けてもらったのに、厄介事に巻き込んでしまった。ちゃんと謝らなくちゃ。

謝っちゃえば楽だから、あの男に謝ろうとしたでしょ。

坂の途中での菊池さんの一言、棘《とげ》を含んだ一言がよみがえってきて、アわたしの喉を塞《ふさ》ぐ。謝っちゃえば楽だから……。

詫《わ》びの言葉は使い勝手がいい。使い方は簡単なのに便利な機器みたいだ。「ごめんなさい」「申し訳ありません」「ごめん。ほんと、ごめんね」「すみませんでした」「ね、許してくれる」。わたしたちは、けっこう無造作に謝る。謝ることで関係を繋いだり、その場を収めたり、波風をたてなかったり、楽になったりする。

でも今は違う。

たいした言葉じゃないと思ってた。安易に使っていた。菊池さんの一言が胸に刺さってきたのは、わたしの安易さ、わたしの卑屈さ、わたしのいい加減さを指摘されたからだ。自分の判断ではなく、ただその場から逃れたくて謝ろうとした姑息《こそく》さをB看破《かんぱ》されたからだ。

わたしは喉を塞いだものを息と一緒に呑み下した。

今は謝らなくちゃいけない時だ。安易に詫びることが罪なら、謝るべき人に謝らないままやり過ごすのも罪になる。

わたしはもう一度、息を呑み込んだ。喉にすうっと空気が通る。

イ「ごめんなさい」

二つの声が重なった。一つはわたしの、そして、もう一つは……。

「どうして」

わたしは下げていた頭を戻し、菊池さんを見詰めた。

「菊池さんが謝るの」

「御蔵さんこそ、どうして謝ったりするの」

二

次の文章は、あさのあつこの小説『ハリネズミは月を見上げる』の一節である。通学途中に痴漢の被害に遭ってしまった高校二年生の「わたし」（御蔵《みくら》鈴美）は、逆上した痴漢からかばってくれた菊池《きくいけ》さんに感謝したが、菊池さんからの予想外のきつい言葉を受けて戸惑ってしまう。遅刻した「わたし」が、校門にいた生徒指導課の片森先生に遅刻の理由を報告したところ、先生からあとで生徒指導室に来るよう言われ、放課後に一人で生徒指導室に向かっている。以下はそれに続く場面である。これを読んで後の問いに答えなさい。


「あっ」

背後で小さな声がして、空気が揺れる。振り向いて、わたしも息を呑《の》み込んだ。

「菊池さん……」

踊り場に菊池さんが立っていた。踊り場の壁には大きな窓がついていて、光が存分に差し込んでくる。冬の晴れた日なら、今の時間、光は濃い赤味を帯びて、踊り場はオレンジ色に染まる。けれど、これから夏を迎える時期は、まだ眩《まぶ》しい剛力な光が窓ガラスをぎらつかせていた。
(a)光を背負って、菊池さんは黒っぽいシルエットになっている。手足の長さがさらに際立《きわだ》ち、周りが白く発光して、光と影だけの幻想的な世界が現れた。
わたしは一瞬、ここが学校であることも、片森先生に呼び出されたことも、今朝の出来事も、(注)八杉さんたちのことも忘れた。階段の途中で立ち止まり、突然現れた異世界に見惚《みと》れていた。

「ああ、やっぱり御蔵さんだ」

その世界から菊池さんが進み出てくる。

菊池さんは、さらりとわたしの名前を呼んだ。驚いた。まさかこうもあっさり名前を呼ばれるなんて、思ってもいなかった。何故《なぜ》、わたしの名を？

「指導室に呼ばれたんだね」

「あ……うん。あの、菊池さんも？」

「そう」

「遅刻したから、だよね」

「だろうね」

わたしより二段下で足を止め、菊池さんはほんの僅《わず》か首を傾けた。

【ノート】

ことば［言葉・詞・辞］名詞
㈠ 考えや感情などを、音声や文字によって伝達・表現するもの。（例）外国の言葉を話す。→げんご（言語）
㈡ 単語。語句。（例）言葉の意味を調べる。
㈢ 言い方。ことばづかい。（例）人の前では言葉に注意しなさい。ことばがきれいだ。
㈣ ㈠で言い表したひとまとまりの内容。（例）お祝いの言葉。友人の言葉を信じる。孔子が弟子に告げた言葉。
（『ベネッセ表現読解国語辞典』）

(1) 傍線部カ「意味をとらえる」とありますが、次の①～④のうちから他の三つとは意味が**異なるもの**を一つ選びなさい。解答番号は[14]。

① なんだって、そんなよそいきのことばをつかうんだね。
② 人々は、文化の道具であることばを使いこなしている。
③ 彼は、ことばを極めて有効に用いるすべを知っている。
④ 外国語を、わけのわからぬことばだと嫌ってはならぬ。

(2) 次に示すのは、【文章1】【文章2】および【ノート】を読んだ四人の生徒が話し合っている場面です。三つの文章の趣旨に合致するものを、次の①～④のうちから一つ選びなさい。解答番号は[15]。

① 生徒A―【文章1】で「ことば」という単語は日常的で簡単なことばだと書いてあるけど、たしかに【ノート】を見ても単純な意味しかないから、わざわざ辞書をひく必要はないよね。
② 生徒B―そうかな。【文章2】に挙げられている「ことばどおり巨人だ」という例は、【ノート】のどれにも当てはまらないし、言葉の意味は必ず辞書をひいて確認する方がいいと思う。
③ 生徒C―いや、「ことばどおり巨人だ」という例は、「私」が大村教室の学習で失敗した例だよね。結論を急がず、誠実に、混沌としたものを整理することは国語に限らず大切だよね。
④ 生徒D―そうだね。【ノート】の「ことば」の意味の中に「考えや感情」を「伝達・表現するもの」があるから、私たちは自分の気持ちを人に伝えるときにも落ち着いて話す方がいいね。

問七　傍線部エ「ツノの形で区別する」とありますが、それはどのようにすることですか。最も適当なものを、次の①～④のうちから一つ選びなさい。
解答番号は12。

① 細かく見ないとわからない相違点を、じっくりと観て見極めるということ。
② 何となくわかっている違いを、言語感覚を全開にして説明するということ。
③ 一目で違いのわかるものの共通点を、じっくりと観て発見するということ。
④ 一見違いのわからないものについて、意識を集中して思考するということ。

問八　傍線部オ「一人前の『学ぶ人たち』」とありますが、それはどのような人たちですか。最も適当なものを、次の①～④のうちから一つ選びなさい。
解答番号は13。

① 高級なひらめきや鋭い洞察力といった特別の才能を持ち、一定のレベルの成果を上げる人たち。
② 過去の知的遺産に圧倒されて縮こまらずに、地道な作業をこつこつと確実に進められる人たち。
③ 学校で教わる知識体系に疑いを持たず、しゃんと背筋を伸ばして堂々と勉強を楽しめる人たち。
④ 過去に知的遺産を築いた人とは違い、自分が未熟な存在にならざるをえないことを知る人たち。

問九　次に示すのは、本文の中略部分である【文章2】と、「ことば」の項目をまとめた【ノート】である。これを読んで、後の(1)・(2)の問いに答えよ。

【文章2】

このとき、分類に迷った「ことばどおり巨人だ」という例は、あれ以来三〇年の間しつこくずっと忘れないでいる。「ことばどおり」というのが「文字通り」と同じように決まった言い回しであったために、それに邪魔されてしまい、「ことば」という語だけをうまく取り出して、意味をとらえることができなかった。「ことば」という語だけに注目することができていたら、いちばん典型的な「ある単語、熟語を表す」という、いわば普通の用法だった。それができず、慣用句という項目を窮余《きゅうよ》の策でこしらえてしまい、あとでとても後悔した。

物事を考えるとき、対象となるものを、付随するまわりのものからきれいに区別し、切り離して、それだけを取り出すということはぜひ必要なのだが、周囲とのくっつき方が根強いほど、それがむずかしい。よほど意識しないと見誤り、なにもかもいっしょくたにして乱暴な判断を下しそうになる。そういう場面に出くわすたびに、私は「ことばどおり巨人だ」というフレーズをおまじないにして、気をつけようとするのだ。

問三　波線部「象徴」の使い方として**適当でないもの**を、次の①〜④のうちから一つ選びなさい。解答番号は 7 。

①　ハトはまさしく平和の象徴だ。　②　日本の象徴はソメイヨシノだ。

③　明るい未来を象徴する光景だ。　④　喜怒哀楽は青春時代の象徴だ。

問四　次の一文は本文中の〔ⅰ〕〜〔ⅳ〕のどこかから脱落しています。この文を入れるのに最も適当なものを、次の①〜④のうちから一つ選びなさい。解答番号は 8 。

ともかく、一見簡単な「ことば」ということばも、このように意味に注目すればさまざまな側面を持っていることがわかる。

①　〔ⅰ〕　②　〔ⅱ〕　③　〔ⅲ〕　④　〔ⅳ〕

問五　傍線部ア「わかっていて使える」、傍線部イ「分析的に自覚する」とありますが、それぞれの具体例として最も適当なものを、次の①〜④のうちから一つずつ選びなさい。解答番号はアが 9 ・イが 10 。

①　長い間「お召し上がりください」という表現を使っていたが、文法書を読んで過剰敬語だと知り、「召し上がってください」に改めた。

②　先生に「ご苦労様でした」と言うと、少し不愉快そうな顔をされた気がしたが、叱責されたわけではないので今も使い続けている。

③　学校で「美化語」を学習して「ごはん」がそれに相当すると知り、自宅では敬語を使う必要がないので今後は「めし」と言うことにした。

④　理解を伝える表現として「承知しました」と「了解しました」の二通りがあるが、目上の人には前者を使うべきなのでそうしている。

問六　傍線部ウ「私たちはそのチャンスに出会った」とありますが、この時に生徒はどのような機会を得ましたか。それを説明したものとして適当なものを、次の①〜④のうちから一つ選びなさい。解答番号は 11 。

①　なんとなく意味がわかって使えていることばを、辞書で引き調べるという機会。

②　自分一人ではなかなかできないことを、意識を集中して考えてみるという機会。

③　なんとなくわかっていることがらを、論理的かつ客観的に説明するという機会。

④　混沌としていたものを整理し、何かしらかを浮かび上がらせてみるという機会。

（注）大村教室……大村はま先生の国語の授業。今で言うアクティブラーニングのような「てびき」を用いた単元学習を数多く行った。

問一　二重傍線部A～Eに相当する漢字を含むものを、次の各群の①～④のうちから、それぞれ一つずつ選びなさい。解答番号は 1 ～ 5 。

A　ホンヤク　1

① 彼の決意はいとも簡単にヒルガエる。
② 他者をオモンパカれる人になりたい。
③ はい、たしかにウケタマワりました。
④ 僕の兄は経営者をココロザしている。

B　シンチョウ　2

① 意味シンチョウという言葉を習う。
② 自分の力をカシンしてはいけない。
③ シンアイの情を込めて手紙を書く。
④ 反省のために自宅キンシンとなる。

C　コウリョ　3

① 親コウコウだなと叔父から褒められる。
② セイコウに作られた懐中時計をもらう。
③ 周年記念に新しいロゴをコウアンする。
④ 天照大神のシンコウについて研究する。

D　ウナガす　4

① 高速道路に並走するソクドウを通行する。
② 寒冷地での稲のソクセイ栽培を研究する。
③ 展示ソクバイ会で気に入った家具を買う。
④ 運転中のスマホ使用等へのバッソク強化。

E　ヘイイ　5

① ボウエキによる輸出入には関税がかかる。
② 古くから日本は木造のジュウキョが多い。
③ 祖父母からのユイゴンを大切に守り抜く。
④ キンキを犯して処罰を受けることになる。

問二　空欄Ⅰ・Ⅱにあてはまる語の組み合わせとして最も適当なものを、次の①～④のうちから一つ選びなさい。解答番号は 6 。

① Ⅰ　つまり　Ⅱ　けれども
② Ⅰ　たとえば　Ⅱ　けれども
③ Ⅰ　つまり　Ⅱ　すなわち
④ Ⅰ　たとえば　Ⅱ　すなわち

とば」の項目を自分で書いてみることだった。ただし先ほどの例でわかるように、意味の違いといっても、たとえばゾウとキリンほども違うわけではない。せいぜいがミヤマクワガタとノコギリクワガタの違いくらいで、つまり素人が大雑把に見れば同じ種類といえるようなものを、丁寧に観察し、相違点をはっきりさせていく作業なのだ。簡単では決してない。〔iv〕

しかもクワガタと違って、エことばをツノの形で区別するようなことができない。そもそも抽象的な言語というものを、前後の文脈もCコウリョに入れて区別していくのだから、むずかしいのはしかたがない。中学生にとっては、言語感覚を全開にして当たるしかないような課題だった。しかしどうしてどうして、私たちはそういう手ごわい課題がけっこう好きだったのだ。

もとになる資料は、珍しく国語の教科書だけだった。一冊丸ごとである。さまざまな種類の文章が混じっている点が、資料として向いていたのだろう。短冊状のカードをたくさん用意して、一ページ目からどんどん読んでいく。「ことば」という単語に出会ったら、前後の意味のつながりがわかる程度の長さだけカードに書き写す。どのページにあったのかも書き添える。一枚のカードには一例しか書いては駄目。ちょっと大変そうな作業だけれど、でも大丈夫、できますよ、と言われて、私たちは鉛筆を手に教科書を読み進めた。

文章一編ごとに、その文章の理解をDウナガすようなてびき、今で言えばワークシートがあり、それに記入していった。黙っていくつかの項目を埋めていこうとすれば、ある程度の確かさでそれぞれの文章が読めたことになる。そういうてびきだった。（中略）

さて、私（苅谷夏子）にとって、この単元で教わったいちばん大事なことは、こつこつとした作業を確実に誠実に重ねていくと、ちゃんとある程度の仕事ができるということだった。高級なひらめきや、鋭い洞察力、そういう特別の才能のような飛び道具など使えなくても大丈夫、一定のレベルの成果は得られる。材料と方法さえきちんとしていれば、いつも目の前の二つを検討するだけでいい。その作業は、危なげなく自信を持ってできるから、安心して、はじめからあまり大きなことなどは考えないでこつこつと進める。結論を急がない。するとそのうちに混沌としていたものが徐々に整理され、きっと何かしらが浮かび上がってくるものなのだ。このつつましくて誠実な仕事のこなし方は、国語という教科に限定されるものではなかった。学校の中にさえ限定されない。

そしてもう一つ。そもそも、辞書という権威の象徴のような本も、実はこうした作業からできた物なのだということがわかって、それはほんとうに、天動説から地動説に宗旨替えをするほどの驚きだった。学校という場がすでにできあがった知識体系を、疑う余地も残さず、あたりまえの顔をして教えてしまう。立派な知識のお城を前に、生徒は萎縮した未熟な存在にならざるをえないところがある。ところが、この「ことば」というEヘイイな、しかしやっかいなことばの分類をしてみたことで、私は、しゃんと背筋が伸びた気がしたわけだ。過去に知的遺産を築いた人々と同等の資格を持って、堂々と勉強を進める楽しさを教えられたのかもしれない。実際、大村国語教室の私たちは、生意気とも思えるほどオ一人前の「学ぶ人たち」だったのではなかったろうか。

（大村はま・苅谷剛彦・苅谷夏子『教えることの復権』）

二〇二四年度　明星高等学校（本科）

【国語】（四〇分）〈満点：一〇〇点〉

一　次の【文章１】を読んで、後の問いに答えなさい。（なお、問題作成の都合上、本文の一部を改めた。）

【文章１】

「ことば」という単語は、もちろんとても日常的で簡単なことばだ。三歳児くらいでも理解できるのではないだろうか。しかし同時に意味の幅も広い。「外国のことば」といったらその社会や民族の用いる一言語。「ことばを発する」という場合は音声として表された表現のことだろうか。「開会のことば」はひとまとまりのメッセージ。「新しいことばをおぼえた」の場合は単語のことだろう。「乱暴なことばで怖がらせる」といったら話し方まで含むだろうか。こんなふうに並べてみても、意味や範囲が少しずつ違っていることがわかる。

　中学三年生程度の英語の知識を使ってAホンヤクという作業をしてみると、意味の違いがうまく自覚できるかもしれない。［Ⅰ］languageと訳すのが適当な場合、a wordのこともあるが、the wordと特定のものを指す場合もある。wordsやphraseのようにまとまったものを意味したりspeechやexpressionまたcommunicationと置き換えられることもあるだろう。〔ⅰ〕

　あることばの性質を中学生が勉強しようというとき、たいていは辞書をひくだろう。用例をよく読んでみたりもして、自分が今知りたいことばがどの用法と同じなのかと考える。語釈を読んで、なるほどそうかと思う。むずかしいことば、知らなかったことばに関しては、確かにそれで勉強になる。

［Ⅱ］、たとえばこの「ことば」という語などを辞書でひくことは、実際にはあまりないはずだ。十分にわかるのだから、辞書をひく必要を感じない。辞書好きという人種を除いて、たいていの人はなんとなくでも意味がわかって使えることばを、好きこのんでわざわざ辞書でひいたりしないものだ。〔ⅱ〕

　ただし、その、アわかっていて使えるということと、イ分析的に自覚するということとは、まったく別物だ。なんとなくわかっていることがらを、はっきりと論理的・客観的に説明するという作業は、とてもよい思考訓練になることだと思うが、Bシンチョウに意識を集中して考えなければならないので、めんどうくさくて、自分一人ではなかなかできない。力のある人のじょうずなてびきがぜひ必要だ。学校の中ですら、そういう訓練をする機会はめったにない。（注）大村教室の程良く緊張した空気の中で、ウ私たちはそのチャンスに出会った。〔ⅲ〕

　この単元で生徒は辞書を使わなかった。どんな例文にせよ、中学生にとって「ことば」という語の意味がわからないということはない。「ことば」はそのくらい簡単な単語だ。この単元で私たちが試みたのは、辞書で意味を調べるのとはまったく逆に、意味分類を自分でしてみること、つまり辞書の「こ

2024年度／明星高等学校（本科）

英語解答

Ⅰ 問題A　1…③　2…③　3…④
問題B　No.1…①　No.2…②

Ⅱ 問1　②　問2　④　問3　③
問4　①　問5　③　問6　③
問7　④　問8　③　問9　①
問10　④

Ⅲ 問1　④　問2　④　問3　④
問4　③　問5　④

Ⅳ 問1　③　問2　③　問3　①
問4　④　問5　①　問6　②
問7　②

Ⅰ〔放送問題〕解説省略

Ⅱ〔適語（句）選択・語形変化〕

問1．物が買えなかった理由として，expensive「高価な」が適切。　「私がその時計を買えなかったのは，買うにはとても高かったからだ」

問2．finish ～ing「～し終える」　「トムは自分の机を掃除し終えて，友達の家に行った」

問3．‘too ～ for … to —’「…が—するには～すぎる，…には～すぎて—できない」　「その町はお年寄りが住むにはうるさすぎる」

問4．‘between *A* and *B*’「*A*と*B*の間に」　「私はいつも7時に起きて，9時と10時の間に寝る」

問5．‘疑問詞＋to不定詞’形で，この‘to不定詞’は「～するべきか，～したらよいか」という意味になる。where to ～で「どこで～したらよいか，～するべきか」。　「どこでチケットを買えばいいのかわかりますか」

問6．直後が動詞の want で，先行詞が Student という‘人’のとき，関係代名詞には who か that を用いる。　「これらのペンを買いたい生徒は10時までに店に来なくてはならない」

問7．A：あそこでエサを食べているライオンを見てよ。／B：なんて強い動物なんだろう！∥「エサを食べているライオン」というひとまとまりになると考えられる。これは，lion を‘現在分詞（～ing）＋語句’の eating food が後ろから修飾する形で表せる（現在分詞の形容詞的用法）。

問8．「盗まれた」という受け身形（‘be動詞＋過去分詞’）になると判断できる。　steal－stole－stolen「レイチェルは新しい財布を欲しがっている。彼女の古い財布は盗まれた」

問9．‘make＋目的語＋形容詞’「～を…（の状態）にする」の形。‘目的語’の部分に入る代名詞は目的格になるので，me が適切。　「私の姉〔妹〕が私の本をなくした。彼女は私を怒らせる」

問10．A：このシャツのデザインが気に入りました。これを試着してもいいですか。／B：はい。2階に試着室があります。∥try on ～〔try ～ on〕「～を試着する」

Ⅲ〔整序結合〕

問1．「桜の木を植えている男性たち」は，the men を‘現在分詞（～ing）＋語句’の planting cherry trees が後ろから修飾する形で表す（現在分詞の形容詞的用法）。「日本からの」は from Japan とし，cherry trees の後に続ける。ここまでが主語のまとまりで，この後に be動詞の are を置く。The men planting cherry trees from Japan are my friends.

問2．「だれが～ですか」という疑問文なので，Who is ～で始める。「いちばん人気のある」は

'the＋最上級' で表す。popular「人気のある」の最上級は most popular となる。「この国で」は in this country とし，文末に置く。　Who is the most popular singer in this country？

問３．「〜する必要はありません」を don't have to 〜 で表す。「早く起きる」は get up early。tomorrow「明日」は通常，文末に置く。　You don't have to get up early tomorrow.

問４．与えられた語句から，「ケンと私はお互いを３年間知っています」と読み換え，現在完了の 'have/has＋過去分詞...＋for＋期間の長さ'「〜の間ずっと…している」の形('継続' 用法)で表す。each other「お互い」　Ken and I have known each other for three years.

問５．'so 〜 that＋主語＋cannot …'「とても〜なので—は…できない」の構文を過去形で用いる。I was so busy that I could not study.

Ⅳ〔長文読解総合—ノンフィクション〕

≪全訳≫❶１人の若い母親がベッドの上にいる。２人の赤ちゃんがその隣のベッドで寝ている。彼女は生まれたばかりのその２人の赤ちゃんの母親だ。その赤ちゃんたちは双子だ。彼女は疲れているが幸せだ。１人の女性が彼女を手助けしている。突然，その女性が大声を上げた。「どうしたの？」と母親が尋ねる。彼女は頭を上げて赤ちゃんたちを見る。赤ちゃんたちは胸の所でつながっている。彼女は彼らを切り離せない。❷これはシャム——現在ではタイと呼ばれている——で1811年に起きた。母親は彼女の赤ちゃんたちにチャンとエンという名前をつけた。チャンとエンは成長し，有名なシャム双生児となった。❸人々がシャム中から双子を見るために集まった。双子が18歳だったある日，１人のアメリカ人が彼らを目にした。彼は「この双子で金儲けができる」と考えた。彼はチャンとエンに「私と一緒にアメリカへ来ないか？」ときいた。チャンとエンはアメリカに行きたかったので，その男についていった。彼らはシャムも家族も二度と見ることはなかった。❹チャンとエンはそのアメリカ人と10年にわたりアメリカ中を旅した。その後，彼らは自分たちだけで旅をした。人々は彼らに会ってその人生について尋ねるためにお金を払った。ついに双子は旅に飽きた。質問に答えるのにも飽きた。彼らはノースカロライナで静かに暮らすことにした。❺ノースカロライナに引っ越した後すぐに，双子は２人の姉妹に出会った。その姉妹の名前はアデレードとサラといった。双子は姉妹と恋に落ちた。チャンはアデレードと結婚し，エンはサラと結婚した。２組の夫婦は別々の家に住んだ。双子は１つの家に４日間住んだ。そして，もう１つの家に４日間行った。彼らの生活スタイルは普通ではなかったが，彼らは幸せだった。チャンとアデレードには10人の子どもたちが，エンとサラには11人の子どもたちがいた。❻双子はアデレードとサラと一緒にいて幸せだったが，いつもお互いに満足していたわけではなかった。彼らはお互いに口をきかず，ときどき言い争いになった。双子は次から次へと医者に頼んだ。「どうか私たちを引き離してください」　どの医者も言った。「あなたたちを引き離すことはできない。手術は危険すぎる」そのため，双子はつながったままだった。❼双子が63歳だったある夜，エンが突然目を覚ました。彼は横で寝ているチャンを見た。チャンは全く動いていなかった。エンが助けを求めて叫ぶと，彼の息子の１人がやってきた。「チャンおじさんは死んでいるよ」とその若者は言った。「じゃあ，私も死ぬことになる」とエンは言い，泣き出した。２時間後，エンは死んだ。❽63年間，シャム双生児は一体のまま一緒に生きた。そして最後も，彼らは一体のまま亡くなった。

問１＜英問英答＞「なぜ女性は大声を上げるのか」—③「なぜなら赤ちゃんたちが胸の所でつながっているから」　第１段落は双子が生まれてすぐの場面。彼らの体がつながっているという異常な事態に驚き，声を上げたのだと考えられる。

問2＜語句解釈＞前の文の join は「～をくっつける」という意味の動詞で，双子の体がつながっていたとわかる。また，第8段落などから，双子がつながったまま成長し，生活したことが読みとれる。ここから，(ア)を含む文は「彼女は彼らを切り離せない」という意味だとわかる。

問3＜要旨把握＞第2段落第1文の now called Thailand は，直前の Siam を説明するために挿入された語句。また，in Siam「シャムで」や第3段落第1文の from all over Siam「シャム中から」という表現から，Siam が地名とわかる。よって，①「タイは以前，シャムと呼ばれていた」が適切。

問4＜要旨把握＞第3段落第3，4文参照。アメリカ人は双子を使ってお金を稼ごうと考え，2人をアメリカに来るよう誘った。④「アメリカ人は双子をアメリカに連れていけばお金持ちになれると考えた」が，この内容をよくまとめている。

問5＜整序結合＞過去の出来事を述べた段落なので，主語の People の後に動詞 pay「お金を払う」の過去形の paid を置く。その後は‘目的’を表す副詞的用法の to不定詞を用いて to see and ask とまとめる。　People paid to see and ask them questions about their lives.

問6＜適語選択＞第6段落第1文の後半や第2文の前半および第3文から，双子が仲違いすることがあったとわかる。ここでの argue は「言い争う，口論する」という意味。

問7＜英問英答＞「シャム双生児はどのようにして死んだか」―②「エンは，チャンが死んだ少し後に死んだ」　第7段落最後の3文参照。

数学解答

1 (1) ア…9　イ…2　ウ…3
(2) エ…5　オ…2
(3) カ…6　キ…5
(4) ク…－　ケ…3　コ…2　(5) 3

2 (1) ア…1　イ…2
(2) ウ…1　エ…0
(3) オ…－　カ…1　キ…2　ク…5
ケ…2
(4) コ…2　サ…4

3 (1) ア…3　イ…2
(2) ウ…3　エ…3　オ…4
(3) カ…1　キ…2　ク…3　ケ…3
コ…4
(4) サ…3　シ…3　ス…1

4 (1) 3　(2) イ…1　ウ…6
(3) エ…6　オ…7　カ…4

1〔独立小問集合題〕

(1)＜式の計算＞与式$=2a^2b\times(-6ab^3)\times\left(-\frac{3}{4ab}\right)=\frac{2a^2b\times6ab^3\times3}{4ab}=9a^2b^3$

(2)＜式の計算―因数分解＞$x+y=A$とおくと，与式$=A^2+3A-10=(A+5)(A-2)$となる。Aをもとに戻して，与式$=(x+y+5)(x+y-2)$である。

(3)＜数の計算＞与式$=\sqrt{5}-\frac{3\times\sqrt{5}}{\sqrt{5}\times\sqrt{5}}+\frac{1}{5}\{1^2-2\times1\times\sqrt{5}+(\sqrt{5})^2\}=\sqrt{5}-\frac{3\sqrt{5}}{5}+\frac{1}{5}(1-2\sqrt{5}+5)=\sqrt{5}-\frac{3\sqrt{5}}{5}+\frac{1}{5}(6-2\sqrt{5})=\frac{5\sqrt{5}}{5}-\frac{3\sqrt{5}}{5}+\frac{6}{5}-\frac{2\sqrt{5}}{5}=\frac{6}{5}$

(4)＜一次方程式＞両辺に100をかけて，$20x-9=6x-30$，$20x-6x=-30+9$，$14x=-21$　$\therefore x=-\frac{3}{2}$ $\left(=\frac{-3}{2}\right)$

(5)＜二次方程式＞$\left(\frac{x}{2}\right)^2-2\times\frac{x}{2}\times1+1^2-\frac{2x-5}{4}=0$，$\frac{x^2}{4}-x+1-\frac{2x-5}{4}=0$として，両辺に4をかけると，$x^2-4x+4-(2x-5)=0$，$x^2-4x+4-2x+5=0$，$x^2-6x+9=0$，$(x-3)^2=0$　$\therefore x=3$

2〔独立小問集合題〕

(1)＜場合の数―袋詰め＞1個30円のガムと1個40円のチョコレートをそれぞれ最低1個入れた袋詰めを，予算を200円以内としてつくるので，$200\div30=6$あまり20より，ガムの個数は，6個以下である。ガムが1個のとき，残る予算は，$200-30\times1=170$(円)だから，$170\div40=4$あまり10より，チョコレートは4個まで入れることができ，4通りある。ガムが2個のとき，残る予算は，$200-30\times2=140$(円)だから，$140\div40=3$あまり20より，チョコレートは3個まで入れることができ，3通りある。ガムが3個のとき，残る予算は，$200-30\times3=110$(円)だから，$110\div40=2$あまり30より，チョコレートは2個まで入れることができ，2通りある。以下同様に考えて，ガムが4個のとき，残る予算は80円だから，チョコレートは2個まで入れることができ，2通りある。ガムが5個のとき，残る予算は50円だから，チョコレートは1個入れることができ，1通りある。ガムが6個のとき，残る予算は20円だから，チョコレートは入れることができないので，適さない。以上より，異なる袋詰めは，$4+3+2+2+1=12$(通り)できる。

図1

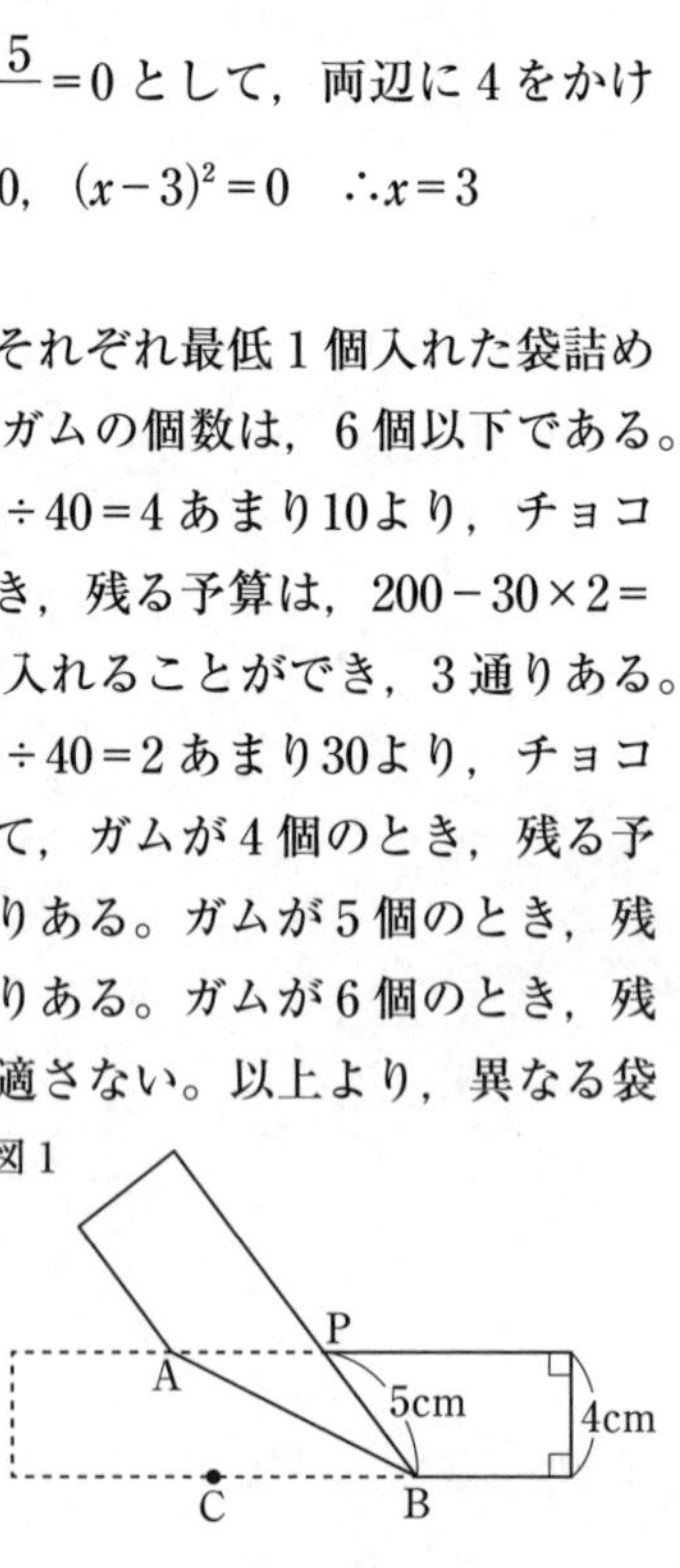

(2)＜平面図形―面積＞右図1のように，点Cをとると，AP∥CBより，錯角は等しいので，∠BAP＝∠ABCとなる。また，線分ABで折り返しているので，∠ABP＝∠ABCである。よって，∠BAP＝∠ABPとなるので，△PABは二等辺三角形であり，

AP＝BP＝5となる。△PABの底辺をAP＝5と見ると，高さは，長方形の縦の長さの4cmとなるので，△PAB＝$\frac{1}{2}\times5\times4=10$($cm^2$)である。

(3)＜**関数—直線の式**＞直線の傾きが$-\frac{1}{2}$だから，その式は$y=-\frac{1}{2}x+b$とおける。この直線が点$(-3,\ 4)$を通るので，$x=-3$，$y=4$を代入して，$4=-\frac{1}{2}\times(-3)+b$，$4=\frac{3}{2}+b$，$b=\frac{5}{2}$となる。よって，求める直線の式は，$y=-\frac{1}{2}x+\frac{5}{2}\left(=\frac{-1}{2}x+\frac{5}{2}\right)$である。

(4)＜**場合の数—三角形**＞右図2のように，円周を8等分する8個の点をA～Hとする。この8個のうち3点を結んでできる三角形が直角三角形になるとき，斜辺は円の直径となる。これより，斜辺として考えられるのは，線分AE，BF，CG，DHである。線分AEが斜辺となる直角三角形は，△ABE，△ACE，△ADE，△AEF，△AEG，△AEHの6個できる。線分BF，CG，DHが斜辺となる直角三角形も同様に，それぞれ6個できる。よって，直角三角形は，$6\times4=24$(個)できる。

図2

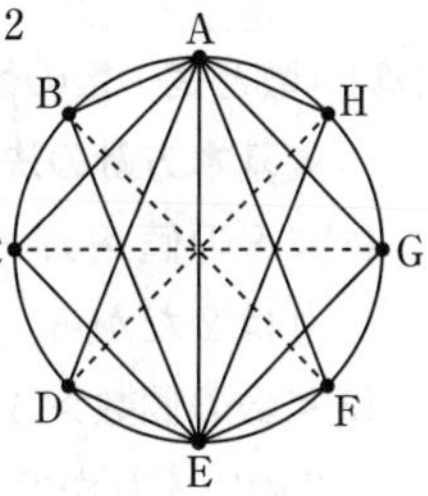

3〔**関数—関数$y=ax^2$と一次関数のグラフ**〕

≪基本方針の決定≫(4)　線分OBの中点を通る。

(1)＜**x座標**＞右図で，放物線$y=2x^2$はy軸について対称であり，半円も，原点Oを中心としているので，y軸について対称である。2点A，Bは放物線$y=2x^2$と半円の交点なので，2点A，Bもy軸について対称である。これより，ABとy軸の交点をHとすると，OH⊥ABとなる。△OABは正三角形なので，△OAHは3辺の比が$1:2:\sqrt{3}$の直角三角形であり，AH：OH＝$1:\sqrt{3}$である。また，点Aは放物線$y=2x^2$上にあるので，x座標をaとすると，y座標は，$y=2a^2$となり，A$(a,\ 2a^2)$となる。よって，AH＝a，OH＝$2a^2$だから，$a:2a^2=1:\sqrt{3}$が成り立つ。これを解くと，$a\times\sqrt{3}=2a^2\times1$，$2a^2-\sqrt{3}a=0$，$a(2a-\sqrt{3})=0$より，$a=0,\ \frac{\sqrt{3}}{2}$となる。$a>0$なので，$a=\frac{\sqrt{3}}{2}$である。

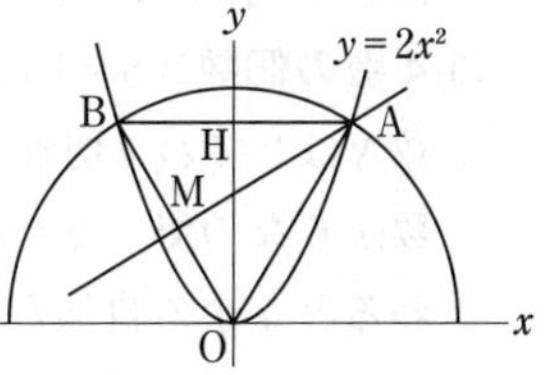

(2)＜**面積**＞右上図で，(1)より，$a=\frac{\sqrt{3}}{2}$だから，点Aのx座標は$\frac{\sqrt{3}}{2}$である。2点A，Bはy軸について対称だから，点Bのx座標は$-\frac{\sqrt{3}}{2}$となり，AB＝$\frac{\sqrt{3}}{2}-\left(-\frac{\sqrt{3}}{2}\right)=\sqrt{3}$である。また，OH＝$2a^2=2\times\left(\frac{\sqrt{3}}{2}\right)^2=\frac{3}{2}$となる。よって，△OAB＝$\frac{1}{2}\times$AB$\times$OH＝$\frac{1}{2}\times\sqrt{3}\times\frac{3}{2}=\frac{3\sqrt{3}}{4}$である。

(3)＜**面積**＞右上図で，線分ABと$\overset{\frown}{AB}$で囲まれた部分の面積は，おうぎ形OABの面積から△OABの面積をひいて求められる。△OABは正三角形だから，(2)より，おうぎ形OABの半径はOA＝AB＝$\sqrt{3}$であり，中心角は∠AOB＝60°である。よって，〔おうぎ形OAB〕＝$\pi\times(\sqrt{3})^2\times\frac{60^\circ}{360^\circ}=\frac{1}{2}\pi$である。また，(2)より，△OAB＝$\frac{3\sqrt{3}}{4}$だから，求める面積は，〔おうぎ形OAB〕－△OAB＝$\frac{1}{2}\pi-\frac{3\sqrt{3}}{4}$となる。

(4)＜**直線の式**＞右上図で，点Aを通り△OABの面積を2等分する直線と，OBの交点をMとする。△OAM，△BAMの底辺をそれぞれOM，BMと見ると，高さが等しいので，△OAM＝△BAMより，OM＝BMであり，点Mは線分OBの中点である。(1)，(2)より，$a=\frac{\sqrt{3}}{2}$，$2a^2=\frac{3}{2}$であり，

A$\left(\frac{\sqrt{3}}{2},\ \frac{3}{2}\right)$となる。2点A，Bは$y$軸について対称だから，B$\left(-\frac{\sqrt{3}}{2},\ \frac{3}{2}\right)$である。これより，点Mの$x$座標は，$\left\{0+\left(-\frac{\sqrt{3}}{2}\right)\right\}\div 2=-\frac{\sqrt{3}}{4}$，$y$座標は，$\left(0+\frac{3}{2}\right)\div 2=\frac{3}{4}$となり，M$\left(-\frac{\sqrt{3}}{4},\ \frac{3}{4}\right)$である。よって，直線AMの傾きは，$\left(\frac{3}{2}-\frac{3}{4}\right)\div\left\{\frac{\sqrt{3}}{2}-\left(-\frac{\sqrt{3}}{4}\right)\right\}=\frac{3}{4}\div\frac{3\sqrt{3}}{4}=\frac{\sqrt{3}}{3}$となるので，その式は$y=\frac{\sqrt{3}}{3}x+b$とおける。点Aを通ることから，$\frac{3}{2}=\frac{\sqrt{3}}{3}\times\frac{\sqrt{3}}{2}+b$，$b=1$となり，求める直線の式は$y=\frac{\sqrt{3}}{3}x+1$である。

4 〔数と式―数の性質〕

≪**基本方針の決定**≫(2)　$A=0$，$B=0$である。　(3)　$A=0$，$B=1$か，$A=0$，$B=1$である。

(1)＜**Sの値**＞$17\div 2=8$あまり1，$17\div 3=5$あまり2より，17を2でわった余りは1，3でわった余りは2だから，$A=1$，$B=2$である。よって，$S=A+B=1+2=3$となる。

(2)＜**数の個数**＞A，Bはそれぞれ，2，3でわった余りなので，$A=0$，1のいずれかであり，$B=0$，1，2のいずれかである。よって，$S=0$のとき，$A=0$，$B=0$である。$A=0$となる自然数Nは2の倍数，$B=0$となる自然数Nは3の倍数だから，$S=0$となる自然数Nは，2と3の公倍数となる。2と3の最小公倍数は6なので，2と3の公倍数は6の倍数である。1以上100以下の自然数の中に6の倍数は，$100\div 6=16$あまり4より，16個あるので，求める$S=0$となる自然数Nの個数は16個である。

(3)＜**数の個数**＞$S=1$となるとき，$A=0$，$B=1$か，$A=1$，$B=0$である。$A=0$，$B=1$のとき，自然数Nは2でわり切れ，3でわると1余る数だから，最小の自然数Nは4である。2と3の最小公倍数が6なので，$A=0$，$B=1$となる自然数Nは，4，$6+4$，$6\times 2+4$，$6\times 3+4$，……であり，6でわると4余る自然数である。$2024\div 6=337$あまり2より，1以上2024以下の自然数の中に，6でわると余りが1，2になる自然数は338個ずつ，余りが3，4，5になる自然数とわり切れる自然数は337個ずつあるので，6でわると4余る自然数は337個であり，$A=0$，$B=1$となる自然数Nの個数は，337個である。また，$A=1$，$B=0$のとき，自然数Nは，2でわると1余り，3でわり切れる数なので，最小の自然数Nは3である。これより，$A=1$，$B=0$となる自然数は，3，$6+3$，$6\times 2+3$，$6\times 3+3$，……だから，6でわると3余る自然数であり，1以上2024以下の自然数の中に337個ある。以上より，$S=1$となる自然数Nは，$337+337=674$(個)ある。

＝読者へのメッセージ＝

3(3)では，円周率にπを用いましたが，実際には，円周率は無限に続く小数です。その数字の並びは不規則なのですが，おもしろい並びとなるところがあります。例えば，小数点以下762けた目からは，9が連続して6個並びます。この部分は，「ファインマン・ポイント」といわれています。

国語解答

一 問一 A…① B…④ C…③ D…②
E…①
問二 ② 問三 ④ 問四 ①
問五 ア…④ イ…① 問六 ③
問七 ① 問八 ②
問九 (1)…① (2)…③

二 問一 A…④ B…② C…①
問二 ③ 問三 ④ 問四 ①
問五 ③ 問六 ① 問七 ②

一〔論説文の読解—教育・心理学的分野—教育〕出典：大村はま・苅谷剛彦・苅谷夏子『教えることの復権』。

≪**本文の概要**≫「ことば」という単語は，日常的で簡単な言葉なので，辞書で引くということはあまりないが，意味の幅は広い。十分にわかっている言葉ではあるが，論理的・客観的に説明することが難しい言葉なのである。私たちは，大村教室で，「ことば」という単語について，辞書で意味を調べるのとは逆に，意味分類を自分でしてみるという機会を得た。「ことば」という単語がどのような意味で使われているのかを見きわめて，相違点をはっきりさせていく作業である。私は，この作業を通じて，特別な才能がなくても，こつこつと地道な作業を続けていくことで，ある程度の仕事ができるということを教わり，それと同時に，辞書という権威の象徴のような本も，このような作業を経てできたものであることを知った。私たちは，過去に知的遺産を築いた人々と同等の資格を持って，堂々と勉強を進める楽しさを教えられたように思う。

問一＜漢字＞A.「翻訳」と書く。①は「翻(る)」，②は「慮(れる)」，③は「承(りました)」，④は「志(して)」。　B.「慎重」と書く。①は「深長」，②は「過信」，③は「親愛」，④は「謹慎」。　C.「考慮」と書く。①は「孝行」，②は「精巧」，③は「考案」，④は「信仰」。　D.「促す」と書く。①は「側道」，②は「促成」，③は「即売」，④は「罰則」。　E.「平易」と書く。①は「貿易」，②は「住居」，③は「遺言」，④は「禁忌」。

問二＜接続語＞Ⅰ.「ことば」という単語の「意味の違い」を自覚するために用いる「中学三年生程度」の英単語の例として，「language」や「a word」などが挙げられている。　Ⅱ.「むずかしいことば，知らなかったことば」に関しては，辞書を引くと「勉強になる」こともあるが，十分にわかる「ことば」という語などを「辞書でひくことは，実際にはあまりない」はずである。

問三＜語句＞「象徴」は，言葉では表しづらい抽象的な思想や観念などを，「ハト」や「ソメイヨシノ」や「光景」といった具体的な事物によって表すことである(④…×)。

問四＜文脈＞「ことば」という語の意味の違いを調べるとき，「language」「phrase」「expression」などの英語に置き換えると理解できることがあるので，いずれにしても「一見簡単」のように思われる「ことば」という語も，「意味に注目すればさまざまな側面を持っていること」がわかる。

問五＜文章内容＞目上の人には「了解しました」よりも「承知しました」の方が適切だということは，調べなくても「わかっていて使える」ことの例である(ア…④)。これに対して，文法書などを読んで，「お召し上がりください」という表現が過剰な敬語であることを知り，「論理的」な根拠から「召し上がってください」と改めるのは，「分析的に自覚する」ことの例である(イ…①)。

問六＜文章内容＞「なんとなくわかっていることがらを，はっきりと論理的・客観的に説明するという作業」は，「力のある人のじょうずなてびき」が必要となるので「自分一人ではなかなかできない」が，「私たち」は，その作業を実践する機会を「大村教室の程良く緊張した空気の中」で得た。

問七＜文章内容＞「ミヤマクワガタとノコギリクワガタ」は，「素人が大雑把に見れば同じ種類」のように見えてしまうので，それぞれの特徴となる「ツノの形」を見きわめて判断する必要がある。

問八＜文章内容＞辞書という「すでにできあがった知識体系」を，「疑う余地も残さず，あたりまえの顔をして教えてしまう」と，「生徒は萎縮し」てしまう。しかし，辞書は「ことばの分類」という地道な作業を経て編まれたものであり，「私たち」は過去の「知的遺産を築いた人々」と同じように，「堂々と勉強を進める楽しさ」を大村国語教室で体験できたように感じられた。

問九＜文章内容＞(1)「文化の道具であることば」「ことばを極めて有効に用いる」「わけのわからぬことば」の「ことば」は，音声や文字によって伝達や表現をする言語のことを意味しており，「そんなよそいきのことば」は，言い方や言葉遣いのことを意味している。　(2)「私」は，「決まった言い回し」があることに気を取られ，「ことばどおり巨人だ」の「ことば」について，分類できず，追いつめられた末に「慣用句という項目」をつくってしまったことを，後で後悔した。

二　〔小説の読解〕出典：あさのあつこ『ハリネズミは月を見上げる』。

問一＜語句＞A．「迂闊さ」は，うっかりしていて注意が足りないこと。　B．「看破された」は，事実を見抜かれた，という意味。　C．「つっけんどんな」は，態度や言葉がとげとげしていて無愛想なさま。

問二＜心情＞「わたし」は，「謝っちゃえば楽だから，あの男に謝ろうとしたでしょ」という菊池さんの言葉を思い出し，自分が「ごめんなさい」「申し訳ありません」「ね，許してくれる」などの謝罪の言葉を，「便利な機器」のように「無造作」に使っていることに思い当たった。だから，「わたし」は，すぐに菊池さんに謝ろうとしていた自分を省み，口に出すことを思いとどまった。

問三＜文章内容＞電車の中で「あの男」に謝ろうとしたのは，「ただその場から逃れたくて謝ろうとした姑息さ」だということを菊池さんに見抜かれたと気づいた「わたし」は，「でも今は違う」と確信し，菊池さんに迷惑をかけたことを，心から謝るために「ごめんなさい」と言った。

問四＜文章内容＞菊池さんは，「いつも自分が悪いみたい」に感じてしまい，すぐに謝ってしまう「わたし」のことを，彼女なりの冷静な目で見て，「いい人」と断じた。菊池さんは，自信のなさから，どんな責任も認める「わたし」のことを，否定的な意味で「いい人」と言ったのである。

問五＜心情＞「わたし」は，「自分の過ち」に気づき，「謝る機会」を得たことに「ほっと」していた。しかし，菊池さんから，「いつも自分が悪いみたいに感じちゃうんだ」などと，「断定」的な言い方をされ，自分の率直な思いを否定されたので，「わたし」は戸惑ってしまった。

問六＜心情＞「わたし」は，謝罪の言葉を「便利な機器」のように使っていた自分に気づき，菊池さんには，「自分の過ち」を認めた本心から，率直に「ごめんなさい」と謝った。しかし，菊池さんは，「わたし」のことを，「いつも自分が悪いみたい」に感じるからすぐに「謝っちゃう」などと決めつけてきたので，「わたし」は，怒りを覚えた。

問七＜表現＞踊り場で会った菊池さんの姿は，「わたし」には「光と影だけの幻想的な世界」のように感じられ，全てを忘れてしまうほどの魅力を持った「異世界」だった(①…○)。菊池さんの言葉によって「自分の過ち」に気づいた「わたし」は，彼女に心から謝ったが，菊池さんから発せられた「棘も抑揚もない」言葉は，「戸惑いも苛立ちも眼の中」に見られない淡々とした表情からは想像できないほど意外なものだった(②…×)。菊池さんに「いつも自分が悪いみたいに感じちゃうんだ」などと断定的な言い方をされた「わたし」は，「怒り」のために「脈が速く」なったり，「額に汗」がにじんだりし，感情が高ぶった(③…○)。そして，感情があらわになった「わたし」は，菊池さんに対して「何様のつもり？」などと心の中で叫んだ(④…○)。

2024年度 明星高等学校（ＭＧＳ）

【英　語】（50分）〈満点：100点〉

1　リスニング問題です。放送を聞き、以下の【問題A】【問題B】に答えなさい。

【問題A】4つの対話文を聞いて、その最後の発話に対する応答として最も適当なものを、①～③の中から一つずつ選んで、番号で答えなさい。対話文は1回しか読まれません。選択肢は全て放送されます。

No.1

①

②

③

No.2

①

②

③

No.3

①

②

③

No. 4

①

②

③

【問題 B】あなたはショッピングモールのポスターを見ながら、アナウンスを聞いています。次のポスターの空所 (ア)〜(オ)に適当な数字や語を入れて、ポスターを完成させなさい。

単語の最初の文字は小文字で、また数字は算用数字を用いて記入しなさい。英文は 2 回読まれます。

= Holiday Season =

☆Dec.10 – Dec.24

☆Opening Hours: 10 a.m. to (ア) p.m.

Events	When	Where
Making Christmas (イ)	Dec.22	(エ) Room Floor 2
Taking pictures with Santa Claus	Dec.(ウ)	In front of the big tree Floor (オ)

※ リスニングテスト放送文は，英語の問題の終わりに付けてあります。

2 次の英文を読んで、問いに答えなさい。(*印の付いた語には、本文のあとに［注］がある。)

John Simpson had a very bad pain in his stomach, so he went to see his doctor. The doctor sent him to the hospital for tests and then told him the bad news. "Mr. Simpson, you are a very sick man," the doctor said. "You have only six months to live."

"Isn't there anything you can do?" John asked the doctor. < ア >

"I'm sorry," the doctor answered. "There's nothing we can do. Enjoy the time which is left for you. I'm very, very sorry."

John was 62 years old. He had two children. He told his children the bad news. Then he told Sally, his wife. "Let's not be sad." he told them. "The doctor told me, '［ A ］' I've decided to do that. We are going to enjoy every minute of the life left for me."

The next day, John stopped going to work. He had $23,000 in his bank, and (1) he decided to spend all of it. John and Sally lived on the coast of England, in a beautiful area. Tourists often visit there. John and Sally took short trips along the coast and ate at the best restaurants. John bought expensive gifts for his family and friends.

All spring and summer, John spent his money doing things he wanted. When fall came, he began thinking about his death. "What will my family do with all my things after I die?" he wondered. "I will sell my things now so my family won't have to."

John sold most of his furniture, such as chairs, tables, and beds. Then he sold his car. "I won't need my winter clothes," he thought, "because I (2) < able / be / this winter / live / not / to / will >." He gave all his winter clothes away. He kept only a black suit, a white shirt, and a red tie. "Put my body in the ground in that suit after I die," he told his wife. < イ >

Fall came and went. Winter came and went. Spring came again, and John was (3). He went back to his doctor.

"How's the stomach pain?" the doctor asked.

"It's gone," John said.

The doctor sent John to the hospital for tests and then told him the good news. "You are in perfect health," the doctor said. "What? Are you really sure?" John asked. < ウ >

"No," the doctor said. "I think you're fine."

"But what about the tests I had at the hospital a year ago?" John asked. < エ >

"I don't know," the doctor said. "Maybe there was a mistake."

John told Sally and his children the good news, and they had a big party. But later John thought, "I'm glad that I can live. But how am I going to live with no job, no furniture, no car, no warm clothes, and no money?"

(4) John wants the hospital to pay him for its mistakes. So he is going to *court. He wants the hospital to give him money for new furniture, a new car, and new clothes. He also wants the hospital to pay $23,000 back to his bank. A *judge will decide it if the hospital has to give

John money. John is hoping the judge will give him another good (5).

［注］court　裁判所　judge　裁判官

問１ A に入る英文１文を本文から書きだしなさい。

問２ 下線部(1)の理由として最も適当な答えを選択肢ア～エから一つ選び、記号で答えなさい。

ア Because he needed a new house and a car.

イ Because he knew that he didn't have much time to live.

ウ Because his children wanted to buy something expensive.

エ Because he wanted to move to a more beautiful area in England.

問３ 下線部(2)の＜　＞内の語(句)を正しく並べかえて意味のとおる文を作るとき、２番目と５番目に来る語（句）を答えなさい。

問４ （ 3 ）にあてはまる最も適当な語句を選択肢ア～エから一つ選び、記号で答えなさい。

ア already dead　　イ feeling very sick

ウ proud of his family　　エ still living all right

問５ 次の文を本文中の＜ア＞～＜エ＞のいずれかに入れるとしたら最も適当な場所はどこか。記号で答えなさい。

入れる文　"I'm not going to die soon?"

問６ 下線部(4)を日本語にしなさい。

問７ （ 5 ）に入る最も適当な１語を本文から書きだしなさい。

問８ 以下の英文は本文を要約したものである。(①)～(⑤)に入る語をそれぞれ答えなさい。

John Simpson got really sick and the doctor said he only had a (①) year to live. He decided to have fun with his time left, so he enjoyed going on (②) and bought gifts for his family. He (③) almost everything he had because he thought he didn't need them. More than a year passed, but John was in (④) health. He went back to the doctor and heard the good news, but he had a problem. He had no job or no car. He is going to go to court to ask for (⑤) for starting a new life again.

3 次の英文を読んで、問いに答えなさい。（*印の付いた語には、本文のあとに［注］がある。）

Every year on October 15, over 200 million people around the world join Global Handwashing Day. But why do we have such a day for (1) something we do all the time? Well, research shows not enough people regularly wash their hands with soap. Specialists believe that millions of people die every year for (2) that.

Myriam Sidibe says that soap is “the most beautiful thing that people have ever made in public health.” As a public health specialist, Sidibe knows that washing your hands with soap can have a big impact on reducing *flu, *cholera, and the spread of other diseases. It can reduce *diarrhea by 50% and *respiratory infections by 30%. ＜ ア ＞

However, washing hands with soap isn’t done as often as you think. One reason is that in poor countries, there aren’t enough places to wash hands. It’s also because, for many people, (3) < something / they / handwashing / not / that / do / is > every day. It’s not easy to get people to change their lifestyles which they’ve had since early childhood — but this is the goal of Global Handwashing Day. ＜ イ ＞

In 2008, the Indian *cricket team joined about 100 million Indian school children in washing their hands on the first Global Handwashing Day. Every year since then, the campaign has been held in many places around the world. In 2014, Global Handwashing Day was used in the fight against *Ebola, with events held in *affected African countries. ＜ ウ ＞

Today, leaders around the world continue to use the day to spread the message about the importance of clean hands. The hope is that (4) can become a regular part of people’s lives and make a big difference to the health of millions around the world. ＜ エ ＞

［注］flu(=influenza) インフルエンザ　cholera コレラ　diarrhea 下痢《げり》
respiratory infection 呼吸器系の伝染病　cricket クリケット（スポーツの名前）
Ebola エボラ出血熱　affected 感染が拡大している

問１　下線部(1)について、これは具体的に何のことか。日本語で説明しなさい。

問２　下線部(2)は本文中のどの箇所を指すか。指している部分の最初と最後の語をそれぞれ１語ずつ書きなさい。

問３　次の文を本文中の＜ア＞～＜エ＞のいずれかに入れるとしたら最も適当な場所はどこか。記号で答えなさい。

入れる文　It also stops babies from getting sick and keeps children healthy.

問４　下線部(3)の＜　＞内の語を並べかえて意味のとおる英文を作るとき、３番目と５番目に来る語を答えなさい。

問５　(　４　)に入る最も適当な１語を本文から書きだしなさい。

問６　以下の 1~4 の文について、本文の内容と合っているものには T、間違っているものには F と答えなさい。

1　Global Handwashing Day is held in more than 200 countries in the world.

2　Washing hands with soap will save a lot of lives in poor countries.

3　Changing lifestyles is difficult for some people because they are too young.

4　Global Handwashing Day has been held all over the world since 2008.

問７　Answer the question in English in about 10 ~15 words.

What do you do regularly to stay healthy?

4 次の対話文を読んで、問いに答えなさい。(*印の付いた語には、本文のあとに［注］がある。)

Keiko: Hi, Mike. You look angry. What's wrong?

Mike: I just found out that my uncle had a hard time last week. He arrived in Japan last Monday, but he was treated very badly.

Keiko: What? Treated badly in Japan? Japanese people are very kind to foreigners. I think everyone tries to be nice. What happened?

Mike: My uncle came to Japan to work. He has a very good job and was looking (a) a home. He found a nice apartment and asked the owner if he could rent it. The owner said, "Sorry, we don't rent to foreigners."

Keiko: That's terrible. I don't like (1) that kind of idea.

Mike: But it often happens. One of my friends was born in Africa but grew up in Japan. When he was a child, his Japanese classmates often laughed (b) him because his skin was black. They joked about his curly hair, too. He was very sad and unhappy when he was young. I feel so sorry for him.

Keiko: Have you ever had any experiences like that in Japan?

Mike: Not really, but I sometimes feel sad. [2], people do not want to sit next to me on a train. Even if the train is full and people are standing, the seat next to me is empty. I think they may be afraid because I am big and have dark skin. Maybe they don't do the same thing toward white people. (3) < me / the way / thinking / unhappy / makes / of > sometimes.

Keiko: I am sorry that you have experiences like that in Japan. Japanese people may sometimes do unkind things to foreigners (c) knowing they are doing (4) such things. I hear Japanese people like *sameness. They are a little afraid (d) people who look different or act differently (e) themselves. I have several foreign friends, but many of them say that they haven't experienced such things. I hope [5]. That will help all of us live more happily.

［注］ sameness 同じであること

問１　（ａ）~（ｅ）に入る語を下の選択肢ア～カから一つずつ選び、記号で答えなさい。

ア　at	イ　for	ウ　from	エ　of	オ　on	カ　without

問２　下線部(1)はどのような考えを指しているか。日本語で説明しなさい。

問３　[2] に入る語句を選択肢ア～エから一つ選び、記号で答えなさい。

ア　By the way　　イ　For example

ウ　In the end　　エ　One day

問４　下線部(3)の語（句）を正しく並べかえて意味のとおる文にしなさい。ただし、文頭に来るものも小文字にしてある。

問５　下線部(4)が指している語句を本文中から２語で書きだしなさい。

問６　[5] に入る最も適当な表現を選択肢ア～オから一つ選び、記号で答えなさい。

ア　foreigners will like sameness, too

イ　they will experience the same things soon

ウ　different people will understand each other

エ　they look like Japanese and act like Japanese

オ　foreigners and Japanese people live in different areas

<リスニングテスト放送文>

これからリスニングテストを行います。

問題用紙の 1 ページを見なさい。リスニングテストはすべて放送による指示で行います。リスニングテストには問題Aと問題Bの二つがあります。問題用紙の余白にメモを取っても構いません。答えはすべて解答用紙に書きなさい。では、始めます。

【2 秒の間】

N（女性）：　問題A

対話文を聞いて、その最後の発話に対する応答として最も適当なものを、それぞれ①～③の選択肢の中から一つずつ選びなさい。問題は、No. 1 から No. 4 まで、4 題で、解答時間はそれぞれ１０秒です。対話文と選択肢は 1 回しか読まれません。では、No.1 を始めます。

【3 秒の間】

(女性)

Number one.

A（女性）: Jack, would you like to go to the new Chinese restaurant tonight?

B（男性）: That would be great, Sarah. Can you ask the restaurant to keep a table for us?

A（女性）: Sure. I'll book a table at 7 p.m.

【1 秒の間】

（男性）: ① (one) Let's buy a book and cook together.

② (two) Sounds good. I'll see you at the restaurant.

③ (three) I'll call 7 members.

【10 秒の間】

（女性）

Number two.

A（女性）: Are you going to the supermarket today?

B（男性）: Yes. But, why?

A（女性）: Well, we need some eggs for the Sukiyaki party. Will you get them?

【1 秒の間】

（男性）: ①（one） Good. Eggs are expensive at the supermarket.

②（two） All right. I'll get some vegetables.

③（three） Sure. I'll get some fresh ones.

【10 秒の間】

（女性）

Number three.

A（女性）: Hello?

B（男性）: Hi, Mom, it's me, Tom. I'm at school, but I've lost my bicycle key. Could you come and pick me up?

A（女性）: You lost it again? Did you see the black pocket in your bag? Last time, it was in it, you remember?

【1 秒の間】

（男性）: ①（one） I did, but it wasn't there.

②（two） Did you pick up the key, mom?

③（three） I don't remember the color of the key.

【10 秒の間】

（女性）

Number four.

A（男性）: Hi, Emma. How was your trip in Hokkaido?

B（女性）: It was cold there, but I enjoyed skiing and hot springs in Niseko.

A（男性）：That’s wonderful. Did you do any sightseeing there?

【1 秒の間】

（女性）：① (one) Yes, we went to see the local snow festival.

② (two) Yes, we checked many web site.

③ (three) No, we didn’t see any animals.

N(女性)：　問題 B

あなたはショッピングモールのポスターを見ながら、アナウンスを聞いています。問題冊子にあるポスターの空所、(ア)～(オ)に適当な数字や語を入れて、ポスターを完成させなさい。数字は算用数字を用いて記入しなさい。英文は 2 回読まれます。

【3 秒の間】

（男性）

Good morning, Christmas Shoppers. The mall is open from 10 a.m. to 8 p.m., but during the holiday season, you can enjoy shopping two hours longer than usual. Enjoy a late night shopping! During the season, we will have special events for good children. Children can make their own Christmas cards in art room on the second floor. But don’t be late. It’s until the 22nd, 3 days before Christmas day. On Christmas Eve, the 24th, Santa Claus is coming to the mall. You can take pictures with him in front of the big tree on the first floor. We are closed on Christmas day. Happy holidays.

【5 秒の間】

N（女性）：繰り返します。

【3 秒の間】

（男性）

Good morning, Christmas Shoppers. The mall is open from 10 a.m. to 8 p.m., but during the holiday season, you can enjoy shopping two hours longer than usual. Enjoy a late night shopping! During the season, we will have special events for good children. Children can make their own Christmas cards in art room on the second floor. But don’t be late. It’s until the 22nd, 3 days before Christmas day. On Christmas Eve, the 24th,

Santa Claus is coming to the mall. You can take pictures with him in front of the big tree on the first floor. We are closed on Christmas day. Happy holidays.

【10 秒の間】

N（女性）：以上でリスニング問題は終了です。問題２に進みなさい。

【数　学】（50分）〈満点：100点〉

1 次の各問いに答えなさい。

(1) $96\times\left\{\frac{11}{6}\times28-(-5.5)^2\right\}$ を計算しなさい。

(2) $\frac{3x-4y}{2}+2\left\{\frac{x+y}{3}-\left(\frac{y-x}{2}-2y\right)\right\}$ を計算しなさい。

(3) $\sqrt{(-5)^2}-\frac{4}{\sqrt{2}}+\sqrt{72}$ を計算しなさい。

(4) 連立方程式 $\begin{cases}ax+by=5\\3x+2y=11\end{cases}$ と $\begin{cases}bx+ay=-9\\2x-5y=1\end{cases}$ が同じ解をもつとき，a，b の値を求めなさい。

(5) 2次方程式 $(3x+1)^2+5(3x+1)=6$ を解きなさい。

2 次の各問いに答えなさい。

(1) $\sqrt{n^2+39}$ が整数となる自然数 n をすべて求めなさい。

(2) 原価 800 円の商品を x % の利益を見込んだ定価で何個か売りました。
売れ残りが出そうだったので，定価の x % 引きの値段の 798 円で売りました。
x の値を求めなさい。

(3) 赤い玉と白い玉が合わせて 500 個入った袋があります。この袋から 20 個の玉を無作為に取り出し，赤い玉と白い玉の個数をそれぞれ数えてみると，赤い玉が 6 個，白い玉が 14 個でした。さて，袋の中に赤い玉はおよそ何個入っていると考えられるか答えなさい。

3 下の図のように，放物線 $y=ax^2$，直線 $y=-x+2$，放物線 $y=-\frac{1}{2}x^2$，直線 $y=3x+b$ のグラフがある。放物線 $y=ax^2$ と直線 $y=-x+2$ のグラフは2点A，Bで交わり，x 座標が大きい方の点をA，小さい方の点をBとする。点Bの x 座標は -2 である。
また，直線 $y=-x+2$ と x 軸との交点をCとし，直線 $y=3x+b$ のグラフが点Cを通る。
直線 $y=-\frac{1}{2}x^2$ のグラフ上に，x 座標が点Cと同じである点Dを取る。
このとき，次の各問いに答えなさい。

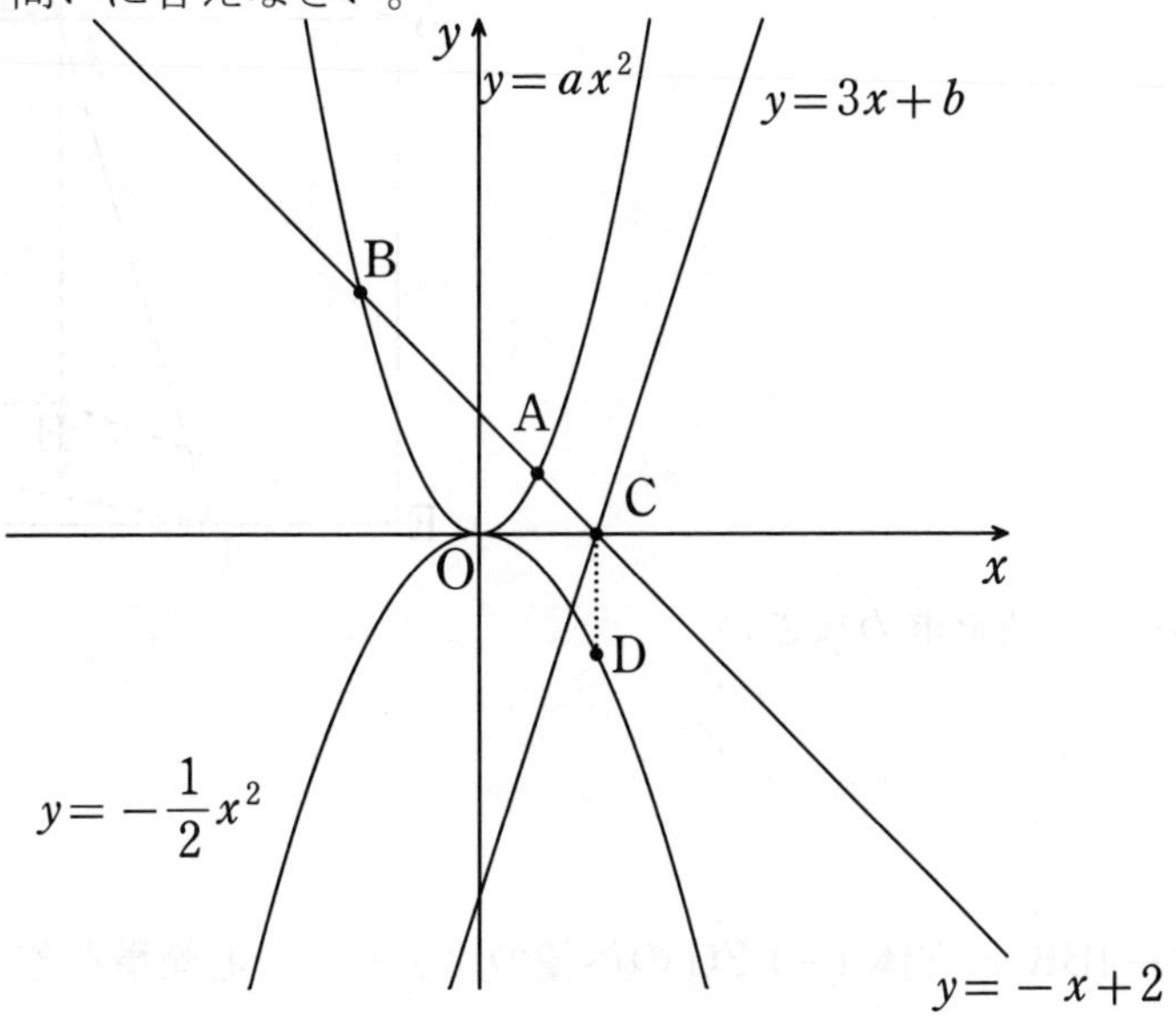

(1) a，b の値を求めなさい。

(2) 四角形ODCBの面積を求めなさい。

(3) 直線 $y=3x+b$ のグラフ上に，四角形ODCBの面積と三角形AECの面積が等しくなるように点Eをとる。点Eの座標を求めなさい。
ただし，点Eの x 座標は点Cの x 座標よりも小さいものとする。

4 1辺の長さが6 cmの立方体ABCD－EFGHがある。
点KはBCの中点であり，線分GKと辺FBを図のように延長してできた交点をIとする。

辺AB上に点Jがあり，BJ=2 cmである。

線分IJを延長した直線と辺EFの交点をLとする。

このとき，次の各問いに答えなさい。

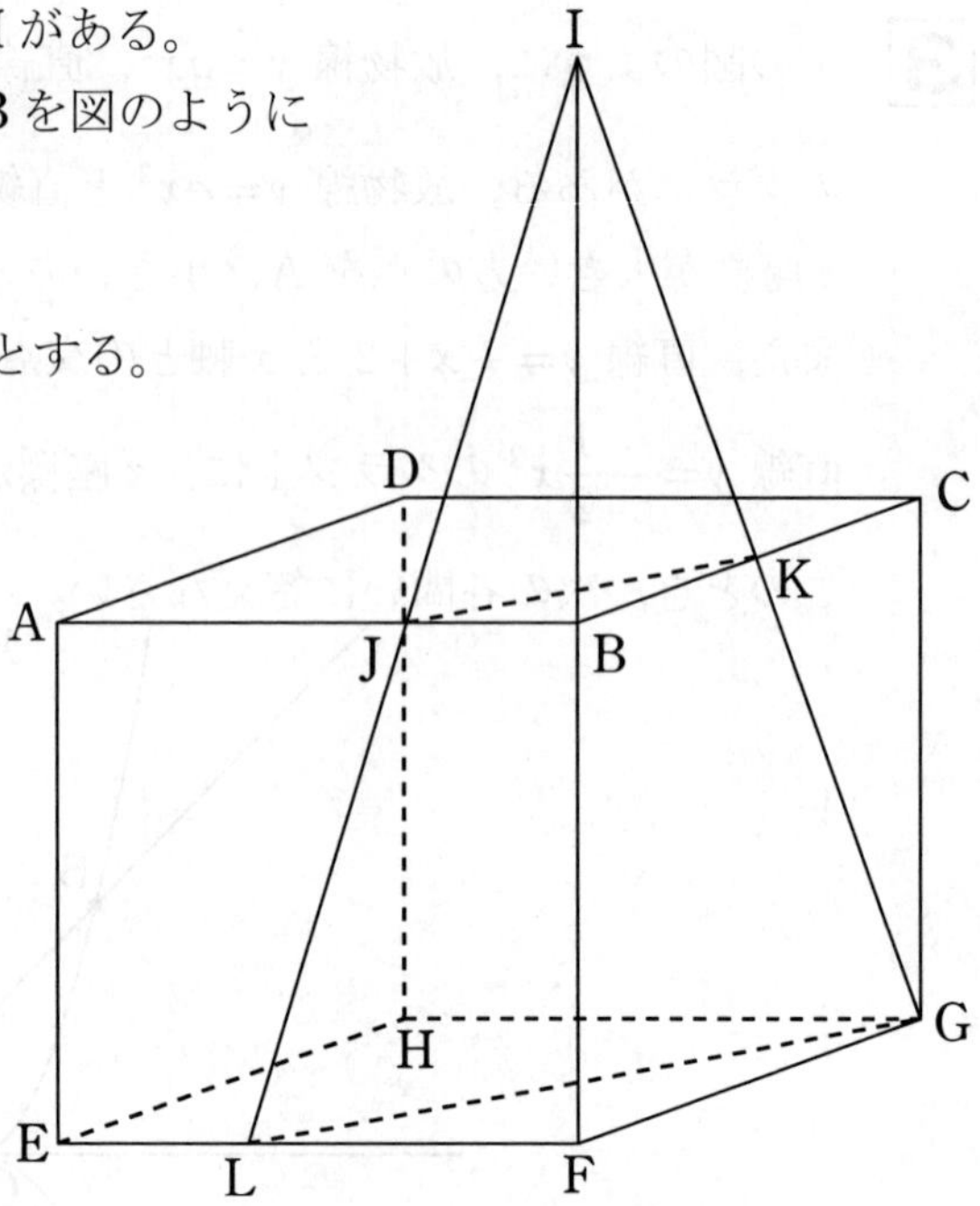

(1) △LFGの面積を求めなさい。

(2) 立体I－JBKと立体I－LFGの体積の比をもっとも簡単な整数の比で表しなさい。

(3) 立体AJKCD－ELGHの体積を求めなさい。

5 下の図のような AB=AC=13 cm，BC=10 cm の三角形 ABC がある。
点 A，C からそれぞれ垂線を引き，辺 BC，AB との交点を D，E とする。
また，線分 AD と線分 CE の交点を F とする。このとき，次の各問いに答えなさい。

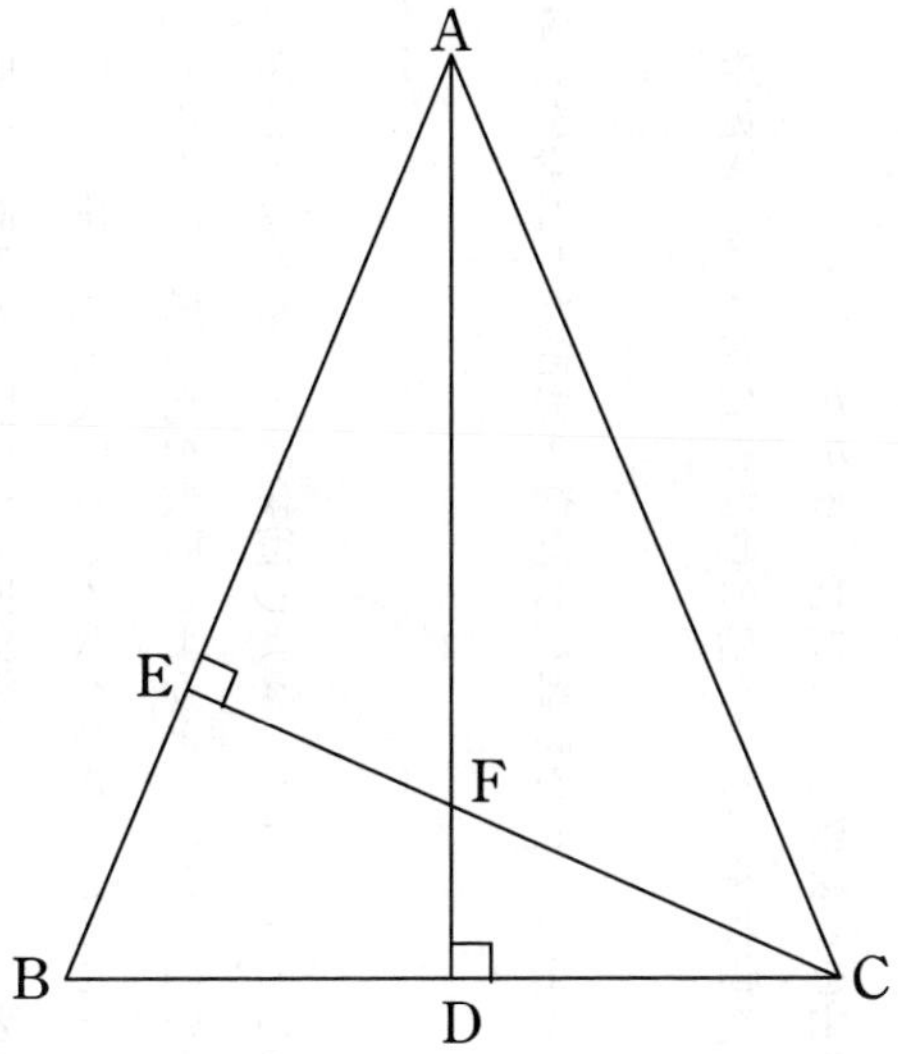

(1) △ABC の面積を求めなさい。

(2) 線分 CE の長さを求めなさい。

(3) △ABD と △CDF の面積の比をもっとも簡単な整数の比で表しなさい。

(4) △CDF の面積を求めなさい。

問四　傍線部③「おびへあがつて」とありますが、その主語として最も適当なものを、次のア〜エのうちから一つ選びなさい。

ア　蟻　　イ　鳩　　ウ　ある人　　エ　語り手

問五　傍線部④「そのものの色や知る」とありますが、その解釈として最も適当なものを、次のア〜エのうちから一つ選びなさい。なお、「色」とは「いきさつ」という意味です。

ア　鳩は、ある人が鳩を竿で捕まえようとしたことのいきさつを知っているはずだ。

イ　鳩は、蟻がある人に対して八つ当たりしたことのいきさつを知っているはずだ。

ウ　ある人は、蟻が鳩を救助しようとしたことのいきさつを知っているはずもない。

エ　ある人は、蟻が人に報復しようとしたことのいきさつを知っているはずもない。

問六　この説話を学習した後で生徒たちが雑談をしています。発言中の「ことわざ」の理解として**適当でないもの**を、次のア〜エのうちから一つ選びなさい。

ア　生徒A—この話は恩返しの話だよね。忘れ物をしたときにいつも助けてくれるBくんに対して、私は「一宿一飯の恩義」があると言えるのかな。だから、私もいつか恩返しをするね。

イ　生徒B—でも、「情けは人のためならず」という言葉もある。今後のAさんのためにも、ときには助けないようにした方がいいのかもしれない。

ウ　生徒C—そもそもAさんは忘れ物をしないようにしないといけないよ。恩返しの前に「転ばぬ先の杖」で、事前に授業の準備をきちんとした方がいいよ。

エ　生徒D—この話からは、困っている人がいたら助けるべきだという思いやりの大切さも読み取れる。「義を見てせざるは勇なきなり」という言葉を僕は思い出したよ。

四　次の文章を読んで、後の問いに答えなさい。（なお、問題作成の都合上、表記の一部を改めました。）

ある河のほとりに、蟻《あり》あそぶ事ありけり。にはかに水かさ増さりきて、かの蟻をさそひ流る。浮きぬ沈みぬする所に、鳩《はと》ⓐこずゑよりこれを見て、「①あはれなるありさまかな」と、こずゑをちと食ひ切つて河の中に落としければ、蟻②これに乗つて渚《なぎさ》に上がりぬ。かかりける所に、ある人、竿《さほ》の先に*とりもちを付けて、かの鳩をささんとす。蟻心にⓑおもふやう、「ただ今の恩を送らふものを」とおもひ、かの人の足にしかと食ひつきければ、③おびへあがつて、竿をかしこに投げ捨てけり。④そのものの色や知る。しかるに、鳩これを悟りて、いづくともなく飛び去りぬ。

そのごとく、人の恩を受けたらん者は、いかさまにもその報ひをせばやとおもふ心ざしを持つべし。

（『伊曾保《いそほ》物語』一部改訂）

（注）＊　とりもち……粘り気があり、竿の先に塗って鳥や昆虫などを捕らえるもの。モチノキ、クロガネモチなどの樹皮から作る。

問一　二重傍線部ⓐ「こずゑ」、ⓑ「おもふやう」を現代仮名遣いに直しなさい。

問二　傍線部①「あはれなるありさま」とありますが、どういうことですか。「あはれなる」の意味がわかるように三十字以内で説明しなさい。

問三　傍線部②「これ」とありますが、その説明として最も適当なものを、次のア～エのうちから一つ選びなさい。

ア　浮き草　　イ　木の枝　　ウ　鳩の背中　　エ　川の流れ

問四　傍線部④「益するところは何もない」とありますが、どうすることが「益」につながると筆者は言い換えていますか。本文のこれより後の部分から十五字以内で抜き出して答えなさい。

問五　傍線部⑤「ある側面」とありますが、どのようなものを指していますか。本文から二十字以内で探し、最初と最後の五字をそれぞれ抜き出して答えなさい。

問六　空欄Ⅰにあてはまる四字熟語として最も適当なものを、次のア〜エのうちから一つ選びなさい。

ア　本末転倒　　イ　無為無策　　ウ　七転八倒　　エ　大同小異

問七　次のア〜オの説明のうち、本文の趣旨に合うものには○を、合っていないものには×をつけなさい。（なお、全て同じ答えにした場合は採点対象としない。）

ア　妬みという感情は行動を抑制させるが、妬んでいる相手と同じ立場に立てる可能性があると思うことで行動を引き起こす原動力にもなる。
イ　妬みという感情はやっかいであるが、それが羨みという感情に変化すると自分自身を肯定的に評価して明るい未来を描く想像力にもなる。
ウ　自己評価そのものを目的にしておくとたやすく自分を位置づけられるので安心でき、それが自分の未来の可能性を押し開く推進力にもなる。
エ　安易な自己評価で自分自身が縛られた状態でいるより自己評価から自由な状態を維持しておき、機会を得たら恐れず突き進むことが大切だ。
オ　自己を客観的に評価するのは悪いことではないが、その評価だけがすべてではないので、自己を見失わず、主体的に行動することが大切だ。

問一　傍線部①「妬ましいと羨ましいとはどう違うのだろう」とありますが、この部分に対する筆者の考えとはどういうものですか。その説明として最も適当なものを、次のア～エのうちから一つ選びなさい。

ア　「妬み」には自分がどう思われているかという受動的な思いが含まれているが、「羨み」には自分自身の成長を願う能動的な思いが含まれている。

イ　「妬み」には望ましい相手のようになれない不満の感情が含まれているが、「羨み」には望ましい相手のようになりたいという憧れの感情が含まれている。

ウ　「妬み」には否定的で相手のじゃまをしたいという敵意さえ感じられるが、「羨み」には自分もそうありたいという肯定的な思いが内在している。

エ　「妬み」も「羨み」も相手と比較して自分が劣る時に生じる感情だが、「妬み」は相手との差が微差で、「羨み」はその差が大差の時に生じる。

問二　傍線部②「明らかな変化」とありますが、「研究室の他のメンバー」がどのようになったことを言っているのですか。五十字以内で具体的に説明しなさい。

問三　傍線部③「自己評価の慎ましさ」とありますが、「自己評価」が「慎まし」くなるのはなぜだと筆者は考えていますか。その説明として最も適当なものを、次のア～エのうちから一つ選びなさい。

ア　自己を強く規定することに長けている学生たちはその規定された考え方に縛られ、低かった自己評価を高くは変えられないから。

イ　学生たちは、他の誰かとの比較や到達目標からの隔たりという要素で自己を評価することが多いため、消極的な自己評価が先行するから。

ウ　自己評価という習慣を小さい頃から植えつけられている学生たちは評価を気にするあまり、おおらかに生きられずに萎縮しているから。

エ　妬みの感情が強く消極的な学生たちはもともと自己評価が低く、その上、能動的なアクションを起こせずに自己の成長を止めているから。

ところが、その限定的な評価が一人歩きを始めると、あたかも個人の全体であるかのような*3オーラを持ち始める。さらに、その限定的な〈現在の〉評価が、そのまま未来へ投射され、未来を規定する大きな要因となりやすい。未来は現在に依存はするが、地続きではない。現在が未来を規定し、限定することがあるとしたら、その要因は、自分の力はこれくらいのものだからという萎縮《いしゅく》した自己規定以外のものではない。

評価というものは、それが良ければ自信をもってさらに励み、悪ければ、それを分析して克服できるように対策を練る、そういう使われ方をした場合にのみ意味をもつ。ところが、評価そのものが自己目的化してしまい、評価を生かすのではなく、それに縛られてしまうという場合のほうが圧倒的に多いのが現実である。まして、その現在の評価が将来の自分を決定づけてしまうような、評価への依存は [Ⅰ] 、まったく意味を持たないものなのだと、まず自覚をしてほしいものだと思う。「私はまあこの程度のものでございます」といった値札をぶら下げて歩いているかのような若者が多すぎるのだ。

第三者による評価なら、それは他人が勝手にやっているのだから、俺には関係ないよと突き放しておくこともできる。だが自己評価となると、自分で下した評価なのだから、どうしてもそれに縛られざるを得なくなる。そんな余計な縛りは何の意味もない。

自分をどこかにピン止めして、位置づけておけば安心ではある。しかしその安心は、おうおうにして「そこそこでいいか」という消極性にスライドしてしまいやすいし、高望みしても無理だと諦《あきら》めに結びつきやすい。

評価なんて知ったことか、やりたい奴にはやらせておけ、くらいの気概を持って、自分を敢えて位置づけないこと。それは確かに不安ではあろうが、安易な自己規定からは決して開くことのできない、未来の可能性を押し開くものでもあると思うのである。

安易な、そして消極的な自己規定、自己評価から自由であり続けること。自分を評価しようとしないで、敢えて自分を宙づり状態の不安のなかに置き続けること。そんな〈未決定状態〉こそが、何かのきっかけがあったとき、一気にその何かに邁進《まいしん》する推進力となるのである。安定した自己規定からは、そのような推進力は生まれない。自分の可能性は、自分ですらまだ知らないものなのだと、いつもいつも思っていて欲しいのである。

（永田和宏『知の体力』による）

（注）　＊1　内攻……感情が外に現れず、心にたまること。
　　　＊2　逼塞……家や部屋などにとじこもる。
　　　＊3　オーラ……人や物が発する独特の雰囲気。

ある。その後のみんなの意識が一気に能動的な変化を見せたのはありがたいことだった。〈微差〉を「妬み」につなげるのではなく、そんなに違わないあいつにできるのなら、自分にだってと思えること。これは羨ましいという感情が、肯定的なモチベーションに繋《つなが》った、私の身近な実例である。

「妬み」に縁のない人間はいない。しかし、「妬み」は常に〈微差〉に由来しているのだと思えること。〈微差〉だからこそ、その気になれば、自分もその妬んでいる相手と同じ場に立つのは可能だと思えること。そのために行動に移せること。その大切さを今一度確認しておきたいと思うのである。

「妬み」は心を内攻させ、行動を抑制する。何もしないでひとり暗い部屋に*2逼塞《ひっそく》していると、精神も行動もどんどん消極的になる。考えることも不健康になり、やがて妄想に発展する。妬ましいと思うのは、それが〈微差〉だからこそなのだと思えれば、能動的なアクションへ自分の背中を押してやることも可能になるはずである。

職業柄、学生と接する機会が多い。楽しいことも多いが、時おりもう少しおおらかに生きてよと、切なくなることもある。それは「私などとてもとても」といった強い自己規定が垣間《かいま》見えることによる。③自己評価の慎ましさである。じれったい。

彼らはいつ頃から自己評価という習慣を教え込まれるのだろう。「〇〇ちゃんを見てごらんなさい。それに較《くら》べてあなたは」などと言われ続けて育つと、いやでも他との比較のなかでしか自分を見られないようになるものだ。

自分を客観的に見るのは悪いことではない。しかし、それがいつも誰かとの比較であったり、合格ラインからの距離としてしか意識されていないとしたら、ひたすら後ろ向きのそんな自己規定は、自らの可能性をあらかじめ封印無化するという点で害にこそなれ、④益するところは何もない。

客観的な基準を欠いては評価そのものが成立しないから、ある一つの均一の断面で誰をも切り取ろうとするのが評価の視線であり、きわめて限定的なある断面に投射された影が評価という数字に変換される。つまり評価というものは、原理的に、みんなに同じ物差しをあてて判断できる項目についてしか、測ることができないのである。一篇《いっぺん》の詩を読んで、そこにどのような豊かなイメージを膨らませることができるか、そんな問題は評価の場では絶対に出ない。客観的評価が不可能だからである。

評価できる能力というのは、誰が採点しても同じ結果が出てくるような対象に対してだけ、それを量ることができるのであり、それがその人間の評価の全体像では決してないことは言うまでもないだろう。むしろ、試験などによる評価は、その人間のもっとも大切な部分については、もともと歯が立たないものなのである。

さらに、試験を含めたすべての評価は、〈現在および近過去〉だけを評価するものであり、それ以上のものではないということもいま一度確認しておきたいところだ。評価とは、常に〈現在の〉、しかも⑤ある側面だけに焦点をあてたきわめて限定的なものである。

三　次の文章を読んで、後の問いに答えなさい。（なお、句読点や記号も一字に数えます。）

「妬《ねた》み」という感情はやっかいなものである。誰にも覚えがあり、これまで人を妬んだことがないという人は、まずないだろう。

①妬ましいと羨《うらや》ましいとはどう違うのだろう。「羨む」は辞書的には「望ましい相手の状態を見て自分もそうありたいと思う」と解かれ、だいたいどの辞書でも同じだが、「新明解国語辞典」では、その後ろに、（が、そうなれなくて不満に思う）とまで書き加えてあり、クスッと笑える。もともと語源的には「心（＝うら）病む」からきているのだから、不満に思うという注釈も頷《うなず》けるところではある。

いっぽう「妬む」となると、ここには「羨む」よりはるかに強い敵意が感じられる。先の辞書は「他人の幸運・長所をうらやんで、幸福な生活のじゃまをしたく思う」とまで言う。

「羨む」が「自分もそうありたいと思う」と肯定的なのに対して、「妬む」は「じゃまをしたく思う」と、きわめて否定的で、陰湿な匂いがする。「羨む」には、自分をその高みに持ち上げたいという能動的な契機が含まれているが、「妬む」という感情には、自分をどうするかということは棚上《たなあ》げにして、そのじゃまをしたいという暗い思いが*1内攻する。

「妬む」という場合、妬む対象は、成績が良かったり、異性にモテたり、金回りが良かったりといろんなケースがありそうだが、はっきりしているのは、それが自分とはかけ離れた存在ではないということだ。圧倒的に優れた人、はるかな有名人、あるいは比較にならないくらいよくできる人や億万長者（ちょっと古すぎる言葉か）などに対しては、実は妬みの感情は湧《わ》かないものである。

妬みも羨みも、ともに誰かとの比較から生じる感情であるが、その比較による差が〈微差〉である場合にのみ、なぜか羨ましい、妬ましい思いが湧く。自分との差が大きい相手にこそ、そういう感情が起こってもよさそうなのに、実際にはほとんど〈差〉がない相手に対してこそ、妬みが生じる。不思議だが、悲しい人間の性《さが》である。

それはかけ離れた存在は、自分と同じ地平では考えられないからである。自分と同じ場にいる、ごく親しい仲間、小さな世界の小さな人間関係の輪のなかでこそ、それらの感情は抜き差しならないまでに精神を支配する。

もう10年以上前になるが、私の研究室で、修士課程の大学院生として入ってきた女性がいた。1年で素晴らしい仕事をし、「サイエンス」という生命科学のトップジャーナルに論文が掲載された。彼女は、現在京都大学の助教として勤めているが、まことにシンデレラのようで、彼女の論文が載ったとき、私の研究室の他のメンバーに②明らかな変化が起こったのを膚《はだ》で感じたものだ。

日常一緒にいて、同じような仕事をしている彼女の仕事が「サイエンス」に載るのなら、自分の仕事も同じレベルじゃないかとみんなが実感したので

問五　傍線部④「何やってんだ、この非常時に」とありますが、この時の亜紗の心情はどのようなものだと考えられますか。六十字以内で説明しなさい。

問六　本文の表現について説明したものとして**適当でないもの**を、次のア～エのうちから一つ選びなさい。

ア　5行目「そんなわくわくでいっぱいだった、はずなのに――。」33行目「だって――今は、自粛だから」54行目「でもマスク以上に目を奪われたのが――。」のように、ダッシュ記号「――」で間を作ることによって、余韻や含みを持たせている。

イ　7行目「四月の終わり頃、夜になって、亜紗は自分が眠れないことに気づいた」のように、全体を通して三人称の語りで話は進行しており、「母」や「凛久」など他の登場人物の内面についても丁寧にわかりやすく描写されている。

ウ　14行目「モヤっとして」65行目「ふぁーって」のように、「亜紗」自身が語っている心情に擬態語（オノマトペ）が含まれることよって、自らの気持ちを感覚的な言葉で表現しようとする十代の若者らしさが印象的に示されている。

エ　35行目「急いでる時に言うの？　それとも急いでない時？」83行目「私たちの状況って、今、すごくおかしいよね？」のように、自問自答とも読者への問いかけともとれる疑問を投げかけることによって、読者が作品に引き込まれるような工夫がされている。

問七　次のア～オの説明のうち、本文の趣旨に合うものには〇を、合っていないものには×をつけなさい。（なお、全て同じ答えにした場合は採点対象としない。）

ア　家にいることは得意だと思っていたが、次第にやることがなくなったせいで時間を持て余すようになり、亜紗は眠れなくなった。

イ　眠ることができないでいる娘が「学校に行きたい」「友達に会いたい」という言葉を吐露《とろ》したことに対して、母は意外に感じた。

ウ　自粛や不要不急という言葉が、本来の意味を失った状態で使われていることに対して、亜紗と母は同じように不満を抱いていた。

エ　みんなに会えたことはうれしかったが、仲の良さをからかわれるために、亜紗は凛久との再会を素直に喜ぶことができなかった。

オ　回復できないことがあるにもかかわらず、それを受け入れる社会といつも通りを期待している自分に亜紗は違和感を覚えている。

問三　傍線部②「苦しい。とても苦しい」とありますが、この時の亜紗の心情はどのようなものだと考えられますか。その説明として最も適当なものを、次のア～エのうちから一つ選びなさい。

ア　いつも通りの生活に戻れると頭ではわかっているが、休校中にもかかわらず普段通りに友達と遊ぶ小学生を見て不快に思うようなこともあり、終わりの見えない日々をつらく思っている。

イ　眠れない理由は学校に行けないからだとわかってはいたものの、何かと焦りを感じたり、休校中にサッカーに興じる小学生を見て不公平感を持ったりするなど、見通しの立たない毎日にいらだちを感じている。

ウ　休校中にマスクもせず友達と遊んでいる小学生を見て、感染予防をしない人々のせいで規制が緩和されないのだと思いながらも、彼らを注意する勇気を持つことができない自分に対して強い嫌悪感を抱いている。

エ　日常生活が戻ってくるだろうと理屈ではわかっているのに、休校に慣れてしまったのか、以前のような生活をする小学生を見て違和感を覚えたことで、日常の回復に疑いを持っていた自分に気づき、動揺を覚えている。

問四　傍線部③「亜紗の肩をさすりながら、『いいんだよ』と大きな声で言った」とありますが、この時の母の心情はどのようなものだと考えられますか。その説明として最も適当なものを、次のア～エのうちから一つ選びなさい。

ア　コロナ禍とはいえ、不要な自粛を子どもたちにさせている学校に対して強い不信感を抱いている。

イ　娘の意外な涙に驚く一方で、そのつらさを理解してやれなかった自分に不甲斐なさを感じている。

ウ　友達に会うことを無理に我慢している娘を、その過度の抑圧から解放してやりたいと思っている。

エ　近頃めっきり話す機会が減った娘に対して、苦しい時にはもっと親に頼って欲しいと考えている。

問一　二重傍線部ⓐ「げんなりして」、ⓑ「斜に構えた」の本文中の意味として最も適当なものを、次の各群のア～エのうちから、それぞれ一つずつ選びなさい。

ⓐ　げんなりして

ア　嫌になって

イ　腹が立って

ウ　悲しくなって

エ　情けなくなって

ⓑ　斜に構えた

ア　気取った

イ　ひねくれた

ウ　心を閉ざした

エ　ぼんやりとした

問二　傍線部①「そんなわくわくでいっぱいだった」とありますが、この時の亜紗はどのようなことを考えていたと言えますか。その説明として最も適当なものを、次のア～エのうちから一つ選びなさい。

ア　学校で友達と会えないのは残念だが、行事に出なくていいのは好都合だと考えていた。

イ　やりたいことがいくつもあるので、休校ができるだけ長くつづけばいいと考えていた。

ウ　学校や友達に興味が薄く、休みの間に自分の好きなことに打ち込みたいと考えていた。

エ　休校が長引くとは思っておらず、日頃思い描いていたことを実現しようと考えていた。

マスク越しでもわかる。

「いやー、本当にひさしぶり」

「わあー！　本物の亜紗と美琴だ、嬉しいな」

「会いたかった」

「私もだよー」

　誰がどれを言ったのかわからないくらい、みんな、同じ言葉を繰り返していた。わあー、会えた。〇〇だ、本物の〇〇だ、とただ名前を呼ぶ。普段、ちょっとⓑ斜に構えた感じのある凛久も、「え、で、結局今日の集まりの目的って何？」と言いつつ、でも、嬉しそうだった。

　手を触れあえないし、ソーシャルディスタンスだし、マスク越しだけど、みんな、興奮していた。

　そんな、会えなかった期間を経て、学校が週に一度程度の登校日を作り始めたのは、今月――五月に入ってからだった。

　週に一回、半日だけの学校は、クラスを三分割した分散登校で、美琴や凛久とは違う時間帯だけど、それでも嬉しい。先週は、ちょっと時間が長くなって、お昼近くまで学校で過ごすことができた。

　もうすぐ、緊急事態宣言が終わる、と、ニュースで言われている。宣言の前に、*2インターハイとか、合唱コンクールとか、いろんなものの中止はもう決まってしまったけれど。

「早く、学校、いつも通りになるといい」

　亜紗は呟く。

　だけど、その「いつも通り」の中には、もう美琴のコンクールや菜南子の大会は含まれていない。個人の力ではもはやどうにもならない。だから、思ってしまう。これがもう普通みたいになっちゃってるけど――。

　私たちの状況って、今、すごくおかしいよね？

（注）　＊1　アドレナリンが出る……一種の興奮状態に陥ること。

　　　＊2　インターハイ……高校生を対象とする全国規模の総合スポーツ選手権大会のこと。

「学校、行きたいよね」

母が言った。亜紗の頭のすぐ横で頷《うなず》いてくれる。そうしたら、亜紗も、こくん、と頷いていた。

勉強がすごく好きなわけでもないし、部活だって、そこまで熱心にやっていた、という自覚もなかった。家で過ごすのも得意な方だと思っていたのに、限界は急に来た。

「みんなに会いたい」

亜紗は言った。

その時は結局、母に勧められるまま、翌日、美琴と菜南子と、連絡を取って会った。驚いたのは、去年、二人と同じクラスだった天文部員、飯塚凛久《いいづかりく》まで待ち合わせの河原に現れたことだ。うちの学校では珍しい男子生徒のひとりであり、亜紗にとっては唯一の同学年である部員。

二月まで部室でしょっちゅう会っていた懐かしい顔を前に、思わず叫んだ。

「うそぉ、凛久！　どうしたの？」

「いや……。なんか、誘われて」

見知った顔の下半分にマスク。でもマスク以上に目を奪われたのが――。

「てか、え？　何事よ、その髪の毛。げ、あとピアスしてる？」

「いやー、ちょっとイメージチェンジを暇つぶしに」

「④何やってんだ、この非常時に」

休校前は黒かった髪が茶色く染められ、耳にはピアスが嵌《は》まっている。休み明けにそんなふうになる子は中学でもいたけど、まさかこのコロナ予防の休校でそんなことをする奴がいるなんて――と呆《あき》れつつ、でも、なんだかほっとして、気が抜けた。

凛久のことは、去年同じクラスだった菜南子が誘ったらしい。「よかったー」と少し離れた場所から彼女が美琴と笑う。

「亜紗が元気ないならと思って飯塚くんも誘ってみたけど、よかった。二人、相変わらず仲良くて」

学年で男女ひとりずつの部員ということでカップルのように見られてからかわれることはこれまでもあって、「仲がいい」と言われるたびにⓐげんなりしてきたけど、この時ばかりは懐かしさと再会の嬉《うれ》しさが勝ってしまった。美琴たちには気軽にできた連絡が、凛久には男子相手だからと遠慮がちになっていたこと、本当は連絡したいと思っていたことも初めて認められる。キラキラ輝く水面《みなも》を横に、四人が四人とも、照れくさいのを通り越して、互いを見る目がいつもと違った。瞳孔《どうこう》が開いたような、そういう、「あ、会えた！」っていう興奮の顔。みんな、ふぁーって*1アドレナリンが出ているのが、

「何か不安？」

「あー」

親になんか頼る年じゃない。そう思っていたし、自分でもどうして眠れないのか、その時までわかっていなかったのに、気づくと、次の瞬間、答えていた。

「学校に行きたい」

言ってしまってから、自分で驚いた。もう一言、声が出る。

「友達に会いたい」

嘘でしょ、と自分で思った。私、学校に行きたいとか、友達に会いたいとか、そんな素直でまっすぐなキャラじゃない。たとえ、そう思ったんだとしても、間違ってもそれを親に言うとか、そんなタイプじゃなかったのに。

母の顔が一瞬、驚いたように固まる。だけどすぐ、亜紗の体があたたかい腕にくるまれた。

「会いに行きな。明日、美琴《みこと》ちゃんや菜南子《ななこ》ちゃんに連絡して、公園とか、河原とか、どこでもいいから」

「いい。会わない」

「どうして？」

「だって――今は、自粛だから」

言うと同時に、ぼたたたー、と涙が流れた。自分でも止めるのが追いつかなかった。日本語として言い方がおかしかったかもしれないけど、もう、言葉の意味を見失っていた。本来はどう使うべきものだったのか。自粛とか、不要不急とか。〝不要不急じゃない〟という言葉は、結局、急いでる時に言うの？ それとも急いでない時？

「亜紗」

母が息を呑《の》んだ。そのまましゃくりあげるくらいまで一気に泣いてしまった③亜紗の肩をさすりながら、「いいんだよ」と大きな声で言った。

「自粛は、自分でコントロールしていいんだよ。本当は、誰かに言われてすることじゃなくて自分で決めていいの」

「でも」

「亜紗は、我慢強くて、ひとりで溜《た》めこんじゃうから」

母が亜紗の手のひらをさする。指を全部、自分の手の中に包んでくれる。

二

次の文章は、辻村《つじむら》深月《みづき》『この夏の星を見る』の一節です。二〇二〇年三月、新型コロナウイルス感染症が世界的に流行したことに伴い、日本では感染予防のため小中高の学校は全国一斉休校の措置が取られました。翌月、茨城県立砂浦《すなうら》第三高校の天文部の渓本《たにもと》亜紗《あさ》は二年生に進級しますが、限られた登校日しか学校に行けていなかったためその実感がわかないでいます。以下はそれに続く場面です。これを読んで、後の問いに答えなさい。

休校が始まった三月の頃には、コロナのニュースをやっていても、休校は本当に念のためにそうするという程度の大げさな対応のような気がして、不謹慎かもしれないけど、ちょっとラッキー、とすら思っていた。卒業式を控えた先輩たちは大変かもしれないけれど、期末試験はたぶんなくなるだろうし、これまでも学校に通いながら、もし、長く家にいていいならこんなことやあんなことがしたい、と夢想していたことがたくさんあったからだ。あの本が読みたい、あのゲームをクリアしたい、あのドラマのシリーズだって、時間が取れるなら一気に観られる——。

①そんなわくわくでいっぱいだった、はずなのに——。

「友達とも会わないこと」と学校から通知が来ても、それくらい、ＬＩＮＥや電話あるし、平気でしょ、と思ってた。ゲームだって、通信でつなげるし。

だけど、四月の終わり頃、夜になって、亜紗は自分が眠れないことに気づいた。

布団に入って、たとえうつらうつらしていても、急にぱっちり目が冴《さ》えて、そうすると頭の中に突風が吹き抜けて、着ている服が一枚一枚はぎとられていくようなイメージが止まらなくなる。

今のこの日々は、いつかは、絶対、〝いつも通り〟に戻る。

ゆるぎなくそう信じているのに、なのに、眠れない。ここで私ひとりがじたばたしたところで何も変わらないのに、焦る。どうしてだろう。考えたって悩んだって、何も変わらないのに。

ああ、昨日、家の裏の公園で小学生の男子たちが遊んでた。あの子たちの小学校は休校中に友達と会ってもいいのか。サッカーしてて、距離、近かった。ひとりはマスクをしていなかった。なんだかすごくモヤっとして、ズルいって、そう思った。

②苦しい。とても苦しい。

「亜紗、どうしたの」

普段は亜紗がベッドに入ったら絶対に様子なんて見に来ないはずの母が、どうしてか、その日、ドアを細く開けて、声をかけてきた。

「なんか、眠れなくて」

寝返りを打ちながら答えると、母が中に入ってきた。「そっか」と呟《つぶや》くように言って、普段よりゆっくりしたスピードで、亜紗に語りかけた。

二〇二四年度 明星高等学校（ＭＧＳ）

【国　語】（五〇分）〈満点：一〇〇点〉

一　次の傍線部のカタカナを漢字に、漢字をひらがなに直しなさい。

①　心ニクいまでの演出をする。
②　あまりの寒さにコゴえる。
③　海洋ゴミの実態をハアクする。
④　カチクをたくさん飼っている。
⑤　森はセイジャクに包まれていた。
⑥　お互いにジョウホして解決する。
⑦　コマクが破れるほどの大音量で聞く。
⑧　あの選手は巧みにボールを操る。
⑨　ヨーロッパの封建制度を学ぶ。
⑩　彼は何かと難癖をつけてくる。

2024年度／明星高等学校（MGS）

英語解答

1 A　No.１　②　No.２　③　No.３　①
No.４　①
B　ア　10　イ　cards　ウ　24
エ　art　オ　1

2 問１　Enjoy the time which is left for you.
問２　イ
問３　２番目…not　５番目…to
問４　エ　　問５　ウ
問６　(例)ジョンは病院のミス〔誤診〕に対してお金を払ってほしいと思っている。
問７　news
問８　①　half　②　trips　③　sold
④　good〔perfect〕　⑤　money

3 問１　(例)手を洗うこと。
問２　最初の語…not　最後の語…soap
問３　ア
問４　３番目…not　５番目…that
問５　handwashing
問６　１…F　２…T　３…F　４…T
問７　(例) I eat breakfast every morning and play tennis three days a week.

4 問１　a…イ　b…ア　c…カ　d…エ
e…ウ
問２　(例)外国人には部屋〔家〕を貸さないという考え。
問３　イ
問４　The way of thinking makes me unhappy
問５　unkind things　　問６　ウ

数学解答

1 (1)　2024　　(2)　$\dfrac{19x+10y}{6}$
(3)　$5+4\sqrt{2}$　　(4)　$a=3,\ b=-4$
(5)　$x=0,\ -\dfrac{7}{3}$

2 (1)　5, 19　　(2)　5
(3)　およそ150個

3 (1)　$a=1,\ b=-6$　　(2)　6
(3)　$(-1,\ -9)$

4 (1)　12cm^2　　(2)　1：8
(3)　174cm^3

5 (1)　60cm^2　　(2)　$\dfrac{120}{13}\text{cm}$
(3)　144：25　　(4)　$\dfrac{125}{24}\text{cm}^2$

国語解答

一 ① 憎　② 凍　③ 把握
④ 家畜　⑤ 静寂　⑥ 譲歩
⑦ 鼓膜　⑧ あやつ
⑨ ほうけん　⑩ なんくせ

二 問一　ⓐ…ア　ⓑ…イ　問二　エ
問三　ア　問四　ウ
問五　非常時を非常時とも思わないような行動をしていることにあきれながらも，張り詰めた感じがしない凛久に安心感を覚えている。（58字）
問六　イ
問七　ア…×　イ…○　ウ…×　エ…×
オ…○

三 問一　ウ
問二　自分の仕事も「サイエンス」に載るレベルではないかと実感し，みんなの意識が能動的になったこと。（46字）
問三　イ
問四　自分を敢えて位置づけないこと
問五　みんなに同～できる項目
問六　ア
問七　ア…○　イ…×　ウ…×　エ…○
オ…×

四 問一　ⓐ　こずえ　ⓑ　おもうよう
問二　蟻が川でおぼれている様子がかわいそうだということ。（25字）
問三　イ　問四　ウ　問五　ウ
問六　イ

2023年度 明星高等学校(本科)

【英　語】 (40分) 〈満点：100点〉

1 リスニング問題です。放送で聞こえてくる質問の答えとして最も適切なものを①～④の中から一つ選び、番号をマークしなさい。

【問題A】(選択肢はすべて放送されます。)

対話文1 　1

①
②
③
④

対話文2 　2

①
②
③
④

対話文3 　3

①
②
③
④

【問題B】

No.1 　4

① For two days.　② For eight days.
③ For ten days.　④ For two months.

No.2 　5

① A park near her house.　② A present for her parents.
③ A ball she plays with her dog.　④ A dog she got for her birthday.

※　リスニングテスト放送文は，英語の問題の終わりに付けてあります。

Ⅱ　次の空欄に入れるのに最も適切なものを、①～④の中から一つ選び、番号をマークしなさい。

問1　Oh, a thousand dollars.　The price of this bike is very (　　).　[6]

① cheap　② expensive

③ high　④ much

問2　I have to (　　) care of my little brother while my mother is out.　[7]

① get　② look

③ make　④ take

問3　Bob was (　　) tired that he couldn't do his homework yesterday.　[8]

① much　② so

③ too　④ very

問4　The month between July and September is (　　).　[9]

① August　② June

③ May　④ October

問5　My parents like eating fish, so I want to know how (　　) fish.　[10]

① cooked　② cooking

③ to cooking　④ to cook

問6　The rain will continue (　　) next Monday.　[11]

① before　② by

③ to　④ until

問7　A: I am 165 centimeters tall.　My brother is 180 centimeters tall.　[12]

B: He is (　　) taller than you.

① many　② more

③ very　④ much

問8　The door (　　) yesterday has already been repaired.　[13]

① breaking　② broken

③ was breaking　④ was broken

問 9　It's cold. Please don't leave (　　　).　　14

① open the door　　② opening the door

③ the door open　　④ to open the door

問 10　A: Sara, you look pale. You should go home early.

B: Thank you. I will do so and (　　　) the doctor.　　15

① go　　② see

③ stay　　④ talk

Ⅲ 次の日本文の意味を表すように【 】内の語（句）を適切な順に並びかえるとき、3番目と6番目に来るものの組み合わせを①～④の中から一つ選び、番号をマークしなさい。ただし、【 】の中では、文頭にくる語も小文字で示してある。

問1 私と一緒に猫を探してくれてどうもありがとう。 16

【 for / it's / kind / look / my cat / of / to / with me / you 】.

① 3番目： for 6番目： look

② 3番目： for 6番目： to

③ 3番目： of 6番目： for

④ 3番目： of 6番目： look

問2 どちらのご出身か教えていただけますか。 17

【 are / could / from / me / tell / you / you / where 】?

① 3番目： tell 6番目： are

② 3番目： tell 6番目： you

③ 3番目： you 6番目： could

④ 3番目： you 6番目： tell

問3 そんな悲しいことを聞いたら、彼女は驚くだろう。

【 shocked / such / she'll / thing / hear / a sad / be / to 】. 18

① 3番目： shocked 6番目： a sad

② 3番目： shocked 6番目： such

③ 3番目： hear 6番目： a sad

④ 3番目： hear 6番目： such

問4 これは私が今まで読んだ本の中で最もおもしろい本です。

【 ever / interesting book / is / I've / most / read / that / the / this 】. 19

① 3番目： most 6番目： interesting book

② 3番目： most 6番目： that

③ 3番目： the 6番目： interesting book

④ 3番目： the 6番目： that

問5 カナダでは、英語だけでなくフランス語も話されています。

【 also / but / English / French / is / not / only / spoken 】 in Canada. 20

① 3番目： English 6番目： French

② 3番目： English 6番目： spoken

③ 3番目： French 6番目： English

④ 3番目： French 6番目： spoken

IV　以下の英文を読んで、設問に答えなさい。 *印のついている語(句)には本文のあとに［注］がある。

Would your pizza have a different taste if it were made by a robot? That is a question people ask when they know some American companies test 'food robots'.

A company in California, called Zume, is testing machines that make pizza. The robot cuts *dough to make the base of the pizza. [A] ➡ [B] ➡ [C]

(1)<u>The pizza comes out the same each time.</u> Zume says the robots work quickly and do not get sick. They do not want money, either. Julia Collins is the company's *founder and *chief executive officer (CEO). Her business can spend more money to make their pizza better because it does not have to pay the robots. "We spend less money on simple jobs," she said. The important question for the company's success is:

[(2)]

Other food businesses are developing different robots. A company called Bistrobot uses robots to make sandwiches. Its first machine is in a small store just south of San Francisco. The machine now only makes sandwiches with peanut butter, jam, or spicy chili sauce. Each sandwich costs just $2. Bistrobot's founder and CEO, Jay Repperts says the robot works faster and costs less than restaurant workers. It is also fun to watch the robots work.

These companies say they are developing robots for people to get higher quality food faster. So now here is another question: Are the robots going to take [(3)] from humans? Ken Goldberg is a professor at the University of California in Berkeley. He says researchers have been working with robots for a very long time. He thinks that, though the robots are getting smarter, human jobs are not going to disappear soon. "I want to tell restaurant workers that they don't have to worry. The skills they have are still going to be very necessary," Goldberg said.

Alex Garden is the *chairman of Zume. He thinks more interesting work will be left for humans to do when the robots start performing some of the smaller jobs. He said, "The robots are going to *eliminate simple, boring, dangerous jobs and give people some other exciting jobs that they really want to do. There's going to be amazing ways of working that humans haven't seen yet."

［注］ dough：パン生地（ここではピザの生地）　founder：設立者
chief executive officer (CEO)：最高経営責任者　chairman: 社長　eliminate　取り除く

問1　以下の英文①～③を文中の空所 A ・ B ・ C のいずれかに一つずつ入れるとしたらどこが適切か。それぞれ番号をマークしなさい。

A 21 ・B 22 ・C 23

① A few minutes later, the pizza is ready.

② The robot then puts tomato sauce, cheese, or other toppings on it.

③ Next, the robot puts the base with some toppings into a hot oven.

問2　(1)The pizza comes out the same each time. とあるが、その内容として最もふさわしいものを、次の①～④の中から一つ選び、番号をマークしなさい。

24

① トッピングに関係なくピザの調理時間は一定である。

② ロボットの仕事は一定で、出来上がったピザには差が出ない。

③ オーブンからピザを取り出すのに必要なロボットの数は常に同じである。

④ ピザが出来上がって、各テーブルに届くまでの所要時間は毎回同じである。

問3　(2) に入る最も適切な文を、次の①～④の中から一つ選び、番号をマークしなさい。

25

① How does the pizza taste?

② How much does the robot cost?

③ Who makes the robot?

④ Where is the pizza made?

問4　本文中に登場する「調理ロボット」について、本文では述べられていないものを、次の①～④の中から一つ選び、番号をマークしなさい。

26

① 人件費を抑えられる分、商品の質の向上に投資できる。

② ロボットが調理をしている様子を見ていても楽しい。

③ 将来的には一般家庭で使われることも視野に入れられている。

④ さらに質の高い料理を提供できるロボットが開発中である。

問5　(3) に入る最も適切な語を、次の①～④の中から一つ選び、番号をマークしなさい。

27

① food　② jobs　③ money　④ time

問6　本文の内容と合っているものを、次の①～④の中から一つ選び、番号をマークしなさい。

28

① Julia Collins の会社は、ロボットを使って食べ物の安全性をテストしている。

② Jay Repperts の会社は、ロボットを使ってサンドイッチの宅配サービスをしている。

③ Ken Goldberg は、ロボットの技術はこれからも必要であり続けると言った。

④ Alex Garden は、ロボットと人間の分業によるこれまでにない働き方がこれから現れると言った。

＜リスニングテスト放送文＞

これからリスニングテストを行います。

問題用紙の1ページを見なさい。リスニングテストはすべて放送による指示で行います。リスニングテストには問題Aと問題Bの二つがあります。英文と質問は、問題Aは1回、問題Bは2回読まれます。問題用紙の余白にメモを取ってもかまいません。答えはすべて解答用紙にマークしなさい。では、始めます。

【2秒の間】

N (女性): 問題A

対話文を聞いて、その最後の文に対する応答として最も適切なものを、それぞれ4つの選択肢の中から1つずつ選び、番号をマークしなさい。問題は、対話文1から対話文3まで、3題で、解答時間はそれぞれ10秒です。では、対話文1を始めます。

【3秒の間】

A(男性): Miki, this is a birthday present for you.

B(女性): What a cute doll! Thank you, Dad.

【1秒の間】

(男性)

① (one) It's time for bed.

② (two) Let's have dinner.

③ (three) They're beautiful flowers, aren't they?

④ (four) You're welcome.

【10秒の間】

N(女性): 対話文2を始めます。

【3秒の間】

A(男性): Have you finished your homework, Lucy?

B(女性): No, not yet.

【1秒の間】

(男性)

① (one) I have to go to school now.

② (two) I'll help you do it.

③ (three) Let's go to see a movie.

④ (four) I think you cook very well.

【10 秒の間】

N(女性): 対話文 3 を始めます。

【3 秒の間】

A(女性): Jack, do you know what this sweater is made from?

B(男性): No, I don't.

【1 秒の間】

(女性)

① (one) I like it very much.

② (two) It's made in USA.

③ (three) Do you like to try this on?

④ (four) Plastic bottles. Can you believe it?

【10 秒の間】

N: (女性) これで問題 A を終わり、問題 B に入ります。

【2 秒の間】

N: (女性) 問題 B

英文と質問を聞き、その答えとして最も適切なものを 4 つの選択肢の中から 1 つ選び、番号をマークしなさい。英文は No.1 と No.2 の 2 つで、質問は一つの英文に 1 問ずつあります。英文も質問も 2 度ずつ読まれます。では始めます。

【3 秒の間】

(男性)No.1.

【2 秒の間】

Tom plans to go to the US for ten days this summer. He is going to spend two days in Boston and eight days in New York. He has about two months before his trip, so he is working now to make money for the trip.

【2 秒の間】

(女性)Question.

How long is Tom going to stay in New York?

【2 秒の間】

N: 繰り返します。

Tom plans to go to the US for ten days this summer. He is going to spend two days in Boston and eight days in New York. He has about two months before his trip, so he is working now to make money for the trip.

【2 秒の間】

(女性)Question.

How long is Tom going to stay in New York?

【3 秒の間】

(女性)No.2.

I have a dog named Daisy. She was a birthday present from my parents. I take her for a walk every day. She likes playing with a ball in the park near my house. I really like Daisy.

【2 秒の間】

(男性)Question.
What is the woman talking about?

【2 秒の間】

N: 繰り返します。

I have a dog named Daisy. She was a birthday present from my parents. I take her for a walk every day. She likes playing with a ball in the park near my house. I really like Daisy.

【2 秒の間】

(男性)Question.
What is the woman talking about?

【3 秒の間】

N: 以上でリスニング問題は終了です。問題 2 に進みなさい。

【数　学】（40分）〈満点：100点〉

1 次の $\boxed{1}$ ～ $\boxed{5}$ に当てはまるものを，それぞれ ① ～ ⑤ のうちから一つずつ選びなさい。

(1) $\dfrac{3}{4}+6\times\left(-\dfrac{1}{2}\right)^2-0.25$ を計算すると $\boxed{1}$ である。

① 1　② $-\dfrac{1}{2}$　③ $\dfrac{1}{2}$　④ 2　⑤ -1

(2) $\dfrac{6x+3y}{2}-\dfrac{-x+6y}{3}$ を計算すると $\boxed{2}$ である。

① $10x-y$　② $\dfrac{16x+21y}{6}$　③ $20x-3y$　④ $\dfrac{20x+21y}{6}$　⑤ $\dfrac{20x-3y}{6}$

(3) $\dfrac{1}{\sqrt{18}}+\dfrac{\sqrt{2}}{12}-\sqrt{8}\div\sqrt{256}$ を計算すると $\boxed{3}$ である。

① $-\dfrac{\sqrt{2}}{4}$　② $\dfrac{\sqrt{2}}{8}$　③ $\dfrac{9\sqrt{2}}{24}$　④ $\dfrac{3\sqrt{2}}{4}$　⑤ $-\dfrac{7\sqrt{2}}{64}$

(4) 連立方程式 $\begin{cases}\dfrac{x-2}{5}=2x-y+1\\ -0.3x+0.2y=0.4\end{cases}$ の解を求めると，x の値は $\boxed{4}$ である。

① 1　② 2　③ 3　④ -2　⑤ -3

(5) 2次方程式 $x^2+8x+3=0$ の解を求めると，$x=\boxed{5}$ である。

① $-8\pm\sqrt{13}$　② $8\pm2\sqrt{13}$　③ $-4\pm\sqrt{13}$　④ $-4\pm2\sqrt{13}$　⑤ $4\pm\sqrt{13}$

2 次の 6 ～ 8 に当てはまるものを，それぞれ ① ～ ⑤ のうちから一つずつ選びなさい。

(1) $\sqrt{240-16n}$ が自然数となる自然数 n の個数は 6 個である。

① 1　② 2　③ 3　④ 4　⑤ 5

(2) 大小 2 個のさいころを同時に投げるとき，出た目の和が 8 の約数になる確率は 7 である。

① $\frac{1}{4}$　② $\frac{1}{9}$　③ $\frac{2}{9}$　④ $\frac{5}{18}$　⑤ $\frac{11}{36}$

(3) 下の図のように，1 組の三角定規を重ねておくとき，重なっている部分の面積は 8 cm^2 である。

① $\frac{4\sqrt{3}}{3}$　② $\frac{3\sqrt{3}}{2}$　③ 3　④ $3\sqrt{3}$　⑤ $9\sqrt{3}$

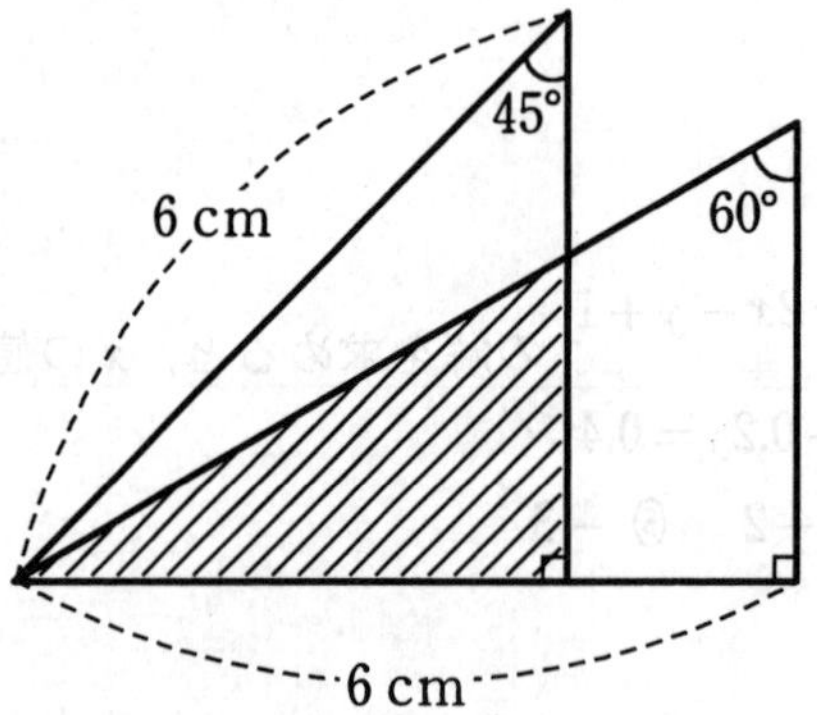

3 下の図のように，放物線 $y=ax^2$ と直線 $y=-3x+8$ が2点A，Bで交わっている。a は正の数であり，点Aの座標は(2，2)である。このとき，次の $\boxed{9}$ ～ $\boxed{11}$ に当てはまるものを，それぞれ ① ～ ⑤ のうちから一つずつ選びなさい。ただし，Oは原点とする。

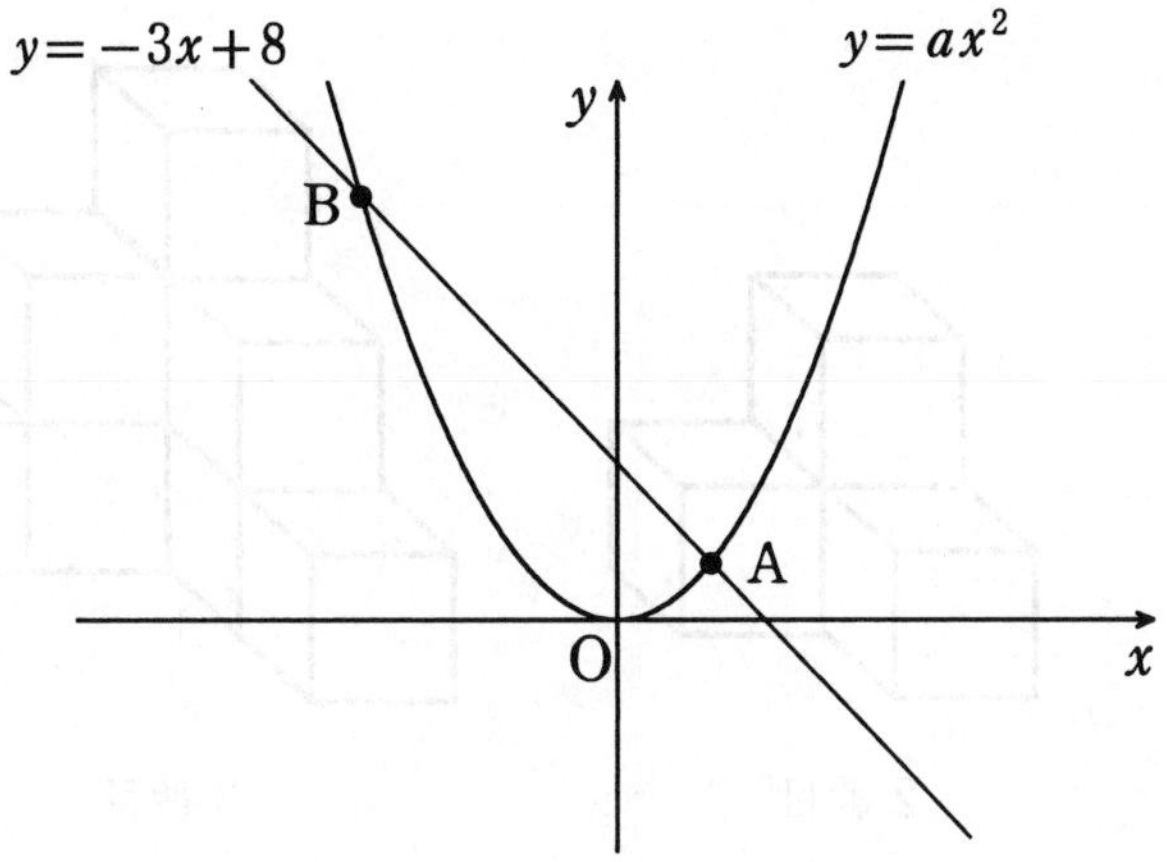

(1) a の値は $\boxed{9}$ である。

① $\frac{1}{6}$　② $\frac{1}{4}$　③ $\frac{1}{2}$　④ 1　⑤ 2

(2) 点Bの y 座標は $\boxed{10}$ である。

① 2　② 8　③ 26　④ 32　⑤ 64

(3) 点Aを通り，△OABの面積を2等分する直線の式は $\boxed{11}$ である。

① $y=-\frac{17}{3}x+\frac{23}{3}$　② $y=-\frac{7}{3}x+\frac{20}{3}$　③ $y=-15x+32$

④ $y=-\frac{3}{17}x+\frac{40}{17}$　⑤ $y=-\frac{3}{7}x+\frac{20}{3}$

4　下の図は，1辺が1 cmの立方体の積み木をある規則に従って，積み重ねていったものである。このとき，次の $\boxed{12}$ ～ $\boxed{14}$ に当てはまるものを，それぞれ ①～⑤ のうちから一つずつ選びなさい。

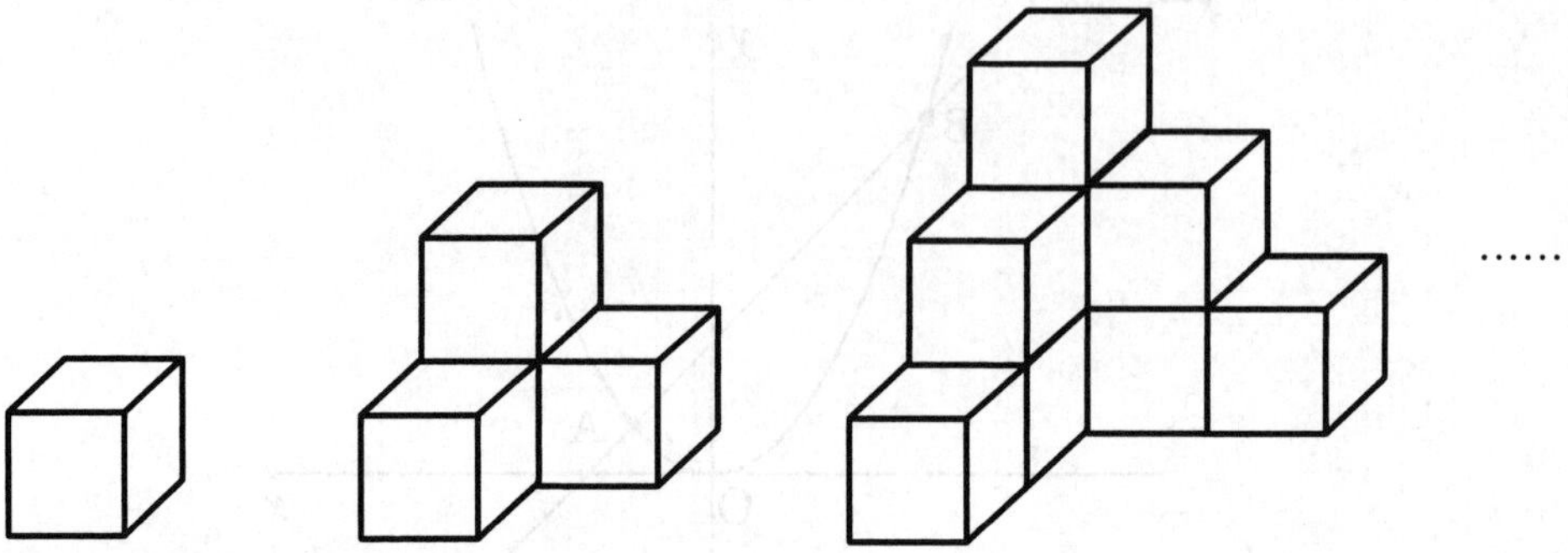

1番目　　2番目　　3番目

(1)　4番目の立体の体積は $\boxed{12}$ cm^3 である。

① 16　② 17　③ 18　④ 19　⑤ 20

(2)　この規則に従って積み重ねていったとき，n 番目の立体の体積が2023 cm^3 を初めて超えるのは，$n=\boxed{13}$ のときである。

① 43　② 44　③ 45　④ 46　⑤ 47

(3)　n 番目の立体の体積と $(n+1)$ 番目の立体の体積の和が 761 cm^3 となるのは，$n=\boxed{14}$ のときである。

① 16　② 17　③ 18　④ 19　⑤ 20

問10　次に示すのは、本文を読んだ四人の生徒が本文について話し合っている場面です。本文について正しく説明している発言を、次の①～④のうちから一つ選びなさい。解答番号は 24 。

① 生徒A――父親と離れて暮らすようになってから人の生き方について考えることが増えた咲だけど、祖父母といっしょに生活することで生きていく上で大切なものを獲得していったんだと思うよ。寡黙《かもく》な祖父母の生き方に触れて、咲が精神的に成長していく姿がこの作品のおもしろいところだと思う。

② 生徒B――私もそう思う。祖父母は咲に多くを語らなかったわけだけど、その分、孫には大切なものを自分で感じ取ってほしいという切実な思いがあったと思うよ。作者は、それをあえてはっきり書かないことで、作者が表現したいことが読者により伝わると考えてそうしたんだと思うな。

③ 生徒C――なるほど。平易な文体で書かれているから、言いたいことは理解しやすいね。本文の場面で無料のスープを作る祖父母の意図がはっきり書かれていないのは、何でも言葉にしなければ伝わりにくい現代を生きる中で、言葉で表さないことも大切だと伝えたかったんだと思うよ。

④ 生徒D――咲の性格は祖父母とは逆で、スープを飲みに来る人にその時々に思ったことをはっきりと表現しているよね。作者は咲と祖父母の人物像を対極に置くことで、世代間の差異と尊敬、軽蔑すべき人間の生き方について、広く読者に問いかけようとしているんだと思うよ。

問8　傍線部カ「こわくなった」とありますが、「私」がこのように感じたのはなぜだと考えられますか。その説明として最も適当なものを、次の①～④のうちから一つ選びなさい。解答番号は[22]。

①　無料の豆のスープを飲みに来る人たちは薄情ではないと思うが、スープを飲みたいという一心で他者の苦労が見えなくなっているから。

②　豆のスープを目当てに祖父母のところにやってくる人たちは、誰もが人間の恥ずかしい部分をさらけ出しているように感じられたから。

③　祖父母の作る豆のスープを飲んでは感謝の言葉を口にしているものの、内心ではどう思っているのか想像もつかない表情をしているから。

④　祖父母のスープが評判になり、行列を作るほどになったが、そのことがスープ作りの邪魔になっているということに気づいていないから。

問9　傍線部キ「どちらも小さいその消えないものを、味わいたいような気持ち」とありますが、これはどのような気持ちだと考えられますか。その説明として最も適当なものを、次の①～④のうちから一つ選びなさい。解答番号は[23]。

①　食べることに困っている人がおいしそうにスープを飲んでいる光景は感動的でさえあるが、そういうときには自分中心に物事を考えて制御できない自分を抱え持っているものであり、そのどちらも見つめていきたいという気持ち。

②　祖父母が作ったスープを飲みに来る人たちの表情は幸福そのものだが、その一方で何をおいても自分がスープを飲むという要望は認めてもらいたいとする思いも持ち合わせており、そのどちらにも関わっていきたいという気持ち。

③　祖父母の活動を支援してくれる人には人間の素晴らしさを感じるが、スープがもらえないとわかると、他者をかえりみない言動をとるようになって恐ろしい本性を見せることもあり、そのどちらも追求していきたいという気持ち。

④　スープを飲みに来る人たちの思いやりにあふれる人柄には涙が出そうになるが、いざ奉仕を受けられないとなると、自分だけは損をしたくないという狡猾《こうかつ》な部分が見えるようになり、そのどちらも分析していきたいという気持ち。

問5　傍線部ウ「豆スープが無料で飲める」とありますが、このことを「私」はどのように捉えていると考えられますか。その説明として最も適当なものを、次の①～④のうちから一つ選びなさい。解答番号は 19 。

① 祖父母は長い間豆のスープを配り続けているが、人への奉仕を生きがいとする二人の性格からすれば当然のことだと考えている。
② 無料の豆スープをたくさんの人に提供したいという念願がかなって、身を粉にして働く祖父母の姿に強い尊敬の念を抱いている。
③ 祖父母が心を込めて作り、配布している豆のスープを嬉しそうに飲む人がいるという光景は、平和な社会の象徴だと思っている。
④ 祖父母は大変な思いをしながら豆のスープを作っているが、それを楽しみにしている人たちと良い関係を築いていると見ている。

問6　傍線部エ「世間の思い込み」とありますが、それはどのような思い込みだと考えられますか。その説明として最も適当なものを、次の①～④のうちから一つ選びなさい。解答番号は 20 。

① 大量のおいしいスープを作り、しかも無料なのは何か魂胆があるはずだという思い込み。
② 自分のことをさておいて、スープを求めている人を何よりも最優先するという思い込み。
③ 他者に優しくする反面、スープの返礼は一切受け取らない頑固さがあるという思い込み。
④ スープを楽しみにしている人のために徹底した拘《こだわ》りを持って作っているという思い込み。

問7　傍線部オ「幸せな気持ちになってくる」とありますが、それはなぜだと考えられますか。その説明として最も適当なものを、次の①～④のうちから一つ選びなさい。解答番号は 21 。

① 父親と離れて暮らすことになり目標を見失っていたが、近所の人たちに黙々とスープを提供する祖父母を見ているうちに、祖父母と同じように他者に奉仕して生きていくという目標ができたから。
② 祖母が喜んで使っている、母が贈った食洗機を通して、血の繋がりのない母と祖母との間に絆《きずな》のようなものを感じ取ることができ、食洗機の音を聞いていることで、あたたかい気持ちになるから。
③ スープを飲みに来る人たちの幸せな笑顔に接したことで、両親の離婚によってふさぎ込んでいた気分が晴れ、社会の中で果たすべき自分の役割を見つけ、前向きな気持ちになることができたから。
④ 父親がいなくなって落ち込んでいたが、生き生きとした食洗機の音を聞いたり、あたたかみの感じられる食器に触れたりすることを通して、以前のような生きる気力を取り戻すことができたから。

問2　空欄Iにあてはまる語句として最も適当なものを、次の①～④のうちから一つ選びなさい。解答番号は16。

①「な～んだ、あんたはやっぱりなにもくれる気がないのか」
②「な～んだ、あんたはやっぱり祖父母を超えられないのか」
③「な～んだ、あんたはやっぱり有料のスープしか作らないのか」
④「な～んだ、あんたはやっぱりあの人たちが好きじゃないのか」

問3　傍線部ア「祖父母」とありますが、「私」の祖父母はどのような人物だと考えられますか。その説明として最も適当なものを、次の①～④のうちから一つ選びなさい。解答番号は17。

① これまでに世間から受けてきた恩に報い、できる限りの善を施して困っている人を救おうという信念を持つ人物。
② 体力が衰えても常に高みを目指して最善を尽くし、その先に得られるものを追い求めようという信念を持つ人物。
③ もの静かな中にも強い意志があり、相手がどうあれ、自分のするべきことをやり遂げようという信念を持つ人物。
④ 自分たちを犠牲にしてでも、苦境に立つ人々を支援しようとするなど、社会に貢献しようという信念を持つ人物。

問4　傍線部イ「その人の中の子ども」とありますが、これは人々のどのような側面だと考えられますか。その説明として最も適当なものを、次の①～④のうちから一つ選びなさい。解答番号は18。

① 未熟な子どものように感情のコントロールができず、その時々の状況に流されて喜怒哀楽を表出するような身勝手な側面。
② 他者の気持ちや様子にまで考えが及ばす、まるで子どものように、自分の感情を抑えることができない自己中心的な側面。
③ 自分の要望が通らないとわかった途端に機嫌を損ね、その感情を相手に対して一方的にぶつけるような子どもっぽい側面。
④ 大人と言われる年齢でありながら、相手の事情を一切考慮せず、無理にでも自分の要求を通そうとする子どもじみた側面。

二

次の文章は、よしもとばなな『癒《いや》しの豆スープ』の一節です。「私」が十五歳のときに両親が離婚し、「私」は母親といっしょに父方の祖父母の家に引っ越し、そのまま祖父母と暮らし続けました。思春期の「私」は「自分は父に世界でいちばん愛されている」という幻想を打ち砕かれたと思っています。これを読んで後の問いに答えなさい。

〈編集部注…課題文は著作権上の問題により掲載しておりません。作品の該当箇所につきましては次の書籍を参考にしてください〉

・よしもとばなな著『さきちゃんたちの夜』「癒しの豆スープ」〈新潮社　二〇一三年三月三〇日発行〉

七七頁一行目～七八頁一行目（中略）七八頁後ろから三行目～八〇頁七行目（中略）八〇頁後ろから二行目～八三頁一四行目

問1　二重傍線部A・Bの本文中における意味として最も適当なものを、次の各群の①～④のうちから、それぞれ一つずつ選びなさい。解答番号は 14 ～ 15 。

A　肩すかし　14

① 立ち向かってくる相手に反撃すること。

② 立ち向かってくる相手を動揺させること。

③ 立ち向かってくる相手の勢いをそらすこと。

④ 立ち向かってくる相手をがっかりさせること。

B　昔気質　15

① 両親の教えを第一としてすべてに優先させる性格。

② 日本の伝統的な慣習に基づいた言動を重視する性格。

③ 今目の前にある物を使い続けることを大切にする性格。

④ 古くから伝わるものを頑固《がんこ》に守っていこうとする性格。

問7　傍線部ウ「後悔しているのです」とありますが、それはなぜですか。その説明として最も適当なものを、次の①～④のうちから一つ選びなさい。
解答番号は 11 。

① 自分たちが祖先から引き継いだ種を人類共通の財産にされてしまったから。
② 研究が目的であれば、研究者でなくても種子を持ち出すことができるから。
③ 不正な研究で品種の混合を招いてしまったので、希少性がなくなったから。
④ 自分の利益のために、持ち出した種子を不正に使用する人が出ているから。

問8　傍線部エ「理想はもはや理想にとどまり」とありますが、それはどういうことですか、その説明として最も適当なものを、次の①～④のうちから一つ選びなさい。解答番号は 12 。

① 国際機関の遺伝子銀行を作ることは先進国の計画として大変重要なことであるが、途上国の賛同を得た上で実現するのは困難だということ。
② あらゆる場所に存在するイネの種子を必要な手続きに基づいて一つの機関に集めることは、あるべき姿ではあるが完璧ではないということ。
③ 多くの品種のイネの種子を人類全体の財産とするのは、研究目的で代価を払って使用するという規則を作っても不都合が生じるということ。
④ イネの種子を保存するために遺伝子を一つの機関に集約することは有意義なことだが、各国で思惑が異なり意見がまとまらないということ。

問9　次に示すのは、本文を読んだ四人の生徒が、波線部「人類共通の資産」について話し合っている場面です。本文の趣旨と**異なる発言**を、次の①～④のうちから一つ選びなさい。解答番号は 13 。

① 生徒A――遺伝子銀行は、地球に存在するイネの種子をまとめ、それらの情報を管理することで、誰かがその情報を必要としたときに、いつでも引き出すことができるようにしているんだね。
② 生徒B――そのために、遺伝子銀行はイネの種子を集め、それらが発芽の能力を失わないように条件を整えて保存しているわけだ。そうすることで、現存する種を未来に残していこうとしてるってことだ。
③ 生徒C――それはつまり、過去のある時代に存在した特有の品種の種子をいつでも好きなときに発芽させ、栽培することができるということだね。こうした努力がイネの研究に大きく寄与しているんじゃないかな。
④ 生徒D――それだけじゃなくて、新しい品種が開発されたことで絶滅してしまった野生種の標本を作り、それを研究のための資料として未来に残していくという役割も遺伝子銀行は担っているんだと思うよ。

問3　空欄Ⅱにあてはまる語として最も適当なものを、次の①〜④のうちから一つ選びなさい。解答番号は[7]。

①　上　②　下　③　左　④　右

問4　空欄Ⅲにあてはまる語句として最も適当なものを、次の①〜④のうちから一つ選びなさい。解答番号は[8]。

①　蛙《かえる》の子は蛙　②　鳶《とび》が鷹《たか》を生む　③　同じ穴のむじな　④　獅子《しし》の子落とし

問5　傍線部ア「自然なこと」とありますが、筆者はどのようなことを「自然なこと」と言っていますか。その説明として最も適当なものを、次の①〜④のうちから一つ選びなさい。解答番号は[9]。

①　お米の品種の数が減少すること。　②　お米の開発者の人情を考えること。

③　お米の新しい品種を宣伝すること。　④　お米の品種が新しく開発されること。

問6　傍線部イ「ダメージは中の種子にも及ぶだろうといわれています」とありますが、それはどういうことですか。その説明として最も適当なものを、次の①〜④のうちから一つ選びなさい。解答番号は[10]。

①　タイの遺伝子銀行に集められた種子を適切に保存するには冷蔵庫が必要不可欠であるが、自然災害の発生によって、住民に冷蔵庫が貸し出され、その機能を果たさなくなる恐れがあるということ。

②　植物の種子を保存するにはそれに適した環境が必要であり、イネの場合は冷蔵庫でその環境を維持しているが、冷蔵庫への電力の供給がなくなれば、種子の保存環境が保たれなくなるということ。

③　イネの種子は適切な条件下で保存すれば時代を超えて発芽することができるが、数十年に一回の割合で発生する大洪水によって発電施設が機能を失い、種子が腐ってしまうことがあるということ。

④　二〇一一年秋にタンヤブリを襲った大洪水が運河の氾濫を引き起こし、遺伝子銀行の施設の電力を完全に失わせた例のように、温暖化の影響が植物の生存環境に悪影響を及ぼしているということ。

る親だけを雌株の近くに植えて、できた子がなるべく同じでかつ望ましい性質をもつように工夫しているのです。

（佐藤洋一郎『知ろう　食べよう　世界の米』）

問1　二重傍線部A～Eに相当する漢字を含むものを、次の各群の①～④のうちから、それぞれ一つずつ選びなさい。解答番号は[1]～[5]。

A　コウガイ　[1]

①　市販薬のコウノウを調べる。
②　キンコウ農業の調査をする。
③　コウキョウのマナーを考える。
④　コウギョウ化社会について学ぶ。

B　ジッショウ　[2]

①　ショウメイ写真を撮る。
②　ショウサイな説明を聞く。
③　基本的人権をホショウする。
④　全校集会でヒョウショウされる。

C　ヒガイ　[3]

①　帽子をカブって外出する。
②　人ごみを上手にサけて歩く。
③　今日は一日中動き回ってツカれた。
④　先月と今月の売り上げをクラべる。

D　ロケン　[4]

①　ドウロの管理を行う。
②　フロの修理を依頼する。
③　ロジ栽培の野菜を購入する。
④　ゲンシロの仕組みがわかる。

E　ゾウショク　[5]

①　臓器イショクの手術が成功する。
②　文中のシュウショク語を見つける。
③　通学中に自転車とセッショクする。
④　鮪のヨウショク技術が開発される。

問2　空欄Ⅰにあてはまる語として最も適当なものを、次の①～④のうちから一つ選びなさい。解答番号は[6]。

①　気象　　②　密封　　③　乾燥　　④　発芽

洪水はまず研究所の前を流れるランシット運河の氾濫にはじまりました。水は次第に遺伝子銀行に近づき、ついには冷蔵庫の発電機を駄目にしてしまいました。幸い中の種子はスタッフの努力により大きなCヒガイはありませんでしたが、電力が完全に失われればイダメージは中の種子にも及ぶだろうといわれています。

遺伝子銀行の種子は、研究目的ならば、そして必要な手続きを経ればだれでも正当に持ち出すことができます。ここが遺伝資源の強みです。希少金属などは再生産がほとんど利かないから——だから希少なのです——使えばその分資源は減少します。しかし動植物の源は管理さえうまくすればなくなってしまうことはありません。少なくとも理屈の上ではそうです。そして、みなが正当な代価を払い、決まりをまもって研究に使えば人類全体のためになるのです。理想的にはそのとおりです。

ところがその理想通りに行かないのが人間社会です。中に必ず抜け駆けをしたり悪知恵を働かせて不当に儲《もう》けようとする人が出てきます。今、タイの国や農家の人たちは、遺伝子銀行の種子を、国際機関である国際稲研究所に預けたことをウ後悔しているのです。タイには、「カオ・ドウ・マリ」という名の有名な品種があります。タイのコシヒカリといった格の品種で、栽培面積からいっても評判からいってもこの［Ⅱ］に出る品種はないのです。

ところが、ある国のある研究者がこの種子を不正に入手し、研究して新しい品種を作り、こともあろうにその品種に「カオ・ドウ・マリ」の名前をつけて売りだそうとする事件がおきました。つまり品種の名前を登録しようともくろんだのです。これに成功すれば、タイの農家も国も、もはや「カオ・ドウ・マリ」の名前で自分が生産した米を売ることができなくなってしまいます。幸い、この悪だくみはDロケンし、タイと「カオ・ドウ・マリ」は危ういところで難を逃れることができました。

こうしたことがおきると、エ理想はもはや理想にとどまり、人びとは遺伝子銀行そのものを信じなくなってしまいます。遺伝子銀行の事業にはそれまでにもさまざまな問題がありました。遺伝子銀行に集めた種子は、「人類共通の資産」のはずだったのです。しかし、多くの資源をもっていた途上国の側からすれば、資源を銀行に提供はしたものの、その恩恵はすべて先進国の一部の研究機関だけのものになってしまっているように見えています。自分たちには何のみかえりもなかった。そう受け止める人が多いのも事実なのです。

先ほど、普段はあまり起きない交配でできた新しい種はいくつもあるが、そのどれもが定着したわけではないと書きました。米の品種では、アフリカのネリカ米以外にももう一つこうした例があります。それがハイブリッドライスです。米の品種は通常、その米を種子として播けば（玄米ならば播けば十分に発芽します）、「［Ⅲ］」の原則で、同じ性質をもった株が出てきます。今までの品種の種子は、このようにして毎年EゾウショクしてきたのですJ。

ところがハイブリッドライスはそうではありません。毎年、翌年の種子をいちいち交配して作るのです。多くの野菜などはもともとが他家受粉する性質をもっているので、できた種子を播くと、どれも親とは違った性質をもっているのが普通です。種苗会社などでは、それでは困るので、花粉を提供す

二〇二三年度
明星高等学校（本科）

【国　語】（四〇分）〈満点：一〇〇点〉

一　次の文章を読んで、後の問いに答えなさい。

今、世界のお米の品種は急速にその数を減じています。次々新しい品種が開発され、普及し、そのたびに旧来の品種は栽培されなくなってゆきます。新たに開発される品種には、膨大な開発費をかけたものもあります。となると、国をはじめとする開発者としてはもとをとるべく新品種を大々的に宣伝しようとします。それは、開発者の人情としてそうですし、また、経済原理からいってもア自然なことです。このままでは多数の品種が姿を消してしまいます。そうした懸念から、各国政府や国際機関が中心となって、なくなりゆく品種の種子を集める事業をスタートさせています。フィリピンのマニラAコウガイにある国際稲研究所には八万点を超える品種の種子が保存されているのです。

保存するといっても、種子は「なまもの」です。肉や魚のようなことはありませんが、腐りもすれば傷みもします。すると発芽能力は失われ、種子を保存しておく意味は失われてしまいます。そこで、種子はマイナス一〇度よりも低温の部屋に、乾燥剤とともに保存されています。理論的には低温と［Ⅰ］条件を与えれば種子の寿命がぐんと延びることがわかっています。Bジッショウ的にも、私の知る範囲では、〇度前後の部屋に、乾燥剤をつめた容器に密封して保存したイネの種子は、五〇年たっても何割かの発芽力は残しているようです。つまりこの条件下においた一〇〇粒の種子のうち何十粒かはまだ生きているのです。

こうして、イネの品種は、いま、地域を越え、ときには国境を越えて遺伝子銀行に運ばれるようになったのです。何かの時には、ここから取り出した種子を播《ま》いてやればかつての品種が復活することでしょう。「あのころ、あの地域で栽培されていた〇〇という品種をよみがえらせてみたい」――これからはこうした望みも多少はかなうことになるでしょう。

ですが、遺伝子銀行も万能ではありません。その運営には、先にも書いたように巨大な冷蔵庫を必要とするのです。もし何かのはずみで電気が失われれば、そこに保存された多量の品種は一瞬にして無に帰することになってしまいます。そんなことがおきるのか――それがおきたのです。

二〇一一年秋、タイの首都バンコクは数十年ぶりの大洪水に見舞われました。あの洪水が、タイの国が持つ遺伝子銀行を襲ったのです。タイの遺伝子銀行は、バンコク市の北二〇キロほどのところ、パトムタニ県タンヤブリという町にあるパトムタニ稲研究所の中におかれています。タンヤブリでは、

2023年度／明星高等学校(本科)

英語解答

I 問題A　1…④　2…②　3…④
問題B　No.1　②　No.2　④

II 問1　③　問2　④　問3　②
問4　①　問5　④　問6　④
問7　④　問8　②　問9　③
問10　②

III 問1　④　問2　②　問3　②
問4　④　問5　①

IV 問1　A…②　B…③　C…①
問2　②　問3　①　問4　③
問5　②　問6　④

I〔放送問題〕解説省略

II〔適語(句)選択〕

問1．price「価格」の「高い〔安い〕」は，high〔low〕で表す。expensive〔cheap〕は，「(物が)高価な〔安価な〕」を表すのでここでは不可。　「まあ，1000ドル。この自転車の値段はとても高い」

問2．take care of ～ で「～の世話をする」(≒look after ～)。　「母が留守の間，私が弟の世話をしなくてはならない」

問3．‘so ～ that＋主語＋cannot …’「とても～なので―は…できない」の形にする。　「昨日，ボブはとても疲れていたので，宿題ができなかった」

問4．‘between *A* and *B*’は「*A*と*B*の間の」。　「7月と9月の間の月は8月である」

問5．how to ～ で「～の仕方」。この‘to ～’は to不定詞なので‘～’には動詞の原形が入る。「私の両親は魚を食べるのが好きなので，私は魚の調理の仕方を知りたい」

問6．until は「～まで(ずっと)」という‘継続’を表す，「～までに」という‘期限’を表す by との違いに注意。　「雨は来週月曜日まで続くだろう」

問7．A：私は身長が165センチメートルです。兄〔弟〕は身長が180センチメートルです。／B：彼はあなたよりずっと背が高いですね。//「ずっと，はるかに」と比較級を強調するには，very ではなく much や far を用いる。

問8．文の主語を「昨日壊れた(＝壊された)ドア」という意味にする。「～された」という受け身の意味で名詞を修飾できるのは過去分詞。　「昨日壊れたドアはもう修理されている」

問9．‘leave＋目的語＋形容詞’で「～を…(の状態)にしておく」という意味を表せる。　「寒い。ドアを開けっ放しにしないでください」

問10．A：サラ，顔色が悪いよ。早く家に帰った方がいい。／B：ありがとう。そうするわ，そして，お医者さんに診てもらいます。//「医者に診てもらう」は see a doctor で表せる。

III〔整序結合〕

問1．語群中に thank がなく，kind があるので，It is kind of you to ～「～するとはあなたは親切だ」→「～してくれてありがとう」の形にする。「～を探す」は look for ～。　It's kind of you to look for my cat with me.

問2．「(私に)教えていただけますか」は Could you tell me ～ で表せる。tell の目的語に当たる「どちらのご出身か」を‘疑問詞＋主語＋動詞…’の語順の間接疑問にまとめる。　Could you tell me where you are from?

問３．「～を聞いて驚く」は be shocked to hear ～ で表せる(この to ～ は‘感情の原因’を表すto不定詞の副詞的用法)。「そんな～な…」は‘such a/an＋形容詞＋名詞’の語順になることに注意。 She'll be shocked to hear such a sad thing.

問４．‘the＋最上級＋名詞(＋that)＋主語＋have/has ever＋過去分詞’で「今までに…した中で最も～な―」を表せる。 This is the most interesting book that I've ever read.

問５．「英語だけではなくフランス語も」を主語とする受け身形の文にする。‘not only *A* but (also) *B*’「*A*だけではなく*B*も」の形を用いる。 Not only English but also French is spoken in Canada.

Ⅳ〔**長文読解総合―説明文**〕

≪全訳≫❶もしロボットによってつくられたとしたら，ピザは違う味がするだろうか。これは，いくつかのアメリカの企業が「調理ロボット」を試していると知ったときに，人々が持つ疑問である。❷カリフォルニアのZume社という企業は，ピザをつくる機械を試している。そのロボットはピザのベースをつくるために生地をカットする。／→②それから，ロボットはトマトソースやチーズ，他のトッピングをその上に載せる。／→③次に，ロボットはトッピングを載せたベースを熱したオーブンの中に入れる。／→①数分後，ピザができあがる。❸ピザは毎回同じ仕上がりである。ロボットは機敏に働き，病気にならないとZume社は言う。ロボットはお金も欲しがらない。ジュリア・コリンズはその会社の設立者で最高経営責任者(CEO)である。彼女の会社はロボットには給与を払う必要がないため，ピザをよりおいしくするために，より多くのお金を使える。「私たちは単純作業にはお金をかけません」と彼女は言う。会社の成功のために重要な問題は，(2)ピザがどんな味かということだ。❹他の食品会社もさまざまなロボットを開発している。Bistrobot社という企業はサンドイッチをつくるロボットを使う。その最初の機械はサンフランシスコのすぐ南にある小さな店にある。その機械は，今のところ，ピーナッツバター，ジャム，スパイシーチリソースのサンドイッチしかつくれない。サンドイッチの値段はそれぞれ２ドルだ。Bistrobot社のCEOであるジェイ・リパーツは，ロボットはレストランの従業員より仕事が速くコストがかからないと言う。また，ロボットが作業するのを見ているのも楽しい。❺これらの企業によると，彼らは人々がより質の高い料理をより速く得られるためのロボットを開発している。ここで，別の疑問が出てくる。ロボットは人間から仕事を取り上げるのだろうか。ケン・ゴールドバーグはカリフォルニア大学バークレー校の教授である。彼は，研究者たちは非常に長い間ロボットと一緒に仕事をし続けていると言う。ロボットは賢くなりつつあるが，人間の仕事はすぐにはなくならないと彼は考える。「私はレストランの従業員に心配する必要はないと言いたいです。彼らの持つ技能はまだまだとても必要であり続けるでしょう」と，ゴールドバーグは言った。❻アレックス・ガーデンはZume社の社長である。彼は，ロボットが小さい仕事をいくらかするようになれば，よりおもしろい仕事が人間に残されるだろうと考えている。彼はこう言った。「ロボットは，単純で退屈で危険な仕事を取り除き，本当にやりたい，わくわくする仕事を人間に与えてくれようとしています。人間がまだ見たことのない，すばらしい働き方が現れるでしょう」

問１＜**文整序**＞ロボットによるピザの製造工程を説明している部分。空所の前に，「ピザのベースをつくるために生地をカットする」とあるので，②トッピングを載せる→③オーブンに入れる→①ピザができあがる，と続ける。

問２＜英文解釈＞come out the same で「同じになる」。each time は「毎回」。ロボットがつくるピザは毎回同じ仕上がりになるということ。

問３＜適文選択＞空所前でこの会社のCEOは，「ロボットに給与を払う必要がないため，ピザをよりおいしくするためにより多くのお金を使える」と述べている。ここから，会社の成功にとって重要なのは，ピザの味であることが読み取れる。この taste は「～な味がする」という意味の動詞。

問４＜内容真偽＞①…○　第３段落第５文に一致する。　②…○　第４段落最終文に一致する。　③…×　そのような記述はない。　④…○　第５段落第１文に一致する。

問５＜適語選択＞この後に，ゴールドバーグ教授の考えとして「ロボットは賢くなりつつあるが，人間の仕事はすぐにはなくならない」と述べられている。これにつながる問いかけとなるのは「ロボットは人間から仕事を取り上げるのだろうか」。

問６＜内容真偽＞①…×　第２，３段落参照。ジュリア・コリンズのZume社はピザ調理ロボットを試している。　②…×　第４段落第２，６文参照。ジェイ・リパーツのBistrobot社はサンドイッチ調理ロボットを開発している。　③…×　第５段落参照。必要であり続けると言ったのは「ロボットの技術」ではなく「レストランの従業員の技能」である。　④…○　最終段落の内容に一致する。

数学解答

1 (1) ④　(2) ⑤　(3) ②　(4) ②
(5) ③

2 (1) ③　(2) ①　(3) ④

3 (1) ③　(2) ④　(3) ②

4 (1) ①　(2) ③　(3) ④

1 〔独立小問集合題〕

(1)＜数の計算＞与式 $=\frac{3}{4}+6\times\frac{1}{4}-\frac{1}{4}=\frac{3}{4}+\frac{6}{4}-\frac{1}{4}=\frac{8}{4}=2$

(2)＜式の計算＞与式 $=\frac{3(6x+3y)-2(-x+6y)}{6}=\frac{18x+9y+2x-12y}{6}=\frac{20x-3y}{6}$

(3)＜数の計算＞与式 $=\frac{1}{\sqrt{3^2\times2}}+\frac{\sqrt{2}}{12}-\sqrt{2^2\times2}\div\sqrt{16^2}=\frac{1}{3\sqrt{2}}+\frac{\sqrt{2}}{12}-2\sqrt{2}\div16=\frac{1\times\sqrt{2}}{3\sqrt{2}\times\sqrt{2}}+\frac{\sqrt{2}}{12}-\frac{\sqrt{2}}{8}$
$=\frac{\sqrt{2}}{6}+\frac{\sqrt{2}}{12}-\frac{\sqrt{2}}{8}=\frac{4\sqrt{2}}{24}+\frac{2\sqrt{2}}{24}-\frac{3\sqrt{2}}{24}=\frac{3\sqrt{2}}{24}=\frac{\sqrt{2}}{8}$

(4)＜連立方程式＞$\frac{x-2}{5}=2x-y+1$……㋐，$-0.3x+0.2y=0.4$……㋑とする。㋐×5より，$x-2=10x-5y+5$，$-9x+5y=7$……㋐′　㋑×10より，$-3x+2y=4$……㋑′　㋐′×2−㋑′×5でyを消去して，$-18x-(-15x)=14-20$，$-3x=-6$　$\therefore x=2$

(5)＜二次方程式＞解の公式より，$x=\frac{-8\pm\sqrt{8^2-4\times1\times3}}{2\times1}=\frac{-8\pm\sqrt{52}}{2}=\frac{-8\pm2\sqrt{13}}{2}=-4\pm\sqrt{13}$である。
≪別解≫$x^2+8x=-3$として，両辺に16をたすと，$x^2+8x+16=-3+16$，$(x+4)^2=13$，$x+4=\pm\sqrt{13}$
$\therefore x=-4\pm\sqrt{13}$

2 〔独立小問集合題〕

(1)＜数の性質＞$\sqrt{240-16n}=\sqrt{16(15-n)}=\sqrt{4^2\times(15-n)}$となり，$n$は自然数だから，$\sqrt{240-16n}$が自然数となるとき，$15-n$の値は自然数の2乗となる。$15-n$は15より小さいので，$15-n=1$，4，9である。よって，$15-n=1$より$n=14$，$15-n=4$より$n=11$，$15-n=9$より$n=6$となるから，自然数$n$は，$n=6$，11，14の3個ある。

(2)＜確率―さいころ＞大小2個のさいころを同時に投げるとき，それぞれ6通りの目の出方があるから，目の出方は全部で，$6\times6=36$(通り)ある。このうち，出た目の数の和が8の約数になるのは，目の和の最小が$1+1=2$，最大が$6+6=12$より，和が2，4，8になるときである。このような目の出方は，(大，小)＝(1，1)，(1，3)，(2，2)，(2，6)，(3，1)，(3，5)，(4，4)，(5，3)，(6，2)の9通りあるから，求める確率は$\frac{9}{36}=\frac{1}{4}$である。

(3)＜平面図形―面積＞右図のように，6点A，B，C，D，E，Fを定める。$\angle ACB=90°$，$\angle ABC=45°$より，△ABCは直角二等辺三角形だから，AC：AB＝1：$\sqrt{2}$より，$AC=\frac{1}{\sqrt{2}}AB=\frac{1}{\sqrt{2}}\times6=3\sqrt{2}$となる。また，△AEFは，$\angle AFE=90°$，$\angle AEF=60°$より，3辺の比が1：2：$\sqrt{3}$の直角三角形だから，$\angle DAC=30°$となり，△ACDも3辺の比が1：2：$\sqrt{3}$の直角三角形となる。CD：AC＝1：$\sqrt{3}$だから，$CD=\frac{1}{\sqrt{3}}AC=\frac{1}{\sqrt{3}}\times3\sqrt{2}=\sqrt{6}$となる。よって，重なっている部分の面積は，$\triangle ACD=\frac{1}{2}\times AC\times CD=\frac{1}{2}\times3\sqrt{2}\times\sqrt{6}=3\sqrt{3}$(cm²)である。

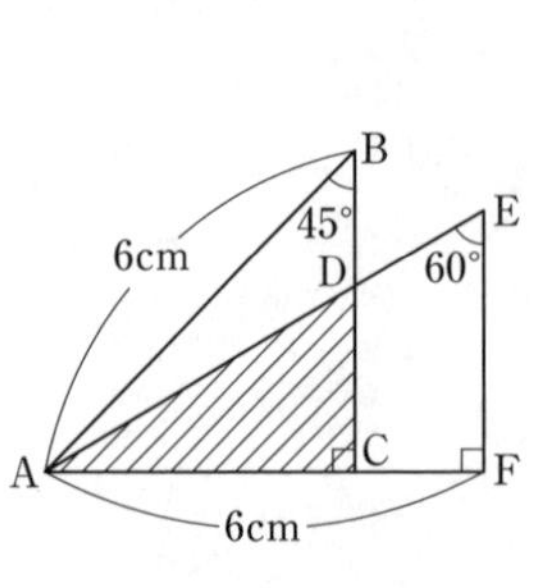

3 〔関数—関数 $y=ax^2$ と一次関数のグラフ〕

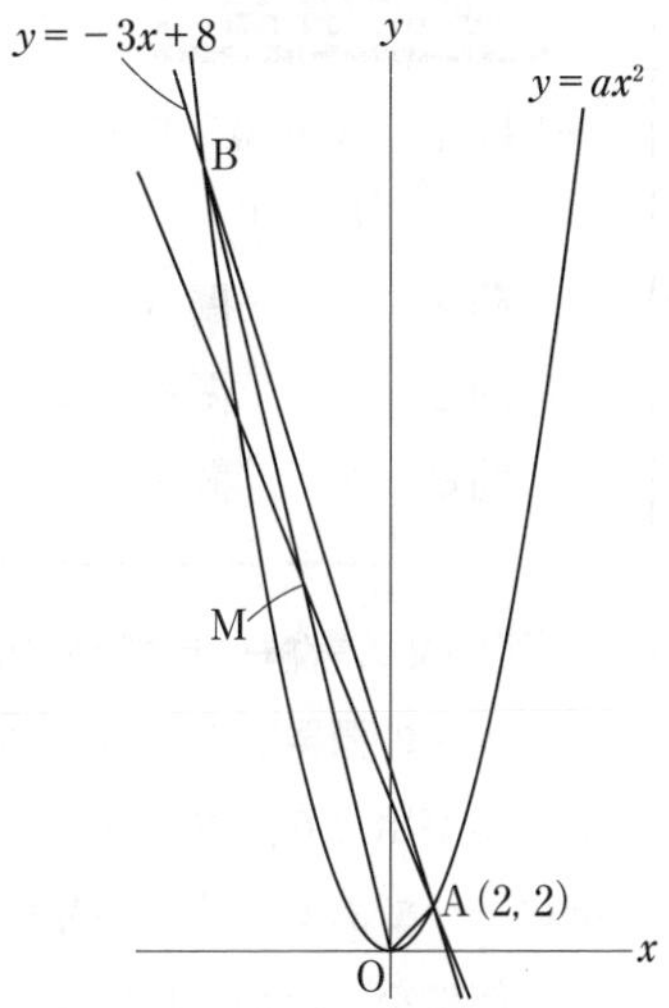

(1)**<比例定数>**右図で，放物線 $y=ax^2$ は A(2, 2) を通るので，$x=2$，$y=2$ を代入して，$2=a\times2^2$ より，$a=\frac{1}{2}$ となる。

(2)**< y 座標>**右図で，(1)より，点Bは放物線 $y=\frac{1}{2}x^2$ と直線 $y=-3x+8$ の交点だから，$\frac{1}{2}x^2=-3x+8$ より，$x^2=-6x+16$，$x^2+6x-16=0$，$(x+8)(x-2)=0$　$\therefore x=-8,\ 2$　よって，点Bの x 座標は -8 だから，y 座標は，$y=\frac{1}{2}\times(-8)^2=32$ である。

(3)**<直線の式>**右図で，点Aを通り△OABの面積を2等分する直線とOBの交点をMとすると，△OAM＝△BAMである。△OAM，△BAMはそれぞれの底辺をOM，BMと見たときの高さが等しいので，OM＝BMとなり，点Mは線分OBの中点となる。(2)より，B(−8, 32)なので，点Mの x 座標は $\frac{0+(-8)}{2}=-4$，y 座標は $\frac{0+32}{2}=16$ となり，M(−4, 16)である。A(2, 2)だから，直線AMの傾きは $\frac{2-16}{2-(-4)}=-\frac{7}{3}$ となり，その式は $y=-\frac{7}{3}x+b$ とおける。点Aを通ることより，$2=-\frac{7}{3}\times2+b$，$b=\frac{20}{3}$ となるので，求める直線の式は，$y=-\frac{7}{3}x+\frac{20}{3}$ である。

4 〔特殊・新傾向問題—規則性〕

(1)**<体積>**1番目の立体は，立方体が1個，2番目の立体は，立方体が上から1個，3個，3番目の立体は，立方体が上から1個，3個，5個積み重なった立体である。これより，4番目の立体は，立方体が上から1個，3個，5個，7個積み重なった立体となるから，立方体の個数は，$1+3+5+7=16$(個)である。1辺が1cmの立方体の体積は，$1^3=1$(cm³)だから，4番目の立体の体積は，$1\times16=16$(cm³)である。

(2)**< n の値>**(1)より，1番目，2番目，3番目，4番目の立体の立方体の個数は，それぞれ，1個，$1+3=4$(個)，$1+3+5=9$(個)，16個である。$1=1^2$，$4=2^2$，$9=3^2$，$16=4^2$ と表せるので，n 番目の立体の立方体の個数は n^2 個となり，その体積は，$1\times n^2=n^2$(cm³)となる。$44^2=1936$，$45^2=2025$ より，44番目の立体の体積が1936cm³，45番目の立体の体積が2025cm³だから，初めて体積が2023cm³を超えるのは45番目の立体であり，$n=45$ である。

(3)**< n の値>**(2)より，n 番目の立体の体積は n^2cm³であり，同様に考えると，$n+1$ 番目の立体の体積は $(n+1)^2$cm³となる。よって，n 番目の立体の体積と $n+1$ 番目の立体の体積の和が761cm³のとき，$n^2+(n+1)^2=761$ が成り立つ。これを解くと，$n^2+(n^2+2n+1)=761$，$2n^2+2n-760=0$，$n^2+n-380=0$，$(n-19)(n+20)=0$　$\therefore n=19,\ -20$　n は自然数だから，$n=19$ である。

＝読者へのメッセージ＝

3のy＝ax^2 のグラフは放物線です。放物線は，英語でパラボラ(parabola)といいます。パラボラアンテナは放物線の形を利用してつくられています。

2023年度／明星高等学校(本科)

国語解答

一　問1　A…②　B…①　C…①　D…③　E…④

問2　③　問3　④　問4　①

問5　③　問6　②　問7　④

問8　③　問9　④

二　問1　A…③　B…④　問2　①

問3　③　問4　②　問5　④

問6　④　問7　②　問8　①

問9　②　問10　②

一〔**説明文の読解―自然科学的分野―自然**〕出典；佐藤洋一郎『知ろう　食べよう　世界の米』。

≪本文の概要≫今，世界の米の品種が急速に減っている。そこで，なくなりゆく品種の種子を集める事業が始まり，フィリピンの国際稲研究所に八万点以上の品種のイネの種子が保存されているのもその一つである。イネの品種は，国境を越えて遺伝子銀行に運ばれ，かつての品種を復活させることも可能になったが，自然災害などによる突発的な停電で多量の品種が一瞬にして失われることもある。理想としては，誰もが正当な代価を払い，決まりを守って研究に使えば，種子は永久になくなることもなく，人類全体のためになるのだが，抜け駆けして不当にもうけようとする人も出てきて，その理想が実現しないこともある。このようなことが起きると，人々は遺伝子銀行を信用しなくなり，多くの資源を持っていた途上国の人々には，資源を提供させられただけで，その恩恵は先進国の一部の研究機関が独占し，自分たちには何の見返りもなかったと受け止める人も多い。

問1＜漢字＞A．「郊外」と書く。①は「効能」，②は「近郊」，③は「公共」，④は「工業」。　B．「実証」と書く。①は「証明」，②は「詳細」，③は「保障」，④は「表彰」。　C．「被害」と書く。①は「被(って)」，②は「避(けて)」，③は「疲(れた)」，④は「比(べる)」。　D．「露見」と書く。①は「道路」，②は「風呂」，③は「露地」，④は「原子炉」。　E．「増殖」と書く。①は「移植」，②は「修飾」，③は「接触」，④は「養殖」。

問2＜文章内容＞「低温」と「乾燥」の条件を与えれば，種子の寿命はぐんと伸びるため，「種子はマイナス一〇度よりも低温の部屋に，乾燥剤とともに保存されて」いる。

問3＜慣用句＞「右に出る～はない」は，それに匹敵するものがないほど優れている，という意味。

問4＜ことわざ＞「蛙の子は蛙」は，小さい頃は親とは違った個性を見せても，子は結局親に似ていくものであることのたとえ。「鳶が鷹を生む」は，平凡な親が優れた子を生むことのたとえ。「同じ穴のむじな」は，一見すると関係がないように見えても，実は同類であることのたとえ。「獅子の子落とし」は，自分の子にわざと厳しい試練を与え，その能力を試すことのたとえ。

問5＜文章内容＞「膨大な開発費をかけた」新品種の米を，「大々的に宣伝しようと」するのは，「開発者の人情」からいっても「経済原理からいっても自然なこと」である。

問6＜文章内容＞「種子はマイナス一〇度よりも低温の部屋に，乾燥剤とともに保存され」ていなければ「発芽能力は失われ」てしまうので，研究所や遺伝子銀行でのイネの種子の保存には「巨大な冷蔵庫を必要」とする。しかし，「もし何かのはずみで電気が失われ」てしまうと，冷蔵庫に「保存された多量の品種は一瞬にして無に帰することになって」しまうのである。

問7＜文章内容＞「遺伝子銀行の種子は，研究目的」でなら「必要な手続きを経ればだれでも正当に持ち出すこと」ができるので，「みなが正当な代価を払い，決まりをまもって研究に使えば人類全体のためになる」のである。しかし，「抜け駆けをしたり悪知恵を働かせて不当に儲けようとする人」が出てくるため，タイの農家の人々は，遺伝子銀行の種子を国際稲研究所に預けなければよかったと思っている。

問8＜文章内容＞「遺伝子銀行の種子は，研究目的ならば，そして必要な手続きを経ればだれでも正当に持ち出すこと」ができるという規則をつくっているので，「みなが正当な代価を払い，決まりをまもって研究に使えば人類全体のためになる」はずである。しかし，実際には，「抜け駆けをしたり悪知恵を働かせて不当に儲けようとする人が出て」くるため，「遺伝子銀行に集めた種子」を「人類共通の資産」にしようという理想は，なかなか実現しないのである。

問9＜文章内容＞遺伝子銀行は，そこに集めて保存されたイネの種子を「人類共通の資産」にしようという理想を持っているが，保存できるのは，現在「なくなりゆく品種の種子」であって，「絶滅してしまった野生種の標本」はつくっていない(④…×)。

二〔**小説の読解**〕出典；よしもとばなな『癒しの豆スープ』。

問1＜語句＞A．「肩すかし」は，意気込んで向かってくる相手の勢いをうまくそらすこと。　**B．**「昔気質」は，古くから伝わるものを頑固に守り通そうとする気風のこと。

問2＜文章内容＞「咲ちゃん，あんたは作れないの？」ときく近所の人たちは，咲が亡《な》くなった祖父母に代わって無料でスープを出してくれることを「あてにしちゃって」いたので，咲が婉曲に断ると，「な～んだ，あんたはやっぱりなにもくれる気がないのか」という失望を見せた。

問3＜文章内容＞「ただ欲しがる人たち」に囲まれても「いやな顔ひとつせずに無料でスープを出し続けた祖父母」は，「なにも人に押しつけないところだけがふたりの共通項」といえるほど，「こわいくらいなにも人に押しつけないふたり」であった。豆スープの無料配布も，自分たちのできるだけの数量を，自分たちにできる範囲の提供の仕方で，最後までやりぬいた人たちだった。

問4＜文章内容＞咲が豆スープを無料で配布してくれないことを知ると，近所の人たちは，「子どもが新しく買ったおもちゃをすぐに壊してしまってがっかりしていらいらしている」気持ちを抑えきれずに言動に出してしまうように，「ちょっと失望した顔」を表に出して帰っていった。咲は，無料でもらえる豆スープを「ただ欲しがる人たち」が見せる，「欲しい，というコンタクトレンズをはめたように，他のことは見えなくなってしまい，少しでも多くもらいたいと思う」自己中心的な側面を，敏感に感じ取っていたのである。

問5＜文章内容＞「祖母の手がまるでぼろぞうきんみたいにがさがさになって，血が出てばんそうこうをして」いたり，「鍋を運んでくる祖父が足を引きずって」いたりしながらも，祖父母は，「月曜日に材料を買ってきて，仕込みをして，火曜日から金曜日まで煮込み続けて，土日に配る」という手間暇をかけて，豆スープを近所の人に無料配布し続けていた。「時間があるときボランティアで手伝ってくれる人たちもいた」ため，咲は，祖父母のスープ配布を，「教会で無料の食事を配っているときの健全で静かな雰囲気」に近いと感じていた。

問6＜文章内容＞「すごく昔気質のまじめな人」だと，みんなに思われていた祖母は，「『なんでも心をこめて手でやります』みたいなタイプ」だと世間には思い込まれていたが，意外にもそうではなく，便利な「電化製品は大歓迎」という合理主義的な側面を持っていた。

問7＜文章内容＞祖母は，自分に食洗器を贈ることを思いついてくれた，息子の嫁であって実の娘ではない母のことを，「智子さんはほんとうの娘だよ」と言って喜び，それを聞いた母は「少女みたい」に照れていた。咲は，食洗器で洗われた食器を拭いていると，祖母と母との間の温かい心のつながりを共有できるような思いがするのであった。

問8＜文章内容＞祖父母の配る無料の豆スープを，「おいしい，嬉《うれ》しい，ありがとう」と喜んでもくれ，「よかったらこれ受けとって」とささやかなお礼を差し出す人もいたことから，咲は，近所の人たちのことを薄情だとは思っていなかった。しかし，そんな人たちでも，「豆スープがほしい」という「コンタクトレンズをはめたように，他のことは見えなくなって」しまって，「祖母の手がまるでぼろぞうきんみたいにがさがさになって，血が出てばんそうこうをしているのに」気づかなかったり，「鍋を運んでくる祖父が足を引きずっていても」手伝いはしなかったりしていた。そして咲は，「それをなんとも思わないでいられる，あるいは目に入らない，あるいは見てみぬ振りをする，人間の鈍感さ。あるいはずるさ」を，こわいと思ったのである。

問9＜心情＞咲は，「豆スープを手に持ってほっこりとした笑顔になる人たちを見ると，涙が出そうに」なり，「それだからやめられない，人間を，豆スープを」という思いに至るような，「くめどもつきない愛のかけら」を味わいたいと思った。そして同時に，「他のことは見えなくなってしまい，少しでも多くもらいたい」と思い，「スープくらいのことならこういう面を見せてもいいだろう」と考える，「善良な人々に潜む小さな悪魔」のような存在も，味わいたい気持ちになった。

問10＜主題＞「こわいくらいなにも人に押しつけないふたりだった」祖父母は，咲にもやはり何も押しつけなかったが，自分たちが，無料の豆スープを近所の人たちに配り続ける姿と，それを飲みにくる人々の姿，豆スープに関わるさまざまな人々のあり方を見ることで，咲が大切なことを自ら学び取っていくことを願っていたと思われる。しかし，本文中には祖父母のそのような願いは明記されておらず，祖父母の寡黙で実直な人柄が描かれることで，読者に祖父母の思いが間接的に伝わるように書かれている。

＝読者へのメッセージ＝

イネは本来温帯～熱帯で生息する植物です。現在の日本で，新潟県，北海道，秋田県といった緯度の高い都道府県が米の収穫量で上位の地域となっているのは，寒冷地に強いイネを生み出そうとした研究の成果といえます。

2023年度 明星高等学校（MGS）

【英　語】（50分）〈満点：100点〉

Ⅰ　二人の人物による対話を聞き、それに関する質問の答えとして最も適切なものを、それぞれ選択肢１～４から一つずつ選び、番号で答えなさい。対話は１回しか読まれません。

No. 1
1. At a hotel.
2. At an art museum.
3. At a restaurant.
4. At a clothing store.

No. 2
1. Three.
2. Five.
3. Eight.
4. Eleven.

No. 3
1. At 10:00.
2. At 10:10.
3. At 10:15.
4. At 10:30.

No. 4
1. Sunny.
2. Cloudy.
3. Rainy.
4. Windy.

Ⅱ　二人の人物によるアナウンスを聞き、それに関する二つの質問の答えとして最も適切なものを、それぞれ選択肢１～４から一つずつ選び、番号で答えなさい。対話は２回読まれます。

Question No. 1

1. Send them an e-mail.
2. Call the tennis club.
3. Check their website.
4. Bring your own racket.

Question No. 2

1. 20
2. 35
3. 40
4. 70

Ⅲ　あなたは、空港のアナウンスをメモを取りながら聞いています。次のメモの空所（ ア ）～（ エ ）には適切な数字や英語を入れ、メモを完成させなさい。ただし、（ ウ ）には２語入れること。数字は算用数字を用いて記入しなさい。英文は２回読まれます。

=MEMO=

Flight 110 to London : not to leave at (ア) p.m.

the airport is (イ) now

waiting for the weather to (ウ) (ウ)

New Announcement: at around (エ) p.m.

※　リスニングテスト放送文は，英語の問題の終わりに付けてあります。

IV　以下の英文を読んで、あとの各問に答えなさい。

Saving water

We need it to drink, wash, cook and flush the toilet. (　A　) need it to grow our food. (　B　) need it to make the products (and their packaging) that we buy. (　C　) need it to produce the energy we use. Yes - it's water! And we use it a lot every day.

No problem! – there's a lot of water on our planet.

True! But did you know that we can't use ①most of it? That's because it's salt water (in seas and oceans) or freshwater which is ice or in the ground. In total, we can use less than 1 percent of all the water on the planet!

So why is it a problem now?

Well, the world's population is increasing really fast, so more and more people are using water, and more and more water is being used to make food, products and energy for those people! And ②we mustn't forget the fact that climate change and pollution are making the situation worse. We're starting to use more water than our planet can give us.　It means that one day, (　③　). So let's start saving water now!

Did you know?

・Up to 2,700 liters of water are needed to produce one T-shirt, and up to 12,760 liters for one smartphone!
・Coal, gas and nuclear power plants all use (　④　) to produce our energy.
・By 2050, the amount of water we use will be 55 per cent (　⑤　) than in 2000!

Seven ways to save water

1. Turn off the tap. ⑥ [the water / running / leave / don't / doesn't]　when you're not using it, for example when you're brushing your teeth.
2. Don't play with water. It's fun but it wastes a lot of water.
3. Take a shower, not a bath. Baths use more water than showers. But try not to spend more than (　⑦　) in the shower!
4. Water plants carefully. Don't water them (　⑧　). Morning or evening is better.
5. Don't (　⑨　) food. If you make a meal, don't make too much, or eat the rest the next day!
6. Don't (　⑨　) products. Reduce, reuse, recycle instead! Reduce the number of plastic bags you get. Reuse things like boxes and bottles. Recycle instead of throwing in the bin!
7. Don't (　⑨　) energy. For example, turn off the lights when you leave a room.

⑩What other ways can you think of?

問1　(　A　)～(　C　)に当てはまるものの組み合わせとして最も適切なものを選択肢ア～エから1つ選び、記号で答えなさい。

ア．A: Factories　　B: Farmers　　C: Power stations
イ．A: Factories　　B: Power stations　　C: Farmers
ウ．A: Farmers　　B: Factories　　C: Power stations
エ．A: Farmers　　B: Power stations　　C: Factories

問2　下線部①に含まれないものを選択肢ア～エから1つ選び、記号で答えなさい。

ア．海水　　イ．蒸留水　　ウ．氷河　　エ．地底深くの水

問3　下線部②を日本語に直しなさい。

問4　(　③　)に入る英語を選択肢ア～エから1つ選び、記号で答えなさい。

ア．we will have enough
イ．we may have enough
ウ．we may not have enough
エ．we don't need to have enough

問5　(　④　)～(　⑤　)に入る語（1語）をそれぞれ本文中から書き抜きなさい。

問6　[　⑥　]の語（句）を並べ替えて意味のとおる英文にしなさい。ただし、不要な語（句）が1つある。また、文頭に来る語も小文字で示してある。

問7　(　⑦　)に当てはまる最も適切な語句を選択肢ア～エから1つ選び、記号で答えなさい。

ア．two people　　イ．five minutes　　ウ．seven times　　エ．ten percent

問8　(　⑧　)に入る英語を選択肢ア～エから1つ選び、記号で答えなさい。

ア．when it is raining
イ．when the sun is strong
ウ．when the water is dirty
エ．when the plants are young

問9　(　⑨　)に共通して入る語（1語）を本文中から探し、適切な形に変えて書きなさい。

問10　下線部⑩の質問に対するあなた自身の具体例を1つ、10～15 語の英文1文で書きなさい。なお、句読点は語数に含めない。

V　以下の英文を読んで、あとの各問に答えなさい。
（*印の付いている語（句）には、本文のあとに［注］がある）

Alice was beginning to feel tired. She and her sister were sitting under the trees. Her sister was reading, but Alice had nothing to do. Once or twice she looked into her sister's book, but it had no pictures or conversations in it.

"It's a waste of time reading a book," thought Alice, "without pictures or conversations?"

She tried to think of something to do, but it was a hot day and she felt very sleepy and couldn't think clearly and correctly. She was still sitting and thinking when suddenly a White Rabbit with pink eyes ran by her.

There was nothing really strange about seeing a rabbit. And ①Alice was not very surprised when the Rabbit said, "Oh dear! Oh dear! I will be late! (Perhaps it was a little strange, but under the summer sun, she was not surprised.)

But then the Rabbit took a watch out of its pocket, looked at it, and hurried on. Alice became interested and stood up very quickly.

"I've never seen a rabbit with a pocket, or with a watch to take out of it," she thought. And she ran quickly across the field after the Rabbit without thinking about anything. ②She did not stop to think, and as soon as the Rabbit ran down a large rabbit hole, Alice followed it.

After a little while the rabbit hole suddenly went down, deep into the ground. Alice could not stop herself falling, and she went down, too.

It was a strange hole. Alice was falling very slowly, and she had (　③　) to think and to look around her. She could see nothing below her because it was so dark. But when she looked at the sides of the hole, she could see *cupboards and books and pictures on the walls. She had (　③　) to take things out of a cupboard, look at them, and then put them back in a cupboard lower down.

"Well!" thought Alice. "④After a fall like this, I can fall anywhere! I can fall downstairs at home, and I won't cry or say a word about it!"

Down, down, down. "How far have I fallen now?" Alice said aloud to herself. "Perhaps I'm near the center of the earth. Let me think . . . That's seven kilometers down." (Alice was very good at her school lessons and could remember a lot of things like this.)

Down, down, down. "Will I stop falling?" Alice thought. She was almost asleep when, suddenly, she was sitting on the ground. She stood up quickly and looked around. She could see the White Rabbit, who was hurrying away and still talking to himself.

Alice ran after him like the wind. ⑤She [ア. turned　イ. near　ウ. he　エ. when　オ. was　カ. him　キ. getting] a corner. Alice ran round the corner too, and then stopped. She was now in a long, dark room which had doors all round the room, and she could not see the White Rabbit anywhere.

She tried to open the doors, but they were all locked. "How can I get out again?" she thought sadly. Then she saw a little glass table with three legs, and on the top of it was a very small golden key. Alice quickly took the key and tried it in all the locks, but either the locks were too big, or the key was too small. She could not open any of the doors.

Then she saw a (　⑥　) door. The lock was just the size of the key. The little golden key unlocked the door easily this time, but of course Alice could not get through it—she was much too (ア). So she put herself in a flat position on the floor and looked through the open door into a beautiful garden with green trees and bright flowers.

Poor Alice was very happy. "What a wonderful garden!" she said to herself. "I'd like to go (イ) there—not in this dark room. Why can't I get smaller?" It was already a very strange day, and Alice was beginning to think that anything was possible.

After a while she locked the door again, got up and went back to the glass table. She put the key down and then she saw a little bottle on the table ("I'm sure (⑦) here before," said Alice). Around the neck of the bottle was a piece of paper with the words DRINK ME in large letters.

But Alice was a careful girl. "It can be (ウ) to drink out of strange bottles," she said. "I shouldn't drink it because I don't know (エ) is in it." But she was too interested to stop it. She drank a little bit very slowly. The taste was very nice, like chocolate and oranges and hot sweet coffee, and very soon Alice finished the bottle.

注　cupboard 戸棚

問1　下線部①に「アリスはあまり驚かなかった」とあるが、その理由を「ふつうは～だが」という書き出しで、80字程度の日本語で述べなさい。ただし、句読点を含むものとする。

問2　下線部②が表す意味として最も適切なものを選択肢ア～エから1つ選び、記号で答えなさい。

ア．彼女は考え続けた。
イ．彼女はできるだけ想像しないようにした。
ウ．彼女は立ち止まって考えることはなかった。
エ．彼女は想像することを止めないようにした。

問3　(③)に当てはまる共通の1語を選択肢ア～エから1つ選び、記号で答えなさい。

ア．a pocket　　イ．a watch　　ウ．nothing　　エ．time

問4　下線部④のように Alice が言ったときの彼女の気持ちを表しているものを選択肢ア～エから1つ選び、記号で答えなさい。

ア．こんな不思議な穴に落ちたあとでは、どんな場所で落っこちてもへっちゃらだ。
イ．こんなひどい落ち方をしたので、もうどんな場所でも落っこちたりすることはない。
ウ．これだけ暗い穴に落ちたので、家の階段くらいではもう落っこちたりすることはない。
エ．こんなにゆっくり穴に落ちた後では、他のどこで落っこちても泣く暇もないくらいの速さに感じるだろう。

問5　下線部⑤の［　］内の語を並べ替えて意味のとおる英文を作るとき、2番目と5番目に来る語の記号をそれぞれ答えなさい。

問6　(　⑥　)に当てはまる最も適切な語を選択肢ア～エから1つ選び、記号で答えなさい。

ア．bigger　　イ．smaller　　ウ．taller　　エ．wider

問7　(　ア　)～(　エ　)に当てはまる語を文脈から判断し、それぞれ1語答えなさい。

問8　(　⑦　)に当てはまる最も適切な語句を選択肢ア～エから1つ選び、記号で答えなさい。

ア．it was　　イ．it wasn't　　ウ．I've never been　　エ．I've ever seen it

＜リスニングテスト放送文＞

これからリスニングテストを行います。問題用紙の１ページを見なさい。

リスニングテストはすべて放送による指示で行います。

問題用紙の余白にメモを取ってもかまいません。

答えはすべて解答用紙に書きなさい。

3秒ポーズ

(女性)大問１ **(1 秒ポーズ)** 二人の人物による対話文を聞いて、それに関する質問の答えとして最も適当なものを、それぞれ選択肢１～４から一つずつ選び、番号で答えなさい。**対話は１回しか読まれません**。

(男性) **No.1**

W: This green one looks good on you.

M: Thanks, but I'm looking for one in a different color.

W: OK. How about this blue one?

M: Good, but it looks small for me. Do you have a bigger one?

W: Sure.　I think this one will fit you all right.

(男性) Question: Where are the man and the woman having this conversation?

10秒ポーズ

(男性) **No.2**

M: How many eggs do we need?

W: Well, we need three for cakes and two for pies.

M: Hmm… I don't think two isn't enough for pies.　We'll make big ones, you know?

W: You're right. Then, five for pies, not two.

M: OK.

(男性) Question: How many eggs do they need?

(男性) **No.3**

W: We are going to see a movie tomorrow. What time does it start?

M: It starts at 10:30.

W: OK. Then, why don't we meet at 10:15 at the entrance?

M: Well, I would like to buy some popcorn and drink, so why don't we meet 30 minutes before it starts.

W: Good! Don't be late!

(男性) Question: What time will they meet tomorrow?

(男性) **No.4**

W: It's very cold today. Is it going to rain?

M: Well, the weather forecast says that it will be sunny this afternoon.

W: That's good. How about this weekend? We are planning to have a picnic.

M: Well, it says that it will be cloudy on Friday and Saturday but we may have some rain after that.

W: OK. Then, we can go on a picnic on Saturday.

(男性) Question: How will the weather be on Sunday?

10 秒ポーズ

(女性)**次の問題へ移ります。**

(女性)大問２ **(1 秒ポーズ)** 二人の人物によるアナウンスを聞き、それに関する二つの質問の答えとして最も適当なものを、それぞれ選択肢１～４から一つずつ選び、番号で答えなさい。**対話は２回読まれます**。

[Ringtone]

W: Hi, we are ABC tennis club. We are looking for new members.

M: Are you interested in tennis? If so, why don't you join us?

W: If you want to know more about our club, please check our website.

M: Yes, we're having trial lessons on April 5, 8, and 10. Beginners are welcome. You don't have to bring a racket with you because you can borrow one. If you want to take a lesson, please send us an e-mail first.

W: We practice every Wednesday and Saturday. We have 15 players in the beginners' group and 20 players in the higher level group now. We have five coaches in each group.

M: You can make many new friends and play tennis with them.

W: We are waiting for you.

(男性)Question No. 1: If you want to take a trial lesson, what do you have to do first?

10 秒ポーズ

(男性)Question No. 2: How many players does ABC tennis club have now?

(女性)**繰り返します。**

[Ringtone]

W: Hi, we are ABC tennis club. We are looking for new members.

M: Are you interested in tennis? If so, why don't you join us?

W: If you want to know more about our club, please check our website.

M: Yes, we're having trial lessons on April 5, 8, and 10. Beginners are welcome. You don't have to bring a racket with you because you can borrow one. If you want to take a lesson, please send us an e-mail first.

W: We practice every Wednesday and Saturday. We have 15 players in the beginners' group and 20 players in the higher level group now. We have five coaches in each group.

M: You can make many new friends and play tennis with them.

W: We are waiting for you.

(男性)Question No. 1: If you want to take a trial lesson, what do you have to do first?

10秒ポーズ

(男性)Question No. 2: How many players does ABC tennis club have now?

10秒ポーズ

(女性)**次の問題へ移ります。**

(女性)大問３ **(1秒ポーズ)** あなたは、空港のアナウンスをメモを取りながら聞いています。次のメモの空所（ ア ）から（ ウ ）には適当な英語を１語ずつ、（ エ ）には数字を入れて、メモを完成させなさい。数字は、算用数字を用いて記入すること。**英文は２回読まれます**。

Flight 110 leaving for London at 6:35 pm is going to leave later than the scheduled time because the London airport is closed for bad weather at the moment.　We're waiting for the weather to get better and we will make a new announcement around 7:05 pm.　We're sorry for the delay and thank you for waiting.

10秒ポーズ

(女性)繰り返します。

Flight 110 leaving for London at 6:35 pm is going to leave later than the scheduled time because the London airport is closed for bad weather at the moment.　We're waiting for the weather to get better and we will make a new announcement around 7:05 pm.　We're sorry for the delay and thank you for waiting.

10秒ポーズ

(女性)以上でリスニング問題は終了です。大問４以降へ進みなさい。

【数　学】（50分）〈満点：100点〉

1　次の各問いに答えなさい。

(1)　$0.99\times\left(-\frac{2}{3}\right)^3+\frac{1}{3}\div\left(-\frac{1}{2}\right)^2$ を計算しなさい。

(2)　$\left\{\left(\frac{x}{3}\right)^2\div\left(-\frac{xy}{4}\right)-\frac{x}{3}\times\frac{2}{y}\right\}\times\frac{3}{x}$ を計算しなさい。

(3)　$(\sqrt{54}-\sqrt{96})\times\left(\frac{2}{\sqrt{3}}-\sqrt{\frac{3}{2}}\right)$ を計算しなさい。

(4)　連立方程式 $x+5=3x+2y-1=2x-3y-6$ を解きなさい。

(5)　2 次方程式 $(x-5)^2-5=4(x-5)$ を解きなさい。

2 次の各問いに答えなさい。

(1) xについての2次方程式 $x^2+ax-12=0$ の1つの解が -3 のとき，a の値を求めよ。また，他の解を求めなさい。

(2) 原価60円の商品が100個ある。これを定価200円で販売していたが，売れ残ったので，定価の20％引きで販売したところ売り切れた。このとき，利益が11200円であった。定価で売れた商品の個数を求めなさい。

(3) 長方形ABCDがある。図のように線分BCを3：4に分ける点をE，線分CDを1：2に分ける点をFとする。また，線分BDと線分AEの交点をP，線分BDと線分AFの交点をQとする。このとき，線分の長さの比BD：PQを最も簡単な整数の比で表しなさい。

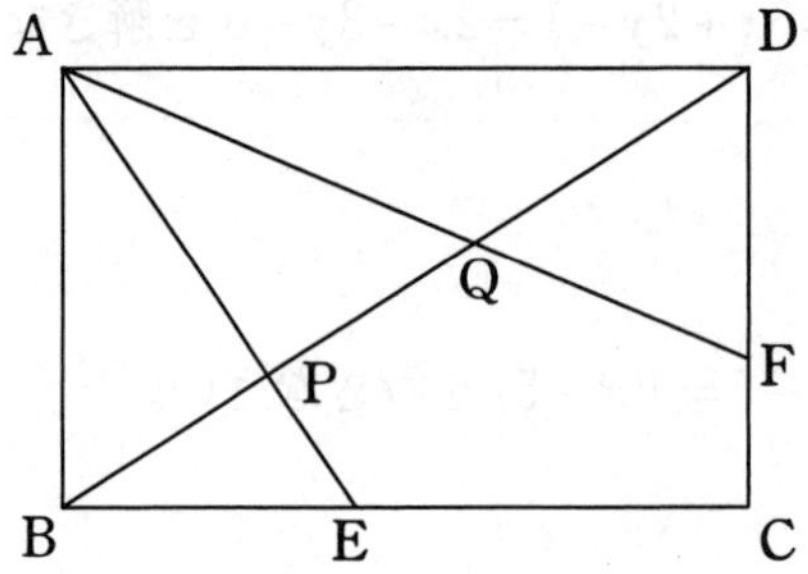

3 下の図のように，放物線 $y=ax^2$ と直線 $y=\frac{1}{2}x+1$ が2点A，Bで交わっている。

ただし，a は正の数である。点Aの x 座標は -1 である。また，放物線上に点Pを点Aと点Bの間にとり，△AOBと△APBの面積が等しくなるようにする。

このとき，次の各問いに答えなさい。

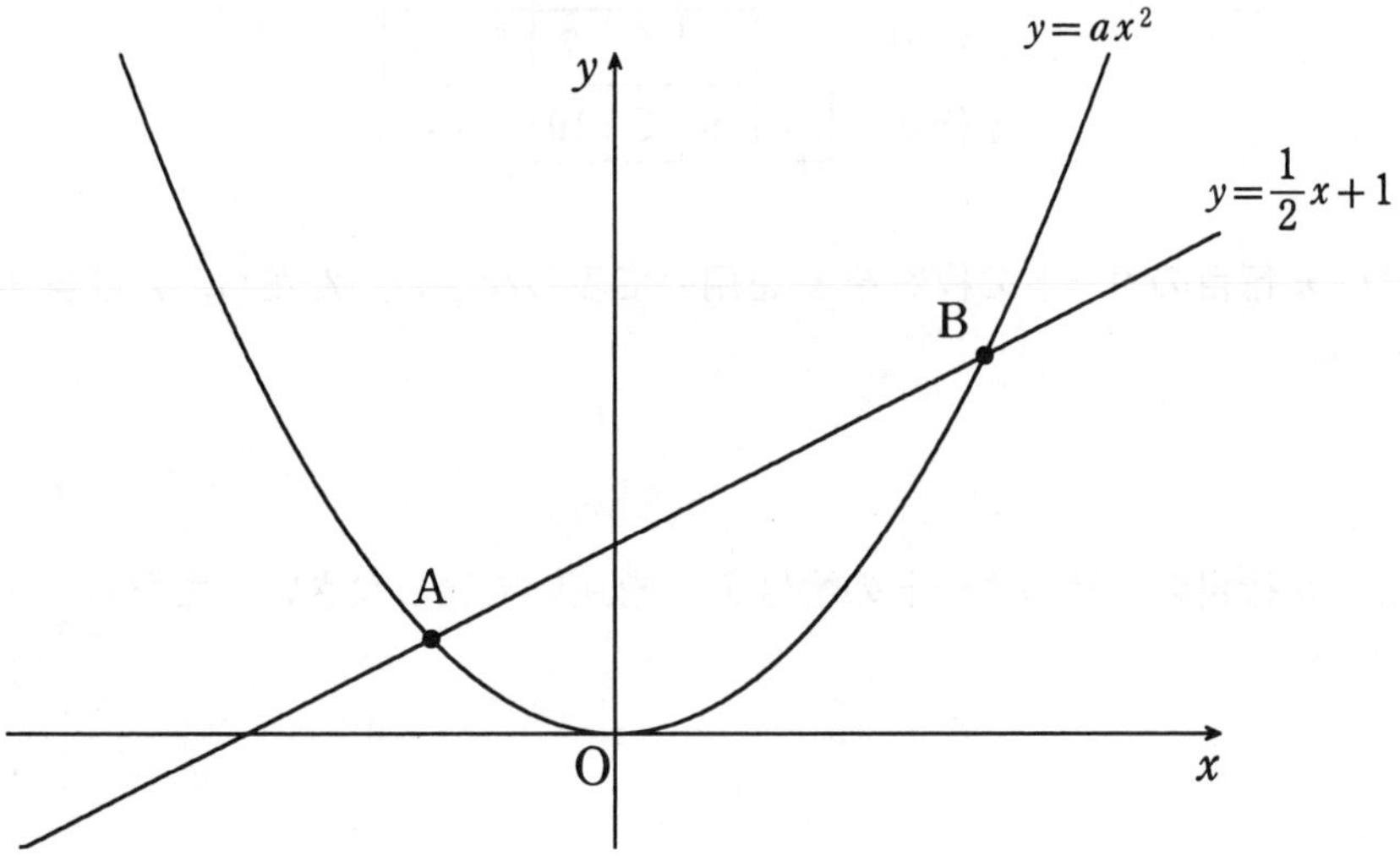

(1) a の値を求めなさい。

(2) 点Pの座標を求めなさい。

(3) 点Pから直線ABに引いた垂線と直線ABの交点をQとするとき，線分PQの長さを求めなさい。

(4) △APBを直線ABを中心に1回転してできる立体の体積を求めなさい。
ただし，円周率は π とする。

4 自然数が1つずつ書かれたカードをある規則にしたがって，下の図のように並べる。
このとき，次の各問いに答えなさい。

1行目				1		
2行目			3	4	5	
3行目		5	6	7	8	9
4行目	7	8	9	10	……	

(1) n 行目のカードの枚数を n を用いて表しなさい。ただし，n は自然数とする。

(2) n 行目の右端のカードの番号を n を用いて表しなさい。ただし，n は自然数とする。

(3) 番号30が書かれたカードの枚数を求めなさい。

5 下の図のような三角柱 ABC−DEF があり，3 辺 AD，BE，CF はそれぞれ上面 ABC と底面 DEF に垂直である。また，上面 ABC は正三角形であり，AD＝BE＝CF＝ 8 cm である。AD の中点を M とし，3 点 C，E，M を通る平面でこの三角柱を切断したとき，∠CME＝120° であった。このとき，次の各問いに答えなさい。

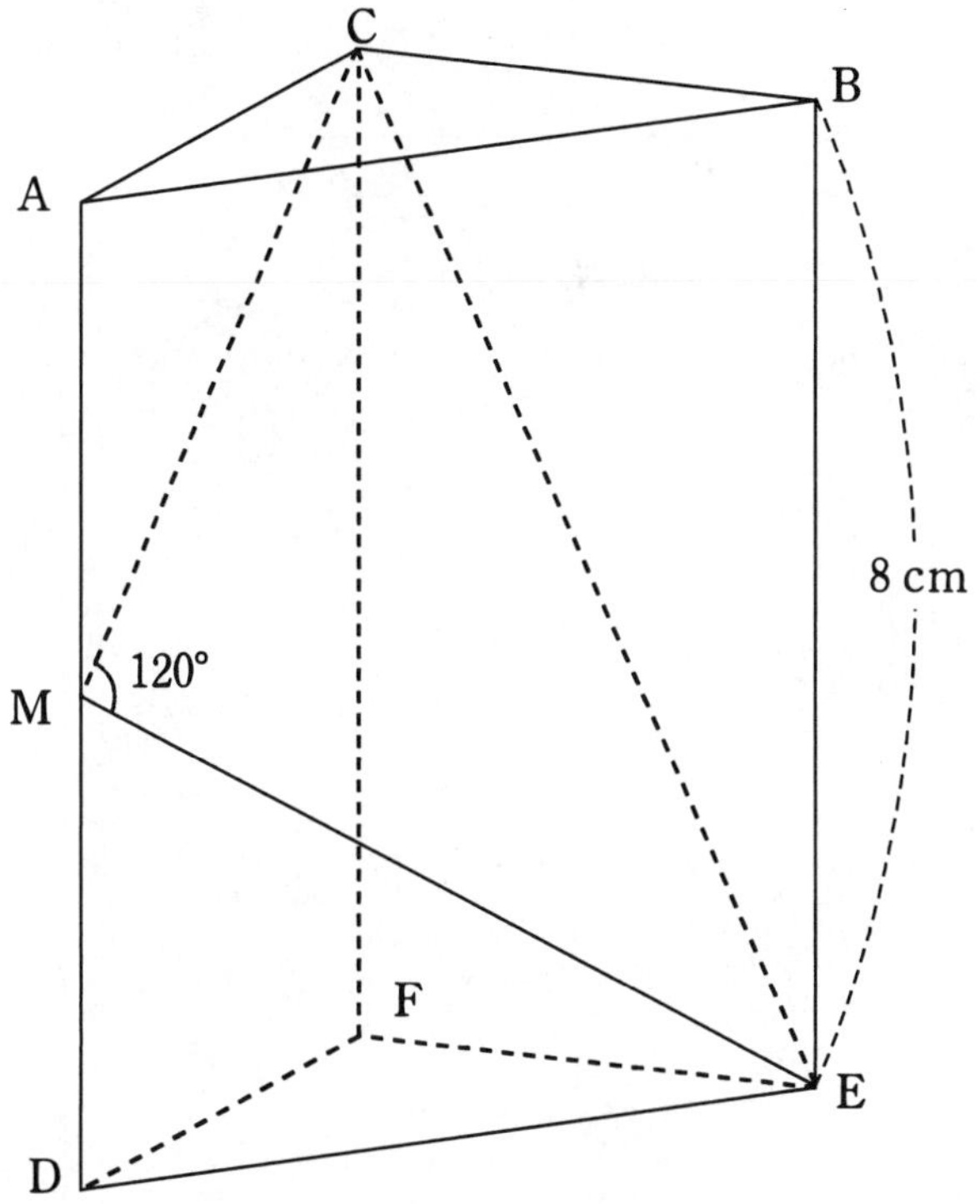

(1) ∠MEC の大きさを求めなさい。

(2) 正三角形 ABC の 1 辺の長さを求めなさい。

(3) 切断してできた立体のうち，頂点 D を含む立体の体積を求めなさい。

問5 傍線部⑤「引き抜きて箱に収めて、夜明けて後ぞ挿し侍りつる」とありますが、これについて説明した次の文の空欄を正しく埋めなさい。ただし、**A**は二十字以内、**B**は十五字以内で書き、**C**は後の**ア**～**エ**のうちから最も適当なものを一つ選びなさい。

童がこのようにしたのは［**A**］ためであったが、これでは［**B**］ので、［**C**］であり、入道が笑ってしまう原因になっている。

ア 我田引水
イ 一長一短
ウ 因果応報
エ 本末転倒

問2　傍線部②「より」と同じ働きをしているものを、次のア～エのうちから一つ選びなさい。

ア　橋を八つ渡せるによりてなむ、八橋《やつはし》といひける。

イ　暁《あかつき》より雨降れば、同じ所に泊まれり。

ウ　その人、かたちよりは心なむ勝りたりける。

エ　ある時思ひ立ちて、ただひとり徒歩《かち》より詣《まう》でけり。

問3　傍線部③「咎め」とありますが、これは誰が、誰を咎めることを言っているのですか。最も適当なものを、次のア～エのうちから一つ選びなさい。

ア　入道が、童を

イ　入道が、子供を

ウ　童が、入道を

エ　童が、子供を

問4　傍線部④「したり顔に、袖かき合せて」とありますが、これはどのような様子を表していますか。最も適当なものを、次のア～エのうちから一つ選びなさい。

ア　真剣な様子。

イ　心配そうな様子。

ウ　得意げな様子。

エ　恥ずかしそうな様子。

四　次の文章を読んで後の問いに答えなさい。（なお、句読点や記号も一字に数えます。）

某《なにがし》の入道《にふだう》といふ人あり。人の許《もと》より、柳のおろし枝*1を貰《もら》ひて、「これ、庭に挿《さ》して、生《おほ》し立てばや*2」とて、使ひける童《わらは》に言ひつけて、垣《かき》のあたりに挿させつ。さて、「子供等《こどもなど》入《い》り来て、抜きもぞする、①よく守りてをあれ」と言ひつけ置きぬ。童、その日②より、簀子《すのこ》*3に机持《もい》て出でて、手習《てならひ》しつつ、柳守り居《を》り。七日ばかり過《すご》して、入道庭に下りたちて、「この柳、子供や抜きなまし*4、と思ひつるを、さもせざりけり。怠らず、守りけるかひあり」とて、童を褒《ほ》めけり。「さるにても、夜《よ》の間《ま》に、子供の入り来て、引き抜かむには、知りて③咎《とが》めむやうもあらじを。かしこくも、夜入り来ざりけるよ」といへば、童、④したり顔に、袖《そで》かき合《あは》せて、「さにて侍《はべ》り。夜の間に抜き取られむには、守りつるかひなしと、思ひたまへて*5、例*6も初夜《しよや》*7過ぎぬれば、⑤引き抜きて箱に収めて、夜明けて後ぞ挿し侍りつる」と言ふに、入道もあきれて大口ひろげ、歯むき出して笑はれけりとか。

（『しみのすみか物語』による）

（注）＊1　柳のおろし枝……柳の切り落とした枝。地面に挿して根付かせる。
＊2　ばや……願望を表す。〜したい。
＊3　簀子……縁側。
＊4　子供や抜きなまし……子どもが抜いてしまうだろうか。
＊5　思ひたまへて……思いまして。
＊6　例も……いつも。
＊7　初夜……午後八時ごろ。

問1　傍線部①「よく守りてをあれ」とありますが、どのような意味ですか。最も適当なものを、次のア〜エのうちから一つ選びなさい。

ア　柳についてよく勉強しろ。
イ　柳の枝をよく見張っておけ。
ウ　柳のことを大切に世話しろ。
エ　柳の様子をよく観察しておけ。

問3　傍線部②「人目を気にすることの不都合な面」とありますが、それはどのようなことですか。最も適当なものを、次のア～エのうちから一つ選びなさい。

ア　他人が見ているかいないかで言動を変えるようになり、そのような二面性を持つ自分を自分で否定してしまうこと。

イ　自分なりの考えや思いがあっても他人に遠慮して口に出せず、後でそれを思い出してくよくよ思い悩んでしまうこと。

ウ　緊張してうまく振る舞えないというストレスに加えて、自分自身に否定的な評価をして劣等感を抱いてしまうこと。

エ　思いどおりに行動できないというストレスを感じ、さらに自分自身をストレスをぶつける対象にしてしまうこと。

問4　空欄 [A] ～ [D] に入る語を、次のア～キのうちからそれぞれ一つ選びなさい。ただし、同じものを二度以上用いないものとします。

ア　積極　　**イ**　消極　　**ウ**　絶対　　**エ**　相対　　**オ**　独創　　**カ**　規範　　**キ**　自動

問5　傍線部③「思春期にいる人たちは、劣っている点ばかりがひどく重要なことのように思います」とありますが、それはなぜですか。六十字以内で説明しなさい。

問6　次のア～カの説明のうち、本文の趣旨に合うものを**すべて**選びなさい。

ア　ある態度や行動が社会的に受け入れられるかどうかは、その人の年齢や成長段階によって変化する場合がある。

イ　思春期には人前に出ると緊張して思い通りに行動できないことがあるが、大人になればそういったストレスはなくなる。

ウ　容姿や能力について自分と他人とをくらべても何の意味もないので、意識してそのような比較をやめるべきである。

エ　思春期には自分の欠点から目を背けがちであるが、努力することでその欠点を改善していこうとする姿勢が大切だ。

オ　苦手や得意といった自分の特徴は自分一人だけでわかるものではなく、他者と比較する中で理解されるものだ。

カ　自信をなくしたり萎縮したりすることは誰にでもあるが、劣等感だけにとらわれず気分を切り替えていくのがよい。

を知りたいと思うとき、私たちは周囲にいる人たちと自分を比較します。ある子どもは、あるとき、友達と競走するとたいてい自分が勝つことに気づいて、「自分は走るのが得意なんだ」という認識を持ちます。初対面の人と友達が平気で話をしている様子を見て、「自分はこうはできないな」と一種の自己認識を形成します。走力にしても社交性にしても、［C］的基準があるわけではありません。人と比較して、自分の特徴がわかります。

［11］いろいろな面で私たちは社会的比較をしています。その結果、人より劣っている点だけでなく優れている点も見つかるはずですが、既に述べたように、私たちは、劣っている点の方に意識が向かう傾向があります。優れた点を「よかった」と素直に喜ぶことができれば、劣っている点があったとしても、精神的に安定しますが、③思春期にいる人たちは、劣っている点ばかりがひどく重要なことのように思います。良い点を伸ばしていこうと前向きな気持ちになれればいいのですが、時には、劣等感の方に負けて、行動が萎縮してしまうこともあります。

［12］「人から笑われるのではないか」とおびえて、［D］的になるとか、「頑張ったって、どうせ無理だ」と投げやりな気持ちになってしまう子どももいます。こうした気持ちは、誰にでも起こりますが、たいていは一時的なもので、何か良いことをきっかけに前向きの気持ちになったり、友達や家族とおしゃべりしているうちに、萎縮した気分が晴れたりするものです。

（大渕憲一『思春期のこころ』による　出題の都合で一部改変）

（注）＊軋轢……葛藤《かっとう》や争い。

問1　本文からは、次の一文が抜けており、いずれかの段落の末尾に入ります。どの段落の末尾に入れるのが最も適当ですか。段落番号で答えなさい。

脱落文　ですから、好都合か不都合かといった評価が伴うのはむしろ当然のことです。

問2　傍線部①「中庸」と同じ内容を表す部分を、本文中から十字以内で抜き出して答えなさい。

6 私たちは、実は何に対してもそうなのですが、ものを見るときには、ただ単に見るということはしません。ほとんど常に、「良い」とか「悪い」とかの評価をしながら見ます。この原稿を書いている今、研究室から窓の外を見ると、仙台は昨夜来の大雪で、キャンパスは雪に覆われています。青葉山の樹木が白い雪に覆われ、それが日差しを浴びて輝いています。こうした光景を見ると「美しいなあ」という気持ちが生じます。目を下に転じて、通路や駐車場が雪に埋もれているのを見ると、「帰りは苦労しそうだ、嫌だな」という気持ちになります。何を見ても、私たちの心にはこうした「好ましい」「好ましくない」といった評価が自動的に生じます。評価しようと意識しなくても、自然にそうなります。もともと、人間が見たり聞いたりするという心のはたらき（知覚といいますが）は、私たちが環境に適応するために必要な情報を収集するためのものです。

7 こうした評価が自己を対象とした場合にも生じます。私たちは、自分の容姿、能力、性格などを振り返るときに、自動的に評価をしています。「この点はよい」「これは苦手なところだ」などです。評価ですから、良い点も悪い点もあるはずなのですが、不思議なことに、自己評価となると私たちは自分の悪い点、至らない点に目を向けがちです。「もっと目が大きかったら」「もう少し足が速かったら」「もう少し社交的だったら」と、自分の欠けている点、不足している点に目が向き、不備な点を拡大してしまいます。その結果、自己評価は否定的になりがちです。ビデオに映った自分の姿は気恥ずかしくて見られないと言う人が多いでしょう。録音された自分の声を聞くのも、余り心地よいものではありません。自分を対象化することに不快感が伴うことが多いのは、良い点よりも悪い点に目が向くせいです。これは、どうしてなのでしょうか。

8 一つは、私たちがいつでも、人に対して良い印象を与えたい、自分の優れた点を認めてほしいといった願望（認知欲求といいます）を持っているせいです。これがあるために、かえって自分について批判的に見るということをしてしまいます。もう一つの理由は、「こうありたい」とか「ああなりたい」といった向上心です。これを自己理想と呼んでいますが、これがあるから、私たちは「今よりも、もっと上手になろう」とか「もう少し頑張ろう」という前向きの意欲を持つことができます。自分に満足してしまったら、努力することがなくなり、進歩も止まってしまうでしょう。特に青年期は、学業でもスポーツでも、あるいは人格面でも、努力すればそれだけ成果が上がる時期です。心身ともに柔軟で、集中力も高いので、最も伸びる可能性を秘めた時期だといえます。自己批判的な姿勢は、[A]的な行動と結びつけば、子どもたちの進歩や成長を促す原動力にもなります。

9 自意識は、人を[B]的にし、また、自己批判を強めることによって、更なる努力を促します。しかし、自意識がいつでもこうした建設的なはたらきをするわけではありません。自己否定的な気持ちが強すぎると、強い劣等感や引け目を感じ、むしろ意欲をなくしてしまうこともあります。大人から見れば、些細《ささい》なことでくよくよしたり、小さな問題でひどく落ち込んだりする子がいます。容貌、容姿が人と少し違うといって悩みます。勉強ができない、スポーツが苦手といって劣等感を持ちます。

10 私たちには、もともと、人と自分を比較するという習性があります。専門家はこれを「社会的比較」と呼んでいます。自分の能力や魅力、価値など

三　次の文章を読んで、後の問いに答えなさい。（なお、句読点や記号も一字に数えます。）

1　自分のやりたいこと、好きなことをしほうだいといった傍若無人な態度では、周囲の人たちとの＊軋轢《あつれき》が頻繁に生じ、どこでもトラブルばかり起こすことになってしまうでしょう。小さい子どものうちは、わがままな行為も「天真爛漫《らんまん》、子どもらしい」といって受け入れられるかもしれませんが、中学生ともなれば、そうはいきません。あちこちに、守るべき約束事が増えてくるからです。学校では、勉強をしたり、部活をする。家では、体も大きくなったから、遊んでばかりでなく、手伝いもして欲しいと親は思うでしょう。友達づき合いだって、自分勝手ではうまくいかないでしょう。人付き合いや社会の約束事を守らないと、周りから排斥され、何事もうまくいかなくなります。だから、思春期に人目を気にするようになるということは、子どもが大人社会に入っていく際に、規範的態度や行動を身につける上で、有益にはたらく心の持ち方なんだろうと思います。

2　ただし、次に述べるように、あまり人目を気にしすぎること、強い自意識は思春期の子どもたちを苦しめるものともなります。思春期は、子ども時代の自己中心性が残っているので、みんなが自分を見ているように思い、強い自意識にとらわれがちです。青年期もあとになれば、そんなことはないということに気づくようになり、自意識も緩みます。発達とは、本来そうなのでしょうが、ある性質（この場合には規範性というもの）を形成するために、子どもの心や行動は、一時期、その方向に極端に振れ、しばらくすると回帰してきて、バランスの良いところに落ち着くという、行きつ戻りつの行程を経て進んでいくものだろうと思います。しかし、中には、極端に振れたままで、その状態が固定され、なかなか①中庸《ちゅうよう》に戻ってこないというケースもあります。それが思春期のトラブルの一因となります。

3　②人目を気にすることの不都合な面は、当人にとって重荷であることです。大人でもそうですが、人前に出ると自由に振る舞えなくなったり、思ったことを言えなくなります。変なことをして、人に笑われないかと心配するからです。個人差はありますが、自意識によるこうした自己抑制は一般に若い人ほど強く、人前では堅くなりがちです。思春期は特にそれが強く、家族や友達以外の人に向かっては、緊張してきちんとものが言えないという中学生もいます。

4　こうした自己抑制は精神的に負担なもので、誰でも多かれ少なかれストレスと感じます。大人でも職場から帰宅し、人目から解放されると「ほっ」とするものです。人目にさらされたり、人目を気にすることによって経験されるこのストレスにはふたつの側面があります。一つは、今述べたように、緊張する、思い通り行動できないといった拘束感です。これは誰もが経験するもので、比較的軽いストレスといってよいでしょう。

5　人目がもたらすもっと本質的で、ある場合には深刻な状態を招く別の問題があります。それは自己に対する否定的な評価です。人目を気にすると私たちは自意識を強めますが、これは、自己を対象化してみる心の状態です。

問5　傍線部④「言葉があふれ出した」とありますが、それはなぜだと考えられますか。その説明として最も適当なものを、次のア～エのうちから一つ選びなさい。

ア　家族の絵はこうあるべきと決めつけ、理由も言わずに学校に呼び出した年下の担任に抗議したかったから。
イ　家族のあいだでは何の問題もないと思っているのに、家庭に問題があるかのように話す担任に腹が立ったから。
ウ　息子の問題は親の忙しさが原因であるとして、自分を責めようとする担任の考えに納得がいかなかったから。
エ　息子の一枚の絵を根拠に、担任から自分たち家族のあり方までも否定されているようで我慢できなかったから。

問6　傍線部⑤「この玄関に散らばった靴みたいな、そんな家族の記憶」とありますが、それはどのようなものだと考えられますか。五十字以内で説明しなさい。

問7　本文の「私」に関する説明として最も適当なものを、次のア～エのうちから一つ選びなさい。

ア　本文の中に夫が登場していないことから、子育てに参加しない夫に「私」が困っている様子が読み取れる。
イ　「私」が洗い流している「ごぼうの泥」は、父と母に対する「私」のわだかまりの象徴だと考えられる。
ウ　「私」は小さな頃からの息子の絵の描き方を把握しており、そこには親としての愛情の深さがうかがえる。
エ　担任との面談を機に「私」の心境は変化しており、今後は息子に怒鳴ったりすることはないと推察できる。

問2 傍線部①「ずいぶん人相の悪いおばさんがこっちをにらんでいやがる」とありますが、この時の「私」の心情はどのようなものだと考えられますか。その説明として最も適当なものを、次のア～エのうちから一つ選びなさい。

ア 家事に追われて忙しい日々を送り、家庭にも嫌気が差している。

イ 人間関係が面倒になって、何もかも投げ出したくなっている。

ウ 単調な日常に飽き飽きし、非日常感を味わいたいと望んでいる。

エ 夫や息子に対する愛情が薄れ、自暴自棄な気分になっている。

問3 傍線部②「私はつぶやくように言って」とありますが、そのような言い方をしたのはなぜだと考えられますか。その説明として最も適当なものを、次のア～エのうちから一つ選びなさい。

ア 泣きそうになっている息子の目を見て、自分の親と同じように過剰に厳しく接したことを反省したから。

イ 自分の親のように子どもから嫌われないためには、不満があっても我慢するしかないのだと気付いたから。

ウ 自分が子供の頃に親を嫌って同じような目をしていたことを思い出し、何とも言えない気持ちになったから。

エ にらんできた息子の目が今の自分とそっくりで、息子も自分も親に対する感謝を忘れていると思ったから。

問4 傍線部③「それがどうしようもなく今の私であり、これがどうしようもなく今の私の家庭である」とありますが、ここでの「私」の心情はどのようなものだと考えられますか。その説明として最も適当なものを、次のア～エのうちから一つ選びなさい。

ア 気がつくといつのまにか自分が嫌だと思っていたものが再現されてしまっていることを、淡々と受け止めようとしている。

イ 自分もそうだったので、子どもが親を嫌ったり好きになれなかったりするのは無理のないことだと自分に言い聞かせている。

ウ 子どもの頃に自分が思い描いていたようにはならなかったが、理想と現実は違うと割り切って気持ちを前向きに切りかえている。

エ かつて抱いていた理想とは違ってしまったけれども、かけがえのない大切なものとして現在の家族を肯定しようとしている。

私は大きくうなずいて言った。担任に、ではなく、私自身に向けて。

（角田光代『Presents』による）

（注）＊　ファッショ……全体主義的で、他人を統制しようとすること。

問1　二重傍線部**A**・**B**の本文中における意味として最も適当なものを、次の各群のア～エのうちから、それぞれ一つ選びなさい。

A「雷」

ア　くよくよ後悔すること

イ　嫌になって現実逃避すること

ウ　何も考えられなくなること

エ　怒ってがみがみ叱責《しっせき》すること

B「呆気にとられて」

ア　身動きできずに

イ　驚きあきれて

ウ　何も言えずに

エ　こわがって

しかし、なんでこの絵で呼び出しがくるのかと不思議に思ったとき、「家族というテーマで生徒たちに描かせたんです」担任は重々しく言う。はあ、と相づちをうつと、担任は続けた。「家族の顔を描かなかったのは、サスケくんだけなんです。それで、ちょっと心配になりまして。なんというか、靴だけというのが、寒々しいような印象を受けたものですから」

私はじっと担任をにらみつける。彼が言葉を切るのを待って、口を開く。冷静に、理性的に対応するはずが、口を開いたとたん、よくふった炭酸水の栓を抜いたみたいに、④言葉があふれ出した。

「何が寒々しいんですか。立派な絵じゃないですか。みんなおんなじ絵を描けばそれでいいっていうんですか。そんなの欺瞞《ぎまん》だし*ファッショだわ。これ、すてきな絵だと思う。サスケはよく描いた。寒々しいなんて、あなたが家族の靴に寒々しい経験しか持ってないからよ、よく見てごらんなさいよ、ママの靴、パパの靴、ぼくの靴、これは一昨年《おととし》まで履いていた靴よ、ねえ、玄関にこうして家族の靴が並んでいるのってすばらしいことだと思わない？　寒々しいなんてとんでもない、ちゃんと体温のある絵だわよ。この絵を見ただけで何人家族か、どんな生活なのか、玄関の戸を開けるとどんなにおいがするか、わかるじゃない」

担任はB呆気《あっけ》にとられて私を見ていた。私が身を乗り出して機関銃のようにしゃべりだしたからではなくて、きっと、いきなり私が泣き出したからだろう。泣きながらも話しやめなかったからだろう。

ねえ。この絵を見ただけでどんな家なのかがわかるじゃない。両親は忙しくて、毎日独楽《こま》みたいに動きまわっていて、それでも、ちゃんとしたいって、子どもにちゃんとしてあげたいって思ってる。思い通りにいかないから、ときどきいらいらもする。この靴みたいなのよ。あっちに飛んだりひっくり返ったり、おたがいにふんづけあったりして、でもごちゃごちゃといっしょにいる。

話しているうち、私は思い出していた。酒屋の店舗と隣接した実家の、あのわさわさとした雰囲気を。夕ごはんどきになると、母は酒屋を抜け出して大急ぎで料理をした。父やアルバイトが母を呼びにきて、いつも料理は中断された。学校帰りに店の入り口から入ると、父に叱られた。それでも父は、私がレジカウンターに座るのを好んでいた。看板娘だと平気で言った。父らしいことのできない父だったし、母らしいことのできない母だった、けれど彼らはやっぱり、どうしようもなく父だったし母だった。彼らが亡くなったときに私があれだけ泣いたのは、好きになれなかったからではない、もう二度と、二度と永遠に、私の育ったあの家の玄関に、家族の靴が散乱することはないと知ったからだ。嫌うことも好きになることも喧嘩《けんか》をすることも仲なおりをすることも、二度とあり得ないからだ。そして彼らをかわいそうだと思うことなんかなかったのだ、彼らにも、きっと⑤この玄関に散らばった靴みたいな、そんな家族の記憶があったに違いないのだから。

「いい絵だわ」私は子どものように手の甲で涙をごしごし拭《ぬぐ》い、つぶやく。「これ以上すばらしい家族の絵なんてない」

作しようとするのか。そう思った。一時期、父とも母とも口をきかなかった。

サスケはきっと私のことが嫌いだろう。ごぼうの泥を洗い流しながら私は思う。成長するにつれてもっともっと嫌いになるだろう。夫に浮気をしているのかとこわくて訊《き》けないくせに、靴を並べろなんて馬鹿みたいなことばかり言い立てる。いつかサスケも、子どものころの私みたいに口をきいてくれなくなるだろう。

「サスケ」カウンターキッチンから顔を出し、テレビに見入っている彼の名前を呼んでみる。テレビに見入っているサスケは気づかない。ほんのりと赤みのさしたまるい頬《ほお》だけが、私の位置から見える。


私の父は私が二十歳のときに、私の母は私がサスケを産む直前に亡くなった。思春期のころよりだいぶ和《やわ》らいでいたが、それでも私は父と母を好きにはなれなかった。父も母もいなくなってしまったとき、私はサスケが入った大きな腹を抱えて泣いた。体が干《ひ》からびてしまうんじゃないかと思うくらい泣いた。彼らの死がかなしかったというよりも、彼らを好きになるチャンスがついぞ一度も訪れず、この先も訪れることはない、そのことがどうしようもなくかなしかった。そうして、父と母をかわいそうだと心の底から思った。娘から好かれることなく、いなくなってしまった人たち。

私の理想は、だから子どもの私が欲していたものだ。父たる父と母たる母、嫌われることのない彼ら、笑い声とぬくもりと、家族であるという実感。けれど気がつけば、仕事からの帰り道、ものすごい形相《ぎょうそう》でスーパーを駆けずりまわり、おなかを空《す》かせた子どもを玄関に呼びつけて靴がどうのと叱《しか》っている。③それがどうしようもなく今の私であり、これがどうしようもなく今の私の家庭である。


またもや仕事を中断し、暗い気持ちで学校へ向かう。呼び出しがあったのだ。またサスケが何かやらかしたにちがいない。

生徒たちは下校していて、学校は静かだった。だれもいない教室で、サスケの担任教師と向かい合う。私より年下の、ポロシャツを着た男性がサスケの担任だ。窓から空が見える。もう九月だというのに、真夏のように入道雲が出ている。

「お話というのはですね」と、担任は机の上に画用紙を広げる。そこに目を落とした私は、あっ、と大きく声を出しそうになる。サスケが描いた絵だと、すぐわかる。水彩画なのに、油絵みたいに絵の具をたっぷり使うのだ。下手っぴだけど、へんな力強さがある、サスケはちいさなときからそんな絵を描く。そうして、目の前の画用紙に描かれているのは、靴。玄関先に並んだ靴だ。私のサンダル、ズック。夫の革靴とスニーカー。サスケの運動靴、サッカーシューズ、もう履けない二年前のスニーカー。それらがごちゃごちゃと重なり合い、ひっくり返り、ふんづけあっている。まさに我が家の玄関。私の毎日のＡ雷のもと。

二　次の文章は角田光代の小説『Presents』の一節で、「私」は夫と十一歳の息子サスケと三人で暮らしています。これを読んで、後の問いに答えなさい。
（なお、句読点や記号も一字に数えます。）

夕方のスーパーは混んでいる。買いものかごを腕にかけ、私は小走りに棚《たな》から棚へと移動する。シチュウを作ろうと思っていたけれどとてもそんな余裕はない、いいやもう冷凍のコロッケで。サラダも作らなきゃ、あとは根菜のおかずも必要だ。お米が切れていた、それに醤油《しょうゆ》も。それらを入れるとかごは一気に重くなる。幾度も人にぶつかり、謝ったり相手をにらんだりしながら、壁の時計に目を這《は》わす。山のように品物の詰まった買いものかごをレジカウンターにのせる。①ずいぶん人相の悪いおばさんがこっちをにらんでいやがる、と思ったら、レジの奥にある鏡に私が映っていただけだった。

二つに分けて持った荷物を、ひいひい言いながら運ぶ。汗がだらだらと流れ落ちる。シャツがおもしろいように背中に貼りつく。ああもう、荷物全部投げ出して大声で泣いてしまいたい。好きなだけ泣いたら、財布だけ持って逃げるんだ。遠く遠く、米をとがないでよく、時計をいちいち確認しなくてもいい南の島に一目散に逃げるんだ。夫もサスケも置いて。

玄関を開け、がっかりする。また靴《くつ》がぐちゃぐちゃになっている。三人家族なのに、十足近い靴が出しっぱなしになっていて、それらが入り乱れている。玄関先はきれいにしておかないと幸福が入ってこないって、風水の占い師が言っているから、きちんとするように何百回と注意しているのに。

「ちょっとサスケー！」玄関先で私は怒鳴る。リビングのドアからサスケが顔を出し、

「もうおれ、チョー腹減った」不満げな声を出す。

「ちょっとこっちにきなさいよ！」私はさらに声をはりあげる。サスケはのろのろと廊下を歩いて玄関にくる。

「これ！何度言ったらわかるの！靴をちゃんとしなさいって言ってるでしょう、履《は》かない靴はちゃんとしまいなさい、履くぶんだけ出しておいて、それできちんと揃《そろ》えて」

サスケが、ちら、と私を見、私は言葉を飲みこむ。その目が、なんというかあまりにも見覚えのあるものだったから。もういいわ。②私はつぶやくように言って、部屋に上がる。スーパーの袋を引きずるようにして台所へいく。小言《こごと》を免れたサスケは、ちらちらとこちらをうかがいながらテレビの前に座りこむ。

私もあんな目で自分の父や母を見ていた。私の実家は酒屋で、父も母も、いつもせわしなく働いていた。家にいないくせに、私にはやたらと厳しかった。食事中に肘《ひじ》をつくと叩《たた》かれたし、ソファに寝そべるとだらしがないと言われた。ソファでも背筋を伸ばしていなきゃならない家なんて最悪だ、と私は思っていた。思春期になると、父と母を嫌うようになった。父らしいこと、母らしいことなんか何ひとつしないくせに、なぜ私をロボットみたいに操

二〇二三年度
明星高等学校（ＭＧＳ）

【国　語】〈五〇分〉〈満点：一〇〇点〉

一　次の傍線部について、カタカナを漢字に、漢字をひらがなに改めなさい。

①　大は小をカねる。
②　病院で精密ケンサを受ける。
③　不安がシダイに大きくなる。
④　機械化によってコウリツを上げる。
⑤　不要なファイルをサクジョする。
⑥　組織のカンブを集めて緊急の会議を開く。
⑦　彼は研究者として著しいコウセキを残した。
⑧　ＳＤＧｓを絡めた文化祭の企画を考える。
⑨　足を止めてその絵を凝視していた。
⑩　枝葉末節にこだわって本質を見失う。

2023年度／明星高等学校（ＭＧＳ）

英語解答

Ⅰ No. 1　4　No. 2　3　No. 3　1
No. 4　3

Ⅱ No. 1　1　No. 2　2

Ⅲ ア　6:35　イ　closed
ウ　get better　エ　7:05

Ⅳ 問1　ウ　問2　イ
問3　私たちは，気候変動や（環境）汚染が状況を悪化させているという事実を忘れてはいけない。
問4　ウ
問5　④　water　⑤　more
問6　Don't leave the water running
問7　イ　問8　イ　問9　waste
問10　（例1）Make a poster to ask my friends to save water.
（例2）Use SNS to help other people understand the importance of saving water.

Ⅴ 問1　（例）（ふつうは）ウサギが言葉を話すのを聞けば驚くの（だが），この日は暑かったうえにアリスは眠くもなってきたため頭が働かず，きちんと物事を考えることができなくなっていたから。（80字）
問2　ウ　問3　エ　問4　ア
問5　2番目…キ　5番目…エ
問6　イ
問7　ア　big　イ　out
ウ　dangerous〔bad〕
エ　what
問8　イ

数学解答

1 (1)　$\frac{26}{25}$　(2)　$-\frac{10}{3y}$　(3)　$3-2\sqrt{2}$
(4)　$x=5$，$y=-2$　(5)　$x=4$，10

2 (1)　$a=-1$，他の解…$x=4$
(2)　30個　(3)　10：3

3 (1)　$\frac{1}{2}$　(2)　$\left(1,\ \frac{1}{2}\right)$　(3)　$\frac{2\sqrt{5}}{5}$
(4)　$\frac{2\sqrt{5}}{5}\pi$

4 (1)　$2n-1$ 枚　(2)　$4n-3$
(3)　7枚

5 (1)　30°　(2)　$2\sqrt{2}$ cm
(3)　$8\sqrt{3}$ cm^3

国語解答

一 ① 兼　② 検査　③ 次第
④ 効率　⑤ 削除　⑥ 幹部
⑦ 功績　⑧ から　⑨ ぎょうし
⑩ しよう

二 問１　A…エ　B…イ　問２　ア
問３　ウ　問４　ア　問５　エ
問６　良いことばかりでなくぶつかることはあっても，家族として一緒に過ごし，確かな愛情を感じられるもの。(48字)
問７　ウ

三 問１　6
問２　バランスの良いところ
問３　ウ
問４　A…ア　B…カ　C…ウ　D…イ
問５　他者に対して良い印象を与えて優れた点を認められたいという願望と，自分を今より向上させたいという自己理想があるから。(57字)
問６　ア，オ，カ

四 問１　イ　問２　イ　問３　エ
問４　ウ
問５　A　近所の子供たちに引き抜かれないようにする
B　柳が根を張ることができない
C…エ

Memo

2022年度 明星高等学校（本科）

【英　語】（40分）〈満点：100点〉

1　リスニング問題です。放送で聞こえてくる質問の答えとして最も適切なものを①～④の中から一つ選び、番号をマークしなさい。

【問題A】（選択肢はすべて放送されます。）

対話文1　　1

①

②

③

④

対話文2　　2

①

②

③

④

対話文3　　3

①

②

③

④

【問題B】

Question1　　4

①　How to learn about nature.　　②　How to help the Earth.

③　How to make our own bag.　　④　How to throw away garbage.

Question2　　5

①　We can get a new plastic bag.　　②　We can go shopping with our own bag.

③　We can recycle a plastic bottle.　　④　We can use paper bags.

（編集部注：放送文は未公表のため掲載してありません。）

Ⅱ 次の空欄に入れるのに最も適切なものを、①～④の中から一つ選び、番号をマークしなさい。

問1 The car is very (　　), so Paul can't buy it. [6]

① cheap　② expensive
③ high　④ useful

問2 My brother is a photographer. He (　　) all of these pictures. [7]

① caught　② drew
③ painted　④ took

問3 Helen woke up so (　　) that she could catch the first train. [8]

① early　② loudly
③ quietly　④ slowly

問4 What is the (　　) between Japanese curry and Indian curry? [9]

① choice　② difference
③ opinion　④ plan

問5 A: Have you finished (　　) the report? [10]

B: No, not yet.

① write　② wrote
③ writing　④ to write

問6 I was playing the piano (　　) my mother called me. [11]

① during　② from
③ when　④ that

問7 Jane likes country life (　　) city life, so she is thinking about moving. [12]

① any more　② better than
③ much more　④ well as

問8 The movie (　　) in 2000 is very popular with people around the world. [13]

① made　② making
③ to make　④ was made

問9　My father said to me, “(　　).”　　14

①　Clean the room to keep　　②　Clean to keep the room

③　Keep clean the room　　④　Keep the room clean

問10　A: Excuse me, but where is the National Park?　　15

B: After getting off the bus, you have to walk (　　) the river for a few minutes.

①　above　　②　ahead

③　along　　④　in

Ⅲ

次の日本文の意味を表すように【　】内の語(句)を適切な順に並びかえるとき、**3番目と6番目に来るものの組み合わせ**を①～④の中から一つ選び、番号をマークしなさい。ただし、【　】の中では、文頭にくる語も小文字で示してある。

問1　あの箱は重すぎて私には持てない。　　16

【 for / heavy / hold / is / me / that box / to / too 】.

①　3番目：heavy　　6番目：for

②　3番目：heavy　　6番目：me

③　3番目：too　　6番目：for

④　3番目：too　　6番目：me

問2　どうやって動物園へ行けるか知っていますか。　　17

【 can / do / get to / how / know / the zoo / you / we 】?

①　3番目：know　　6番目：can

②　3番目：know　　6番目：we

③　3番目：you　　6番目：can

④　3番目：you　　6番目：we

問3　図書館の前で会いましょうか。　　18

【 front / in / meet / of / shall / the library / we 】?

①　3番目：meet　　6番目：front

②　3番目：meet　　6番目：of

③　3番目：we　　6番目：front

④　3番目：we　　6番目：of

問4　その男性はたくさんの子どもを助けた医者です。　19

【 a doctor / helped / is / many children / the man / who 】.

① 3番目：a doctor　6番目：helped

② 3番目：a doctor　6番目：many children

③ 3番目：is　6番目：helped

④ 3番目：is　6番目：many children

問5　もし興味があれば、あなたにこの本をあげます。　20

I 【 give / if / interested / this book / will / you / you're 】.

① 3番目：this book　6番目：will

② 3番目：this book　6番目：you're

③ 3番目：you　6番目：will

④ 3番目：you　6番目：you're

Ⅳ　次の英文を読んで、問いに答えなさい。

1 Elephants are strong and gentle at the same time. In Thailand, they are symbols of power and peace. Elephants are also a very important part of Thailand's history. Many years ago, they did important work: they helped the Thai people get wood from their forests.

2 Today, the Thai people want to keep the trees in their forests. They cut down only a few trees. Some elephants still work in the forests because the forests are in the mountains. Trucks and machines cannot go up the mountains, but elephants can. Men cut down the trees, and the elephants pick up the trees. Then, the elephants carry the trees to the river. The trees float down the river to other men. The men cut the trees into pieces of wood.

3 In the past, the Thai people cut down a lot of trees. They needed a lot of elephants to work in the forests to help them. (ア) Special people trained the elephants for many years 【 do / them / this / to / to teach / work 】. Each elephant had its own trainer, or *mahout*. A *mahout* spent his life with the same elephant. Fathers wanted their sons to be *mahouts*, too. *Mahouts* bought baby elephants for their sons. First, the baby elephant stayed with its mother. When the elephant was three years old, it lived with the boy. The boy and the elephant grew up together. The boy took care of the elephant. They learned a lot about each other.

4 A *mahout* trained, fed, and took care of his elephant. This was a difficult job. An elephant eats 250 kilos of plants and drinks 300 liters of water every day! It trained every day for six hours. The elephant got used to the *mahout*. It remembered the *mahout's* voice and

smell. It understood its *mahout's* words and (イ) obeyed him. It did not obey other *mahouts*. The *mahout* trained the elephant for twenty years. At age twenty, the elephant began to work. They stopped working at age around fifty-five — like people.

[5] Today, some elephants and *mahouts* still do this type of work, but most of them do not. Instead, they work with tourists. Millions of people visit Thailand every year. Many of these visitors want to see elephants and take rides on them. So, the elephants are still important in Thailand, and the Thai people are still very (ウ) (　　　) of their elephants.

BROUKAL, MILADA, WHAT A WORLD READING 1 : AMAZING STORIES FROM AROUND THE GLOBE, 2ND ED, 2011

問1 [2]において、その内容として最も適切なものを①～④の中から一つ選び、番号をマークしなさい。 [21]

① Thai people cut down a lot of trees.
② The elephants cut down the trees.
③ The men go up the mountains by trucks.
④ The trees are carried to the river by elephants.

問2 下線部(ア)について、【　】内の語(句)を文脈に合うように適切な順に並びかえるとき、**2番目と4番目に来るものの組み合わせを**①～④から一つ選び、番号をマークしなさい。ただし、【　】の中では、文頭にくる語も小文字で示してある。 [22]

Special people trained the elephants for many years【 do / them / this / to / to teach / work 】.

① 2番目：them　　4番目：do
② 2番目：them　　4番目：work
③ 2番目：this　　4番目：do
④ 2番目：this　　4番目：work

問3 [3]において、*mahout*に関する最も適切なものを①～④の中から一つ選び、番号をマークしなさい。 [23]

① A baby elephant started staying with a *mahout* when it was born.
② A *mahout* gave his own elephant to his son.
③ A *mahout* took care of many elephants and lived together.
④ An elephant and *mahout's* son understood each other very well.

問4　下線部(イ)の単語の意味として最も適切なものを①～④の中から一つ選び、番号をマークしなさい。　24

①　訓練した　②　従った　③　世話をした　④　抵抗した

問5　4において、次のQuestionの答えとして最も適切なものを①～④の中から一つ選び、番号をマークしなさい。　25

Question: Why were elephants like people?

①　Because they ate and drank a lot every day.

②　Because they started working when they became adults.

③　Because they were trained each day for six hours.

④　Because they remembered their trainers' voice.

問6　下線部(ウ)に入る語として最も適切なものを①～④の中から一つ選び、番号をマークしなさい。　26

①　afraid　②　careful　③　proud　④　sure

問7　次のQuestionの答えとして適切なものを①～⑤の中から二つ選び、番号をマークしなさい。なお、解答の順序は問わない。　27 , 28

Question: Why are elephants important in Thailand?

①　Because they are symbols of work and play in Thailand.

②　Because they helped people in Thailand to get wood from the forests.

③　Because they trained mahouts' sons to be special people.

④　Because they understand everything people around them say.

⑤　Because they work for many visitors by taking them for rides.

【数　学】（40分）〈満点：100点〉

1 次の $\boxed{1}$ ～ $\boxed{5}$ に当てはまるものを，それぞれ ① ～ ⑤ のうちから一つずつ選びなさい。

(1) $\dfrac{2}{3}+\dfrac{1}{3}\times\left(-\dfrac{3}{2}\right)^2-0.5$ を計算すると $\boxed{1}$ となる。

① $\dfrac{7}{4}$　② 1　③ $\dfrac{11}{12}$　④ $\dfrac{12}{11}$　⑤ $-\dfrac{13}{12}$

(2) $\dfrac{-2x+y}{4}-\dfrac{5x-3y}{6}$ を計算すると $\boxed{2}$ となる。

① $-16x+9y$　② $\dfrac{4x-3y}{12}$　③ $\dfrac{-16x+3y}{4}$　④ $\dfrac{-16x-3y}{12}$　⑤ $\dfrac{-16x+9y}{12}$

(3) $\sqrt{96}\times\sqrt{18}-\sqrt{20}\times\sqrt{375}$ を計算すると $\boxed{3}$ となる。

① $-26\sqrt{3}$　② $-16\sqrt{2}$　③ $26\sqrt{3}$　④ $16\sqrt{2}$　⑤ $2\sqrt{3}$

(4) 連立方程式 $\begin{cases} y=\dfrac{5}{6}x-\dfrac{4}{3} \\ 5x-3y=0 \end{cases}$ を解いたときの x の値は $\boxed{4}$ である。

① $-\dfrac{8}{5}$　② $\dfrac{8}{5}$　③ $\dfrac{24}{5}$　④ $-\dfrac{5}{8}$　⑤ $\dfrac{5}{8}$

(5) x についての2次方程式 $x^2+2x-7=0$ の解は $x=\boxed{5}$ である。

① $-1\pm\sqrt{2}$　② $\pm2\sqrt{2}$　③ $\pm\sqrt{2}$　④ $-1\pm3\sqrt{2}$　⑤ $-1\pm2\sqrt{2}$

2 次の $\boxed{6}$ ～ $\boxed{8}$ に当てはまるものを，それぞれ ① ～ ⑤ のうちから一つずつ選びなさい。

(1) $\sqrt{\dfrac{8}{7}n}$ が整数となる自然数 n のうち，最小のものは $n=\boxed{6}$ である。

① 7　② 56　③ 14　④ 8　⑤ 21

(2) A，B，Cの3人でじゃんけんをするとき，あいこになる確率は $\boxed{7}$ である。

① $\dfrac{1}{9}$　② $\dfrac{2}{9}$　③ $\dfrac{1}{3}$　④ $\dfrac{2}{3}$　⑤ $\dfrac{4}{9}$

(3) 下の図において，x と y の値の組み合わせとして正しいものは $\boxed{8}$ である。

① $\begin{cases} x=3 \\ y=12 \end{cases}$　② $\begin{cases} x=\dfrac{25}{13} \\ y=12 \end{cases}$　③ $\begin{cases} x=\dfrac{30}{13} \\ y=12 \end{cases}$　④ $\begin{cases} x=\dfrac{25}{13} \\ y=\dfrac{31}{3} \end{cases}$　⑤ $\begin{cases} x=\dfrac{30}{13} \\ y=\dfrac{31}{3} \end{cases}$

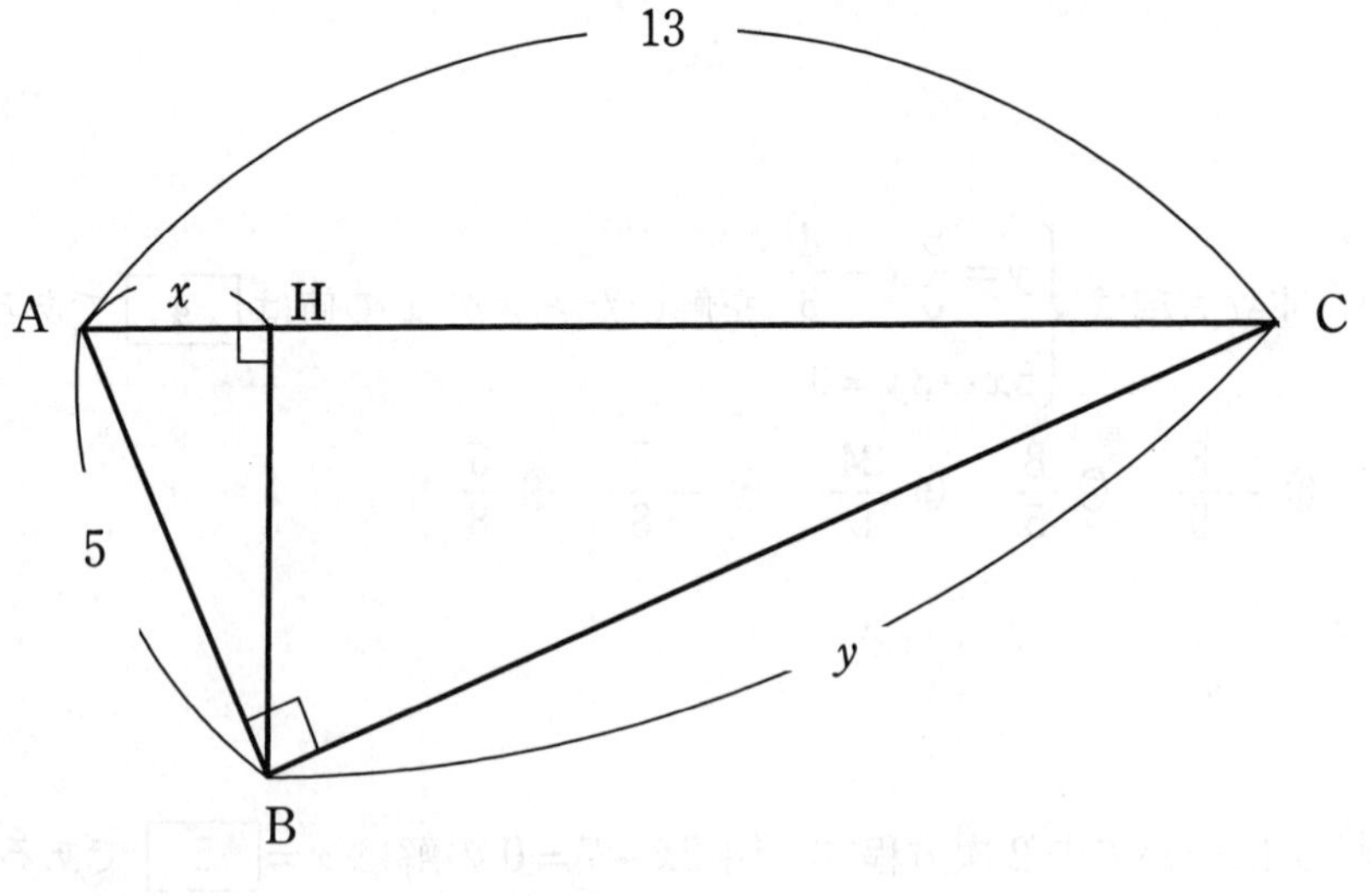

3 下の図のように，直線 l と放物線 $y=ax^2$ が 2 点 A，B で交わっている。ただし，a は正の数である。点 A の座標は(4，8)，点 B の x 座標は -2 である。このとき，次の [9] ～ [11] に当てはまるものを，それぞれ ① ～ ⑤ のうちから一つずつ選びなさい。ただし，O は原点とする。

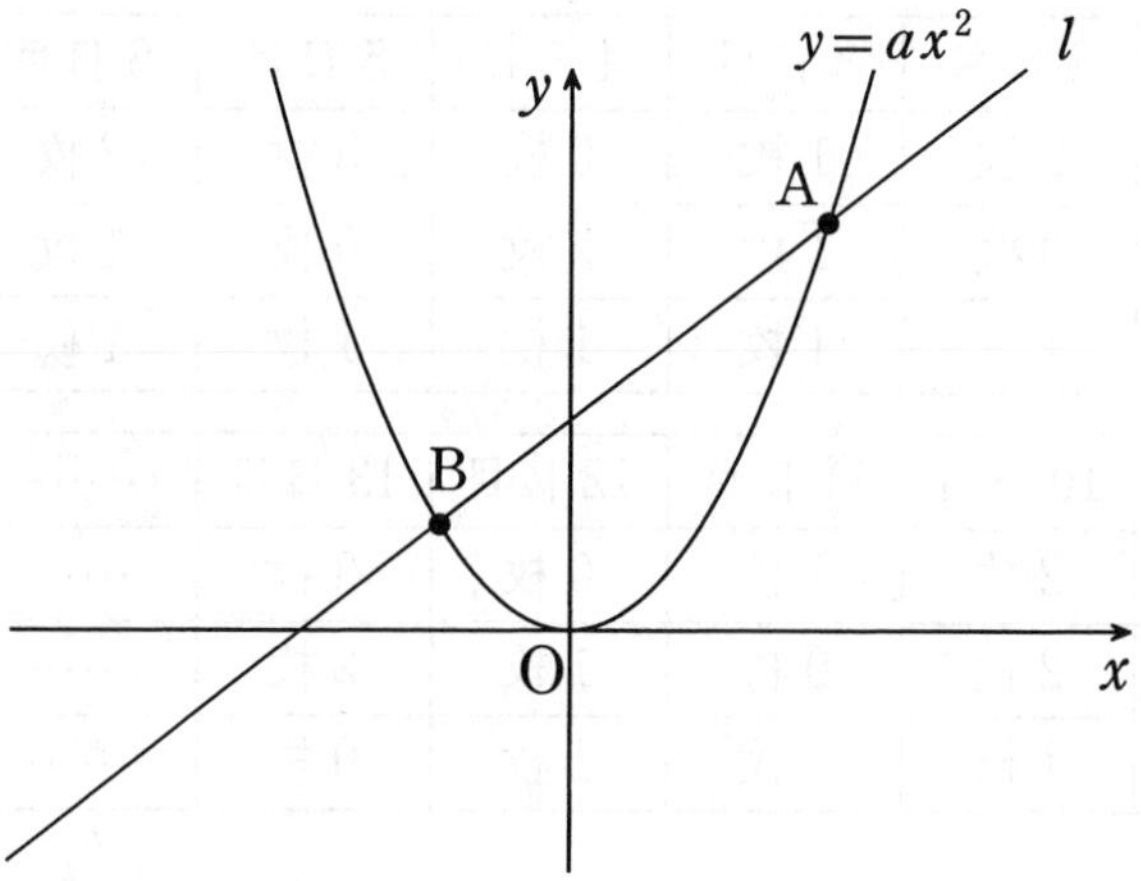

(1) a の値は [9] である。

① $\frac{1}{6}$　② $\frac{1}{4}$　③ $\frac{3}{4}$　④ $\frac{1}{2}$　⑤ 2

(2) △OAB の面積は [10] である。

① 10　② 12　③ 15　④ 18　⑤ 20

(3) 点 B を通り，△OAB の面積を二等分する直線と放物線の交点を C とする。このとき，四角形 OCAB の面積は [11] である。

① 12　② 14　③ 15　④ 28　⑤ 30

4 金，銀，銅の3種類の硬貨をそれぞれ下の表のような規則で，毎日決められた枚数を貯めていく。このとき，次の 12 ～ 14 に当てはまるものを，それぞれ ① ～ ⑤ のうちから一つずつ選びなさい。

	1日目	2日目	3日目	4日目	5日目	6日目	7日目	8日目
金貨	3枚	2枚	1枚	0枚	3枚	2枚	1枚	0枚
銀貨	2枚	0枚	1枚	2枚	0枚	1枚	2枚	0枚
銅貨	0枚	1枚	1枚	1枚	1枚	1枚	0枚	1枚

	9日目	10日目	11日目	12日目	13日目	……
金貨	3枚	2枚	1枚	0枚	3枚	……
銀貨	1枚	2枚	0枚	1枚	2枚	……
銅貨	1枚	1枚	1枚	1枚	0枚	……

(1) 17日目までに貯まっている金貨は 12 枚である。

① 24 ② 27 ③ 29 ④ 32 ⑤ 35

(2) 40日目までに貯まっている硬貨は全部で 13 枚である。

① 119 ② 124 ③ 131 ④ 134 ⑤ 137

(3) 金貨1枚の重さは30 g，銀貨1枚の重さは25 g，銅貨1枚の重さは20 gである。貯まっている硬貨全体の重さが4455 gとなるのは 14 日目である。

① 48 ② 49 ③ 50 ④ 51 ⑤ 52

問5　空欄Ⅰにあてはまる語句として最も適当なものを、次の①～④のうちから一つ選びなさい。解答番号は 19 。

① 試合はぜったいに天気の良い日にしてくれ
② 試合はぜったいに勝てる相手を選んでくれ
③ 試合ではぜったいにＡチームに入れるよう指導してくれ
④ 試合ではぜったいにウチの子だけホームランを打たせてくれ

問6　傍線部エ「でもな、と声に出さずにつぶやいた。つづく言葉は、浮かんでこなかった」とありますが、徹夫はどのようなことが言いたかったと考えられますか。その説明として最も適当なものを、次の①～④のうちから一つ選びなさい。解答番号は 20 。

① でもな、（いいことがないかもしれないけど、がんばるしかないことを知ってほしい。）
② でもな、（がんばることは大切だが、そのあと何を語り、見せればいいのか教えてほしい。）
③ でもな、（がんばれば、いいことがある、努力は必ず報われるということを学んでほしい。）
④ でもな、（がんばってもだめなら、別の方法を見つけて、自分が輝く道に進んでほしい。）

問7　本文の表現について説明したものとして最も適当なものを、次の①～④のうちから一つ選びなさい。解答番号は 21 。

① 徹夫が経験してきたことに基づいて智を教え育ててきたが、自分には理解できない息子の言動に戸惑いを感じるなど、野球を通した徹夫親子のやりとりに、読者の経験を重ねられる心情が描かれている。
② 徹夫の指導法と対立する後任監督の意見を受けて、徹夫は自身の古い指導法を振り返るが、体面を気にして息子を試合に出さなかった父親像を描くことで、時代に合った考え方の必要性を読者に問いかけている。
③ 徹夫が野球熱心のあまり智や典子が離れていき、加えて徹夫の頑固な信念によってますます疎遠になるが、智の真っすぐな生き方に一人の親として感動し、親子の信頼を回復していく姿を詳細に描いている。
④ 徹夫の甲子園出場経験に基づく信念が作品の中心となり、「がんばれば、いいことがある」というスポーツの精神を新たな形で描き出し、誰もが共感するようなせりふが随所にちりばめられている。

問2　傍線部ア「どこか気まずそうな六年生の仲間」とありますが、この時の仲間の心情はどのようなものですか。その説明として最も適当なものを、次の①～④のうちから一つ選びなさい。解答番号は16。

① 監督であり父である徹夫の手前、智を差し置いて、最後の試合に勝てたとしても本心から喜ぶことができないという気持ち。
② 二十連勝のかかった最後の試合であるにもかかわらず、大声をあげて声援を送る智がいるため、集中できないという気持ち。
③ ベンチ入りすらできない智に対して、上級生であるにも関わらず、恥ずかしさを感じないことにあきれているという気持ち。
④ 六年生の自分たちと同じように試合で活躍することができず、最後の試合にすら出られない智がかわいそうだという気持ち。

問3　傍線部イ「いいことがないのに、がんばる」とありますが、智ががんばれるのはなぜですか。その説明として最も適当なものを、次の①～④のうちから一つ選びなさい。解答番号は17。

① たとえレギュラーになれなくても、自分の好きな野球ができることが何より大切であるとの信念を持っているから。
② たとえレギュラーになれなくても、チームメートのがんばる姿に勇気をもらい、自分の将来の目標につながるから。
③ たとえレギュラーになれなくても、ベンチ入りして仲間を支えることが自分の役割であると本気で思っているから。
④ たとえレギュラーになれなくても、試合に出られなかった悔しさをばねにして中心選手になる夢を持っているから。

問4　傍線部ウ「正しくても、間違っている」とありますが、それはどのような意味ですか。その説明として最も適当なものを、次の①～④のうちから一つ選びなさい。解答番号は18。

① 後任の監督の言う、試合に出られない子どもがいることを「かわいそう」というのは正しくても、子どもたちをレベル別に格差をつけてチーム分けし、指導していくことは、今の時代においては間違っているという意味。
② 後任の監督が考える、全員が出場できる試合を組むことで、誰もが活躍する場を設けることは正しくても、それによって、チームメートに負けないように「がんばること」の意義が見出せなくなるのは間違っているという意味。
③ 後任の監督が「公平」という言葉を用いたが、チーム内でえこひいきが出ないようにすることは正しくても、親の言うことを真に受けて監督としての信念を貫かない指導では信頼を得られないため間違っているという意味。
④ 後任の監督は前のチームの「教訓」を生かして、全員が試合に出られるように試合数を増やすのは正しくても、補欠や下級生では満足な試合にはならず、勝敗の観点に立てば、その考えは間違っているという意味。

「いいよ。だって、ぼく、野球好きだもん」

智は顔を上げてきっぱりと答えた。

一瞬言葉に詰まったあと、徹夫の両肩から、すうっと重みが消えていった。頬《ほお》が内側から押されるようにゆるんだ。

拍子抜けするほどかんたんな、理屈にもならない、忘れかけていた言葉を、ひさしぶりに耳にした。

（注）
※1　典子――徹夫の娘。
※2　佳枝――徹夫の妻。

問1　二重傍線部A～Cの本文中における意味として最も適当なものを、次の各群の①～④のうちから、それぞれ一つずつ選びなさい。解答番号は 13 ～ 15 。

A　たたずんで　13
①　今にも倒れそうにして
②　姿勢よく動揺しないで
③　寂しくうなだれて
④　しばらく立ち止まって

B　げんなりした　14
①　その場に合った
②　言葉では表せない
③　疲れて嫌になった
④　気持ちとは裏腹な

C　きょとんとした　15
①　あっけにとられてぼんやりした
②　心情を突かれ怒りがこみ上げた
③　急なことで驚いて気落ちした
④　気持ちの整理がつかなかった

だが、後任の監督は不意に肩から力を抜き、手品の種明かしをするように言った。

「ってね、これ、前のチームで思い知らされた教訓なんですよ。うるさい親の多いチームで、信じられますか？ ウチの子を試合に出せ、なんていうレベルじゃないんですよ。息子に悲しい思いをさせたくないから、［ Ⅰ ］、って。真剣に言うんですよ、みんな」

徹夫は「わかるような気がするなあ」と笑った。今度は素直な笑顔になった。

「まあ、でも、うまく折り合いをつけてがんばりますよ」

後任の監督はおどけてBげんなりした顔をつくり、「じゃあ」と立ち去っていった。彼の折り合いのつけ方にも一理あるのかもしれない。徹夫は思い、そうかもな、と認めたうえで、エでもな、と声に出さずにつぶやいた。つづく言葉は、浮かんでこなかった。

川を吹き渡る強い風が、グラウンドの土埃《つちぼこり》を舞い上げる。天気予報より少し早く、試合が最終回に入った頃から風が強くなっていた。

加藤——と呼びかけて、試合はもう終わったんだと思い直し、父親に戻った。

「智、ちょっと残ってろ」

智は一瞬Cきょとんとした顔になったが、すぐに「オッス！」と帽子をとって答えた。

（中略）

がんばれば、いいことがある。努力は必ず報われる。そう信じていられるこどもは幸せなんだと、いま気づいた。信じさせてやりたい。おとなになって「おとうさんの言ってたこと、嘘だったじゃない」と責められてもいい、十四歳やそこらで信じることをやめさせたくはない。だが、そのためになにを語り、なにを見せてやればいいのかが、わからない。

徹夫はフィルターぎりぎりまで吸った煙草《たばこ》を空き缶の灰皿に捨てて、智に訊《き》いた。

「中学に入ったら、部活はどうするんだ？」

答えは間をおかずに返ってきた。

「野球部、入るよ」

佳枝が、「今度は別のスポーツにしたら？」と言った。「ほら、サッカーとかテニスとか」

だが、智には迷うそぶりもなかった。

「野球部にする」

「でもなあ、レギュラーは無理だと思うぞ、はっきり言って」

「うん……わかってる」

「三年生になっても球拾いかもしれないぞ。そんなのでいいのか？」

（中略）

試合が終わった。〇対十の完敗、いや、惨敗《ざんぱい》だった。

二十連勝の夢はついえたが、通算成績十九勝一敗ならりっぱなものだ。一列に並んだ選手たちと徹夫にバックネット裏からは大きな拍手が送られ、誰の親だったのだろう、「名監督！」という声もとんだ。

このあと、近くのファミリーレストランで一年間の活動を終えた打ち上げの席が設けられている。主賓《しゅひん》は徹夫だ。幹事をつとめる江藤くんの父親が「監督さん、生ビールもありますから、グーッといきましょうや」とジョッキを傾けるしぐさをして笑う。

徹夫は愛想笑いを返して、グローブやバットを片づける選手たちに目を移した。智もいる。こっちに背中を向けて、けっきょく試合では一度も使うことのなかったバットをケースに収めている。

バックネット裏に、※2佳枝の姿があった。母親どうしのおしゃべりの輪から少し離れたところにAぽつんとたたずんで、こっちを見ていた。典子は、やはりいない。誘っても来なかったというより、最初から佳枝が誘わなかったのかもしれない。そのほうがいい。今日の試合だけは、見られたくなかった。

「お疲れさまでした、残念でしたね」

後任の監督に声をかけられた。「あのピッチャーは小学生じゃ打てませんよ、相手が悪かったんだ」と慰められると、かえって悔しさが増してしまう。

「それで、ちょっと、監督にもご意見聞かせてもらいたいんですが……」

来年からは、試合数をいままでの三倍にするのだという。

「練習ばかりじゃ、こどもたちも張り合いがないと思うんですよね。やっぱり試合をしないと目標がないでしょう」

「年間六十試合ですか。すごいな、それ」

皮肉を込めて笑った。毎週一試合でも追いつかないペースだ。

「といってもね、チームを三つに分けようと思うんですよ。レベル別に、Ａ、Ｂ、Ｃっていう感じで。で、今週はＡチームの試合で、来週はＢチームの試合っていうふうにするんです。相手にもレベルを合わせてもらって、年間二十試合ずつ。これなら練習と試合のバランスもとれるし、補欠の子や下級生の子も試合に出られるから公平でしょう？　そうしないと、試合に出られない子がかわいそうだし、学校だって習熟度別にクラスを組もうかっていうご時世ですからね」

かわいそう——が、耳にさわった。

苦笑いがゆがむ。公平という言葉を辞書でひけば、たしかにこの男の言っていることは正しいのかもしれないが、どこかが、なにかが、違う。ウ正しくても、間違っている。智は、Ｂチームのレギュラーになっても喜ばないだろう。喜んでほしくない。監督としてでも親としてでもなく、野球をする男どうしとして。

問８　次に示すのは、この文章を読んだ四人の生徒が本文について話し合っている場面です。本文について述べているものとして最も適当なものを、次の①～④のうちから一つ選びなさい。解答番号は 12 。

①　生徒Ａ――大人になれない若者って今ひとつわからないな。日本では二十歳になれば成人式を迎えて大人になるわけだし、そんなに難しいことではないと思う。昔と違って大学を卒業して就職すれば社会が認めてくれるはずだよ。

②　生徒Ｂ――筆者は形のことを言っているのではなくて、若者を取り巻く社会のあり方に注目していると思うよ。単純に若者が悪いというよりは、時代の変化で大人になりたがらない若者が増えてしまったということだと思うよ。

③　生徒Ｃ――そうであれば、若者も社会に流されることはないと思うな。昔は力仕事ができれば一人前だったけれど、現在の若者の多くは大学進学しているのだから、早く大人として認められてその能力を発揮するべきだよ。

④　生徒Ｄ――でも、やっぱりモラトリアムは必要だし、社会に出るためにしっかりと考えて、自分には何が適切か、先生や親の意見をよく聞いて自分が思い描く大人になっていくことが一人前になることだと筆者は言いたいはずだよ。

二

次の文章は、重松清の小説『卒業ホームラン』の一節である。甲子園に出場したことがある徹夫は、地区の少年野球の監督に持ち上げられ、指導することになった。その野球チームに徹夫の息子である智《さとし》も所属している。以下の文章を読んで、後の問いに答えなさい。

智は下級生といっしょにベンチの横に並び、グラウンドの選手たちに声援を送っていた。

最後の試合に、出場どころかベンチ入りすらできなかったのに、智の様子はふだんと変わらない。ア どこか気まずそうな六年生の仲間に「がんばれよ」と声をかけ、自分と入れ替わって五年生でただ一人ベンチ入りした長尾くんにも笑顔で接する。

俺なら、そんなことはできなかった。高校時代を振り返って、徹夫は思う。負けず嫌いの性格だった。野球だけでなく、勉強でも他のスポーツでも、負けたくないから必死にがんばってきた。それが報われたこともあったし、報われなかったことも、もちろん、ある。

がんばればいいことが――「ある」とはやはり言えなくとも、「あるかもしれない」くらいなら典子[※1]に言ってやれるかもしれない。「いいことがあるかもしれないから、がんばる」と言葉を並べ替えてもいい。

だからこそ、本音を言えば、徹夫にはよくわからないのだ。

イ「いいことがないのに、がんばる」智の気持ちが。

監督としても、親としても、それは決して口にはできないことなのだが。

問5　傍線部イ「なかなか大人になれない若者」とありますが、それにはどのような背景がありますか。その説明として最も適当なものを、次の①～④のうちから一つ選びなさい。解答番号は 9 。

① 科学技術の目覚ましい発達が社会構造を一新して、特別な知識や技術がなくても生活するのに困らなくなったという背景。

② 修業年限の延長にともなって高学歴化が進み、フリーターやニートのように働きながら学ぶことができるという背景。

③ 産業構造の複雑化によって成人という考え方にさまざまな解釈が生まれ、二十歳でなくても成人と見なされるという背景。

④ 産業技術や社会のあり方が高度化・複雑化することによって、知識や技術も高度化し、学生の期間も長期化するという背景。

問6　傍線部ウ「青年期の終わりは二十歳から少なくとも三十歳くらいに引き上げるべきではないか」とありますが、それはどのような若者が増えたからですか。その説明として**適当でないもの**を、次の①～④のうちから一つ選びなさい。解答番号は 10 。

① 個人の価値観を尊重した社会へと移行し、個人の判断で青年期を終了することを社会から認められる若者が増えたから。

② 定職に就かなくても、ある程度お金を稼いで自由を得るフリーターやニートに自分の居場所を見出す若者が増えたから。

③ 社会の変化に沿って必要なことを身につけるために大学や大学院に進学して、学びの期間を延長する若者が増えたから。

④ 就職して経済力を手にしても、親元を離れない「パラサイト・シングル」という心理的に独立しない若者が増えたから。

問7　傍線部エ「現在の日本ではモラトリアムからなかなか抜け出そうとしない若者が目立つようになってきた」とありますが、それはなぜですか。その説明として最も適当なものを、次の①～④のうちから一つ選びなさい。解答番号は 11 。

① アイデンティティの多様化に伴って、親のライフスタイルに取り込まれてしまうから。

② 半人前扱いされても、アルバイトをすれば職に就いた人と同等の稼ぎがあるから。

③ 大人になるための準備期間が非常に居心地の良いものになってきたから。

④ 経験を積んでアイデンティティを確立することにやりがいを見出したから。

E　キハン　[5]

① モハンカイトウを見て自己採点する。
② コウツウイハンをすると切符を切られる。
③ マスクをすることがニチジョウサハン事になった。
④ ツウシンハンバイを利用する人が激増した。

問2　空欄Ⅰ・Ⅱにあてはまる語の組み合わせとして最も適当なものを、次の①～④のうちから一つ選びなさい。解答番号は[6]。

① Ⅰ　まして　Ⅱ　よって
② Ⅰ　しかし　Ⅱ　だから
③ Ⅰ　ところが　Ⅱ　むしろ
④ Ⅰ　なお　Ⅱ　つまり

問3　空欄a～dにあてはまる語の組み合わせとして最も適当なものを、次の①～④のうちから一つ選びなさい。解答番号は[7]。

① a　権利　b　義務　c　権利　d　権利
② a　権利　b　権利　c　義務　d　義務
③ a　義務　b　義務　c　権利　d　権利
④ a　義務　b　権利　c　義務　d　義務

問4　傍線部ア「一人前」とありますが、筆者はそれをどのような状態だと考えていますか。その説明として最も適当なものを、次の①～④のうちから一つ選びなさい。解答番号は[8]。

① 年齢が二十歳になり、成人式を通して、社会から青年期を終えた大人であると認定された状態。
② 就職したり、親になってつぎの世代を育てたりするなど、何らかの形で社会的役割を担う状態。
③ 職に就き生活費を稼げるようになって、はじめて社会問題を自らの問題として考えられる状態。
④ 子供っぽさを感じる年代から脱却し、分別のつく年齢に達して、大人になった感じのする状態。

ＩＴ革命など、科学技術の絶え間ない革新により、人々の働き方もライフスタイルも目まぐるしく変わり続け、まったく先が読めないために、将来も視野に入れた最適の職業選択が困難になった。そんな時代ゆえに、無理に自己確立などせずに可能性を残しておきたい、とりあえずは自由気ままに漂っていたいと思うのも不思議ではない。

こうしてモラトリアム心理が世の中に蔓延《まんえん》し、決断を先延ばしにしていつまでも自由に漂っている若者が増えてきたというわけだ。

（榎本博明『〈自分らしさ〉って何だろう？』）

（注）

※１　共同体――家族や村落など、血縁や地縁に基づく社会関係、または社会集団。

※２　パラサイト・シングル――大学などを卒業後も親と同居し、基礎的生活条件を親に頼る未婚者のこと。

※３　エリクソン――アメリカの心理学者。

※４　モラトリアム――ここでは、社会の中に自分の居場所を見つけて大人になっていくための準備期間のこと。

※５　アイデンティティ――一貫した自己の意識。自己同一性。自分らしさ。

問１　二重傍線部Ａ～Ｅに相当する漢字を含むものを、次の各群の①～④のうちから、それぞれ一つずつ選びなさい。解答番号は［1］～［5］。

Ａ　ギレイ　［1］

①　生徒総会のギダイに取り上げる。
②　ギョウギを知らない子供が多い。
③　ギコウを尽くした作品を見る。
④　ギソクの選手に注目が集まる。

Ｂ　シンコク　［2］

①　今日は選挙のコクジ日だ。
②　コクギ館に相撲《すもう》を見に行く。
③　チョウコク家・ロダンの「考える人」。
④　稲、麦、豆などをコクモツという。

Ｃ　イゾン　［3］

①　シソンの繁栄を祈る。
②　ブッソン事故にあう。
③　ソンゾクの危機に陥《おちい》る。
④　意見をソンチョウする。

Ｄ　シコウ　［4］

①　重大な事態に立ちイタる。
②　看護師をココロザす。
③　進む方向をサし示す。
④　説得をココロみる。

このような時代の二十歳を一人前の大人になる時期とみなすのは、どう見ても適当ではないだろう。そこで、青年期の延長ということが言われるようになってきた。心理学者によって、具体的に想定する時期は異なるものの、ウ青年期の終わりは二十歳から少なくとも三十歳くらいに引き上げるべきではないかという点でだいたい一致している。

※3エリクソンは、若者は※4モラトリアムという猶予期間を一時的に経験し、そのなかでDシコウ錯誤しながら※5アイデンティティの確立に向かうという道筋を想定していた。ところが、エ現在の日本ではモラトリアムからなかなか抜け出そうとしない若者が目立つようになってきた。

どうだろうか。自分自身の心の中に、子どもと大人の境界線上の、こんな中途半端な時期を一刻も早く抜け出して大人になりたいという思いがあるだろうか。[Ⅱ]、まだまだ大人になりたくない、このまま自由に漂っていたいという思いの方が強いのではないだろうか。

実際、学生たちに尋ねても、社会に出て働いている大人たちを羨《うらや》む気持ちはなく、自分たちのほうがずっと自由だし、できることなら大人になりたくない、という者が圧倒的に多い。

それにはモラトリアムという時期が非常に居心地の良いものになってきたということが関係している。居心地が良いのであれば、あえてその時期を脱せずに厳しい大人としての人生へと歩み出さない若者が出てくるのも当然といえる。

このような傾向は、フリーターやニートのように社会に根を下ろそうとしない、あるいは根を下ろせない若者が急増した二〇〇〇年頃から顕著《けんちょ》になってきたが、大人になりたくない若者、大人になろうとしない若者の問題は、すでに一九七〇年代から青年心理学の領域では論じられていた。

（中略）

かつてのモラトリアムというのは、半人前扱いで肩身が狭く、[a]も大きく制限され、不自由で居心地が悪いため、若者はそんな状態を脱して早く一人前の大人になりたいと思った。つまり、かつてのモラトリアムは、[b]はないけど[c]もなく、一刻も早く抜け出したい不自由な時期だった。

それに対して、現代のモラトリアムは、[b]はないのに[c]はあるため、いつまでも抜け出したくない自由で気楽な時期といった感じになっている。たとえば、アルバイトでもすれば、消費者としての[d]を享受できる。定職に就かず、稼ぎがすくなくても一人前に意見を主張することができる。

そうした変化には、物質的に豊かな社会、価値観の多様化、技術革新による変動の激しい社会といった要因が関係しているといってよいだろう。

かつての貧しい時代と違って、学生でさえさまざまなアルバイトをして金を稼げるようになった。社会にがっちりと組み込まれなくても、たとえばアルバイターでもそれほど不自由せずに暮らしていけるし、消費者としての[d]を行使しながらそこそこ楽しく過ごすことができる。

価値観が多様化し、こう生きるべきといったEキハンが崩れ、どんな生き方でも認められる雰囲気があるため、定職に就かなくても、結婚しなくても、昔ほど非難されることがなく、半人前といった肩身の狭さを感じないですむ。また、親としてのアイデンティティも揺れ動き、わが子を自立へと駆り立てることなく、いつまでも可愛いわが子でいてくれたほうが淋《さび》しくないといった感じで、わが子の成長よりも自己愛を優先させる親も出てきた。

二〇二二年度　明星高等学校（本科）

【国語】（四〇分）〈満点：一〇〇点〉

一　次の文章を読んで、後の問いに答えなさい。

何ができるようになれば[ア]一人前とみなされるのだろうか。それがどうにもはっきりしない。成人式という大人への移行を促す通過[A]ギレイが機能しなくなったのも、一人前の基準がつかみづらくなったためとも言える。

一人前の基準がはっきりしないため、若者は自己形成の方向性を見失いがちだったり、年齢的には大人になっても大人になった感じがしなかったり、たとえ稼《かせ》ぐようになっても社会に必要な一定の役割を果たしているという自信をもつことができなかったりする。

このことが、[イ]なかなか大人になれない若者が増えていると言われることにつながっているのではないだろうか。

共同体[※1]に不可欠な田植えなどの力仕事が一人前の基準だった時代なら、十五歳くらいで成人し、青年期は終わることになる。でも、今はそんな単純な社会ではない。産業技術も社会の仕組みも複雑になり、社会で役に立つ仕事に就くために必要な知識や技術が高度化し、学校での修業年限が長期化するにつれて、一人前になるまでに時間がかかるようになり、それにともなって青年期が終わる時期はしだいに遅くなってきた。

今の日本では、成人式というのは二十歳で行われる。それは、二十歳になれば一人前になって青年期は終わるとみなしているということだ。

［Ｉ］、科学技術や産業構造の高度化・複雑化は止《とど》まるところを知らず、高学歴化も著しく進み、今や二十歳で青年期が終わるとはとても言えない状況になっている。

大人とは、所属する社会において一人前の役割を担うことができることを指す。それゆえ社会人という言い方もあるのだ。社会人というからには、青年期を脱する条件は、職業に就いたり、結婚して親になりつぎの世代を育てたりするなど、何らかの社会的役割を担うことだといってよい。

そうなると、今の時代、青年期が二十歳で終わるとみるのは無理がある。

二〇〇九年には大学進学率が五割を超えたが、二十歳というのは大学生活の真っ直中《ただなか》だ。とても一人前とは言えない。

それに、高校や大学を出ても定職に就かないフリーターやニートが急増し、[B]シンコクな社会問題になっている。

大学院進学者も増え、学生の身分のまま二十代後半に突入する若者も珍しくない。

職業に就いて経済力を得ても、親元を離れず、家事でも心理的にも親に[C]イゾンしたまま独立せずに二十代後半から三十代を迎える若者も増え、[※2]パラサイト・シングルなどという言葉も生まれた。

2022年度／明星高等学校(本科)

英語解答

Ⅰ 【問題A】 1…② 2…② 3…③
【問題B】 4…② 5…②

Ⅱ 問1 ② 問2 ④ 問3 ①
問4 ② 問5 ③ 問6 ③
問7 ② 問8 ① 問9 ④
問10 ③

Ⅲ 問1 ④ 問2 ① 問3 ②
問4 ② 問5 ④

Ⅳ 問1 ④ 問2 ① 問3 ④
問4 ② 問5 ② 問6 ③
問7 ②, ⑤

Ⅰ〔放送問題〕放送文未公表

Ⅱ〔適語(句)選択〕

問1．買えないことの理由として，expensive「高価な」が適切。 「その車はとても高価なので，ポールがそれを買うことはできない」

問2．photographer「写真家」とあるので，take pictures「写真を撮る」を用いる。 take－took－taken 「私の兄〔弟〕は写真家だ。彼がこれらの写真を全て撮影した」

問3．‘so ～ that＋主語 …’「とても～なので―は…」の構文。始発に乗れたのだから，early「早く」が適切。 「ヘレンはとても早く起きたので，始発に乗れた」

問4．‘difference between *A* and *B*’「*A*と*B*の違い」 「日本のカレーとインドのカレーの違いは何ですか」

問5．A：その報告書を書き終わりましたか。／B：いいえ，まだです。//finish ～ing「～し終える」

問6．‘when＋主語＋動詞...’で「～が…するとき」という‘時’を表せる。 「私がピアノを弾いていたとき，母が私に電話をしてきた」

問7．‘like *A* better than *B*’「*B*よりも*A*の方が好きだ」 「ジェーンは都会での暮らしより田舎暮らしの方が好きなので，引っ越しを考えている」

問8．「2000年につくられたその映画」という受け身の意味のまとまりになるので，過去分詞 made in 2000 が the movie を後ろから修飾する形にする(過去分詞の形容詞的用法)。 「2000年につくられたその映画は世界中の人たちにとても人気がある」

問9．‘keep＋目的語＋形容詞’「～を…(の状態)に保つ」 「父は私に『部屋はきれいにしておきなさい』と言った」

問10．A：すみませんが，国立公園はどこでしょうか。／B：バスを降りてから，川沿いに数分歩かなくてはいけません。//along で「～に沿って，～づたいに」を表せる。

Ⅲ〔整序結合〕

問1．‘too ～ for … to ―’「…が―するには～すぎる，…には～すぎて―できない」の構文。
That box is too heavy for me to hold.

問2．Do you know ～?「(あなたは)～を知っていますか」で始める。know の目的語の「どうやって動物園へ行けるか」は間接疑問(‘疑問詞＋主語＋(助)動詞...’)で表し，how we can の後に

‘get to＋場所’「〈場所〉に着く」の形を続ける。　Do you know how we can get to the zoo ?

問３．「(私たちは)～しませんか」という‘提案・勧誘’は Shall we ～？の形で表せる。「図書館の前で」は in front of ～「～の前で」を使って in front of the library とする。　Shall we meet in front of the library ?

問４．「たくさんの子どもを助けた医者」を，主格の関係代名詞の who を使って表す。先行詞となる a doctor の後に who を置き，これに helped many children を続ける。　The man is a doctor who helped many children.

問５．「あなたにこの本をあげます」は‘give＋人＋物’「〈人〉に〈物〉をあげる」の形で表せる。will は‘意思’を表す助動詞として give の前に置き，I will give you this book とする。残りの「もし興味があれば」は，if「もし」と be interested (in ～)「(～に)興味がある」の形を使って表す。
I will give you this book if you’re interested.

Ⅳ〔長文読解総合―説明文〕

≪全訳≫❶ゾウは強さと優しさを同時に持っている。タイでは力強さと平和の象徴だ。また，ゾウはタイの歴史において非常に重要な一部分である。ずっと昔，ゾウは重要な仕事をしていた。タイの人々が森から木材を得るのを手助けした。❷今日，タイの人々は森にある木を維持したいと考えている。彼らはわずかな木しか伐採しない。森が山の中にあるため，今でも森で働くゾウがいる。トラックや機械は山を登れないが，ゾウはできる。男たちが木を切り倒し，ゾウが木を拾い上げる。そして，ゾウはその木を川まで運ぶ。木は川を流れて，別の男たちに届く。その男たちは木を木材に切り分ける。❸かつて，タイの人々はたくさんの木を切っていた。彼らは，彼らを助けるために森で働くたくさんのゾウを必要とした。特別な人々が何年もかけて，この仕事ができるようにゾウを調教した。それぞれのゾウにマホートという調教師がついた。マホートは同じゾウと一緒に一生を送った。父親たちは，自分の息子たちもマホートになることを望んだ。マホートは息子にゾウの赤ちゃんを買い与えた。ゾウの赤ちゃんは，最初はその母親と一緒に過ごした。ゾウは３歳になると，少年と一緒に暮らした。少年とゾウは一緒に成長した。少年はゾウの世話をした。彼らはお互いについて多くを知った。❹マホートは，ゾウを訓練し，エサを与え，世話をした。これは困難な仕事だった。ゾウは毎日250キロの植物を食べ，300リットルの水を飲むのだ。ゾウは毎日６時間の訓練を受けた。ゾウはマホートに慣れた。マホートの声やにおいも覚えていた。ゾウはマホートの言葉を理解し，彼に従った。他のマホートには従わなかった。マホートはゾウを20年間訓練した。20歳になると，ゾウは働き始めた。55歳くらいで働くのをやめた――まるで人間のように。❺今日，この種の仕事をするゾウやマホートもいまだにいるが，ほとんどはそうではない。その代わり，観光客を相手に働いている。毎年何百万もの人々がタイを訪れる。それら観光客の多くは，ゾウを見たりゾウに乗ったりしたがる。そのため，ゾウはタイでは今でも重要であり，タイの人々は今でもゾウをとても誇りにしている。

問１＜内容真偽＞①「タイの人々はたくさんの木を切り倒す」…×　第２文参照。　②「ゾウが木を切り倒す」…×　第５～最終文参照。　③「男たちはトラックで山を登る」…×　第４文参照。
④「木は，ゾウが川まで運ぶ」…○　第５文に一致する。

問２＜整序結合＞「特別な人々が長い間ゾウを訓練した」につけたす部分で，‘目的’を表す to不定詞を使って「～するために」という内容をつくる。to と teach から‘teach＋人＋to ～’「〈人〉に～

することを教える」がつくれるので，to teach them to ～ とする。this の後に置けるのは work だけなので，to の後は do this work となる。 Special people trained the elephants for many years to teach them to do this work.

問３＜内容真偽＞①「ゾウの赤ちゃんは生まれたときからマホートと暮らし始めた」…×　最後から５，４文目参照。　②「マホートは自分のゾウを息子に与えた」…×　最後から６文目参照。　③「マホートは多くのゾウの世話をし，一緒に暮らした」…×　第５文参照。　④「ゾウとマホートの息子はお互いをとてもよく理解していた」…○　最終文に一致する。

問４＜語句解釈＞obey は「～に従う」という意味の動詞。ゾウがマホートの言葉を理解したという直前の記述や，ゾウがマホートに訓練された後，働き始めるという次の文以降の記述から推測できる。

問５＜英問英答＞「質問：なぜゾウは人間に似ているのか」—②「ゾウが働き始めるのは大人になったときだから」　ここでの like は「～に似た」という意味の前置詞。第４段落最後の２文参照。

問６＜適語選択＞前の文から，多くの観光客がゾウを目当てにタイにやってくるとわかるので，be proud of ～「～を誇りに思う」が適切。

問７＜英問英答＞「質問：なぜゾウはタイで重要なのか」—②「ゾウはタイの人々が森から木材を得るのに役立ったから」・⑤「ゾウは多くの観光客のため，彼らを乗せて働くから」　②は第１段落後半，⑤は最終段落第２～最終文参照。

2022年度／明星高等学校（本科）

数学解答

1	(1) ③	(2) ⑤	(3) ①	(4) ①	**3**	(1) ④	(2) ②	(3) ③
	(5) ⑤				**4**	(1) ②	(2) ④	(3) ④
2	(1) ③	(2) ③	(3) ②					

1〔独立小問集合題〕

(1)＜数の計算＞与式 $=\frac{2}{3}+\frac{1}{3}\times\frac{9}{4}-\frac{1}{2}=\frac{2}{3}+\frac{3}{4}-\frac{1}{2}=\frac{8}{12}+\frac{9}{12}-\frac{6}{12}=\frac{11}{12}$

(2)＜式の計算＞与式 $=\frac{3(-2x+y)-2(5x-3y)}{12}=\frac{-6x+3y-10x+6y}{12}=\frac{-16x+9y}{12}$

(3)＜数の計算＞与式 $=\sqrt{4^2\times6}\times\sqrt{3^2\times2}-\sqrt{2^2\times5}\times\sqrt{5^2\times15}=4\sqrt{6}\times3\sqrt{2}-2\sqrt{5}\times5\sqrt{15}=12\sqrt{6\times2}-10\sqrt{5\times15}=12\sqrt{2^2\times3}-10\sqrt{5^2\times3}=12\times2\sqrt{3}-10\times5\sqrt{3}=24\sqrt{3}-50\sqrt{3}=-26\sqrt{3}$

(4)＜連立方程式＞$y=\frac{5}{6}x-\frac{4}{3}$……㋐，$5x-3y=0$……㋑とする。㋐を㋑に代入して，$5x-3\left(\frac{5}{6}x-\frac{4}{3}\right)=0$，$5x-\frac{5}{2}x+4=0$，$\frac{5}{2}x=-4$　$\therefore x=-\frac{8}{5}$

(5)＜二次方程式＞解の公式より，$x=\frac{-2\pm\sqrt{2^2-4\times1\times(-7)}}{2\times1}=\frac{-2\pm\sqrt{32}}{2}=\frac{-2\pm4\sqrt{2}}{2}=-1\pm2\sqrt{2}$ である。

≪別解≫$x^2+2x=7$ として，両辺に1をたすと，$x^2+2x+1=7+1$，$(x+1)^2=8$，$x+1=\pm2\sqrt{2}$　$\therefore x=-1\pm2\sqrt{2}$

2〔独立小問集合題〕

(1)＜数の性質＞$\sqrt{\frac{8}{7}n}=\sqrt{\frac{2^3\times n}{7}}$ だから，これが整数となる最小の自然数 n は，$\frac{2^3\times n}{7}=2^4$ となる自然数である。よって，$n=2\times7$ より，$n=14$ である。

(2)＜確率―じゃんけん＞A，B，Cの3人がじゃんけんをするとき，3人ともグー，チョキ，パーの3通りの出し方があるから，3人の出し方は全部で $3\times3\times3=27$(通り)ある。このうち，あいこになるのは，3人とも同じものを出すときか，3人が異なるものを出すときである。3人が同じものを出すとき，3人ともグー，3人ともチョキ，3人ともパーの3通りある。3人が異なるものを出すとき，(A，B，C)＝(グー，チョキ，パー)，(グー，パー，チョキ)，(チョキ，グー，パー)，(チョキ，パー，グー)，(パー，グー，チョキ)，(パー，チョキ，グー)の6通りある。よって，あいこになるのは $3+6=9$(通り)だから，求める確率は $\frac{9}{27}=\frac{1}{3}$ である。

(3)＜平面図形―長さ＞右図の△AHBと△ABCで，∠HAB＝∠BAC，∠AHB＝∠ABC＝90°より，2組の角がそれぞれ等しいので，△AHB∽△ABCである。これより，AH：AB＝AB：ACだから，$x:5=5:13$ が成り立ち，$x\times13=5\times5$，$x=\frac{25}{13}$ となる。また，∠ABC＝90°だから，△ABCで三平方の定理より，$y=\mathrm{BC}=\sqrt{\mathrm{AC}^2-\mathrm{AB}^2}=\sqrt{13^2-5^2}=\sqrt{144}=12$ である。

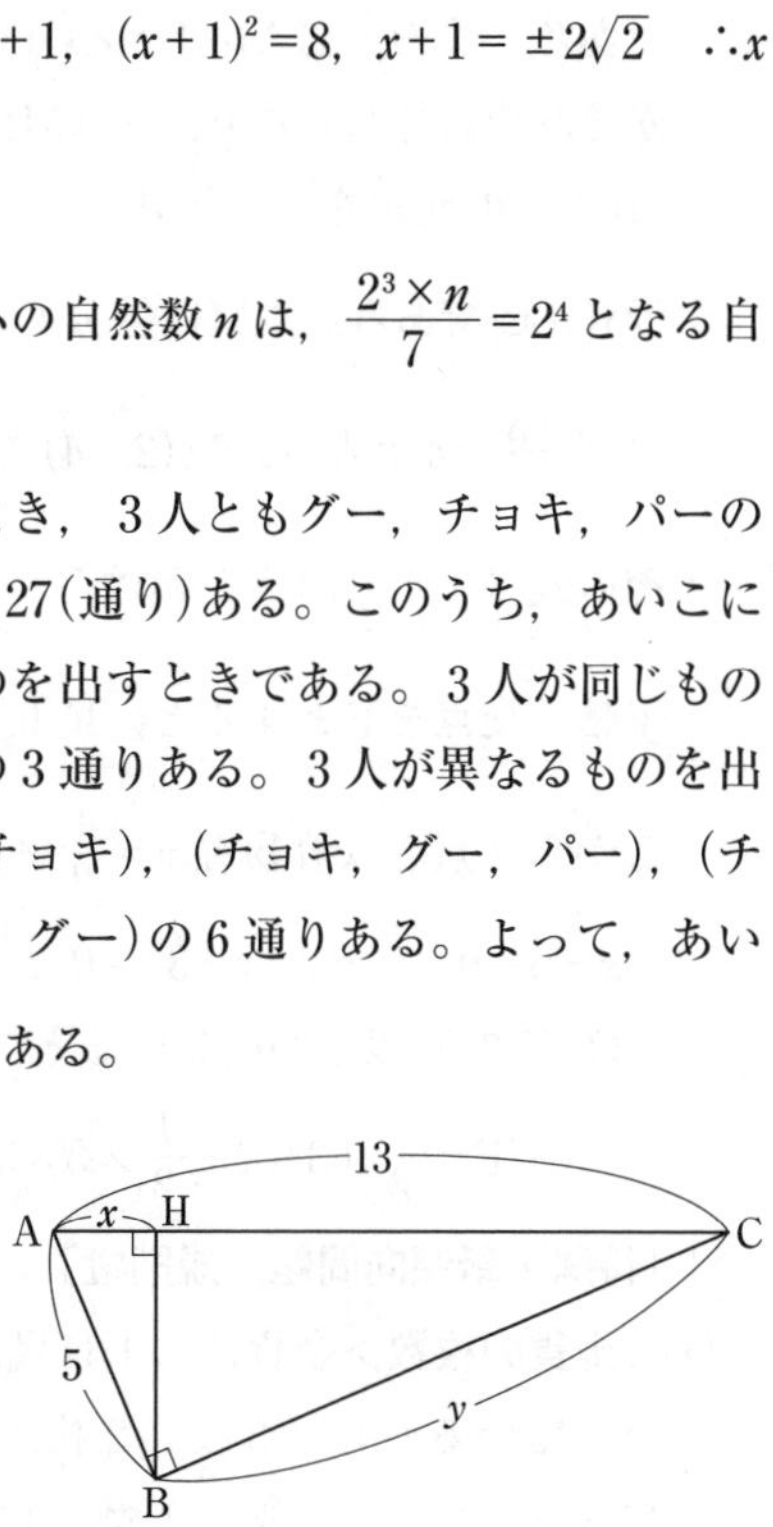

3 〔関数―関数 $y=ax^2$ と一次関数のグラフ〕

≪基本方針の決定≫(3)　直線BCは線分OAの中点を通る。

(1)<**比例定数**>右図で，放物線 $y=ax^2$ はA(4, 8)を通るので，$x=4$, $y=8$ を代入して，$8=a\times4^2$ より，$a=\frac{1}{2}$ となる。

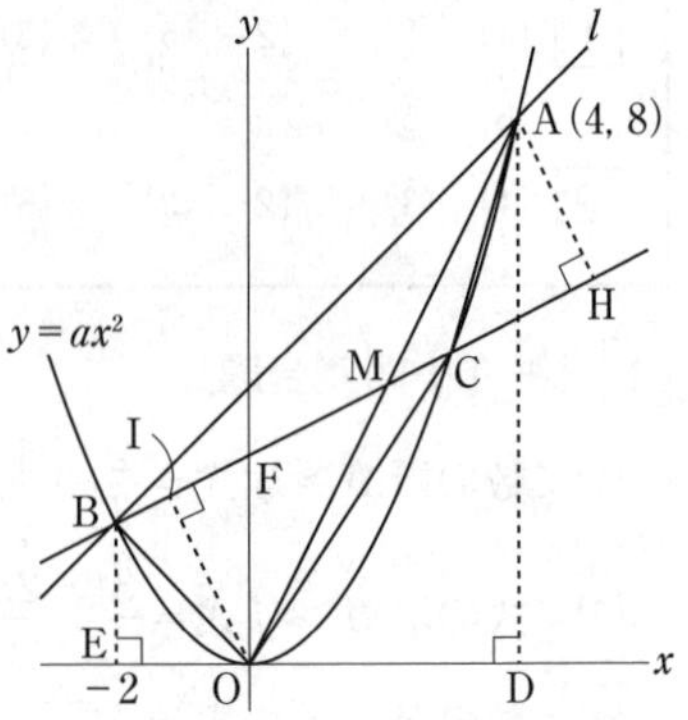

(2)<**面積**>右図で，2点A，Bから x 軸に垂線AD，BEを引くと，AD∥BEだから，四角形ADEBは台形となり，△OAB=〔台形ADEB〕−△OAD−△OBEである。A(4, 8)だから，OD=4，AD=8である。また，点Bの x 座標は−2だから，OE=2，DE$=4-(-2)=6$である。(1)より，点Bは放物線 $y=\frac{1}{2}x^2$ 上の点となるので，y 座標は $y=\frac{1}{2}\times(-2)^2=2$ より，B(−2, 2)となり，BE=2である。よって，〔台形ADEB〕$=\frac{1}{2}\times$(AD+BE)×DE$=\frac{1}{2}\times(8+2)\times6=30$，△OAD$=\frac{1}{2}\times$OD×AD$=\frac{1}{2}\times4\times8=16$，△OBE$=\frac{1}{2}\times$OE×BE$=\frac{1}{2}\times2\times2=2$ より，△OAB$=30-16-2=12$ である。

(3)<**面積**>右上図で，直線BCと線分OAの交点をMとし，2点A，Oから直線BCにそれぞれ垂線AH，OIを引く。直線BCは△OABの面積を2等分するので，△ABM=△OBMより，AM=OMである。また，∠AHM=∠OIM=90°，∠AMH=∠OMIだから，直角三角形の斜辺と1つの鋭角がそれぞれ等しくなり，△AMH≡△OMIである。これより，AH=OIである。よって，△ABC，△OBCの底辺をBCと見ると，高さが等しいから，△ABC=△OBCとなり，〔四角形OCAB〕=2△OBCである。点Mは線分OAの中点なので，A(4, 8)より，点Mの x 座標は $\frac{0+4}{2}=2$，y 座標は $\frac{0+8}{2}=4$ となり，M(2, 4)である。B(−2, 2)だから，直線BCの傾きは $\frac{4-2}{2-(-2)}=\frac{1}{2}$ となり，その式は $y=\frac{1}{2}x+b$ とおける。点Mを通ることより，$4=\frac{1}{2}\times2+b$，$b=3$ となるので，直線BCと y 軸の交点をFとすると，F(0, 3)となり，OF=3である。また，直線BCの式は $y=\frac{1}{2}x+3$ となるから，点Cは放物線 $y=\frac{1}{2}x^2$ と直線 $y=\frac{1}{2}x+3$ の交点である。この2式より，$\frac{1}{2}x^2=\frac{1}{2}x+3$，$x^2-x-6=0$，$(x+2)(x-3)=0$ となり，$x=-2$，3となるから，点Cの x 座標は3である。△OBF，△OCFの底辺をOFと見ると，△OBFの高さは2，△OCFの高さは3だから，△OBC=△OBF+△OCF$=\frac{1}{2}\times3\times2+\frac{1}{2}\times3\times3=\frac{15}{2}$ となる。したがって，〔四角形OCAB〕$=2\times\frac{15}{2}=15$ である。

4 〔特殊・新傾向問題―規則性〕

(1)<**金貨の枚数**>金貨は，1日目から，3枚，2枚，1枚，0枚，3枚，2枚，1枚，0枚，……となっているから，3枚，2枚，1枚，0枚を貯《た》める4日間を繰り返す。17÷4=4あまり1だから，17日目までに，3枚，2枚，1枚，0枚を貯める4日間を4回繰り返し，残りの1日は，1日目と同じ枚数の3枚を貯める。よって，17日目までに貯まっている金貨の枚数は，$(3+2+1+0)\times4+3=27$(枚)となる。

(2)＜**硬貨の枚数**＞(1)より，金貨は，3枚，2枚，1枚，0枚を貯める4日間を繰り返すので，$40\div4=10$ より，40日目までにこの4日間を10回繰り返す。これより，貯まっている金貨の枚数は，$(3+2+1+0)\times10=60$(枚)となる。銀貨は，2枚，0枚，1枚を貯める3日間を繰り返すので，$40\div3=13$ あまり1より，40日目までにこの3日間を13回繰り返し，残り1日は1日目と同じ2枚を貯める。よって，40日目までに貯まっている銀貨の枚数は，$(2+0+1)\times13+2=41$(枚)である。銅貨は，0枚，1枚，1枚，1枚，1枚，1枚を貯める6日間を繰り返すので，$40\div6=6$ あまり4より，40日目までにこの6日間を6回繰り返し，残りの4日は1日目から4日目までと同じ枚数を貯めるので，0枚，1枚，1枚，1枚を貯める。よって，40日目までに貯まっている銅貨の枚数は，$(0+1+1+1+1+1)\times6+0+1+1+1=33$(枚)である。以上より，40日目までに貯まっている硬貨の枚数は，$60+41+33=134$(枚)となる。

(3)＜**日数**＞硬貨の貯まり方は，金貨が4日間，銀貨が3日間，銅貨が6日間の繰り返しなので，4，3，6の最小公倍数が12より，3種類の硬貨の貯まり方は，12日間の繰り返しとなる。この12日間に，$12\div4=3$ より，金貨は $(3+2+1+0)\times3=18$(枚)貯まる。$12\div3=4$ より，銀貨は $(2+0+1)\times4=12$(枚)貯まる。$12\div6=2$ より，銅貨は $(0+1+1+1+1+1)\times2=10$(枚)貯まる。よって，12日間で貯まる硬貨の重さの合計は $30\times18+25\times12+20\times10=1040$(g)である。$4455\div1040=4$ あまり295より，硬貨全体の重さが4455gになるとき，12日間の繰り返しは4回あるので，その日数は $12\times4=48$(日間)である。49日目以降に貯まる硬貨の重さの合計が295gになればよい。49日目は1日目と同じ枚数の硬貨が貯まるから，金貨が3枚，銀貨が2枚，銅貨が0枚より，重さは $30\times3+25\times2=140$(g)である。50日目は2日目と同じ枚数の硬貨が貯まるから，金貨が2枚，銀貨が0枚，銅貨が1枚より，重さは $30\times2+20\times1=80$(g)である。49日目以降に貯まった硬貨の重さの合計は $140+80=220$(g)となる。51日目は3日目と同じ枚数の硬貨が貯まるから，金貨，銀貨，銅貨がいずれも1枚で，重さは $30\times1+25\times1+20\times1=75$(g)であり，49日目以降に貯まった硬貨の重さの合計は $220+75=295$(g)となる。このとき，全体の重さが4455gになるので，4455gになるのは51日目である。

＝読者へのメッセージ＝

平方根の記号($\sqrt{}$)は，ドイツの数学者ルドルフによる1525年の著書で使われたのが最初といわれています。ルドルフは，上の横線のない記号(√)を使っていました。後に，フランスの数学者デカルトによって，今のような形になりました。

2022年度／明星高等学校（本科）

国語解答

一 問1　A…②　B…③　C…③　D…④
E…①
問2　③　問3　①　問4　②
問5　④　問6　①　問7　③
問8　②

二 問1　A…④　B…③　C…①
問2　④　問3　①　問4　②
問5　②　問6　③　問7　①

一〔**論説文の読解―哲学的分野―人間**〕出典；榎本博明『〈自分らしさ〉って何だろう？――自分と向き合う心理学』「自分がわからない」。

≪本文の概要≫一人前の基準がはっきりしないため，なかなか大人になれない若者が増加しているのではないか。昔は，力仕事ができることが，一人前の基準だった。今は，産業技術や社会の仕組みが複雑になり，仕事につくために必要な知識や技術が高度化して，学校の修業年限が長期化し，それにつれて，一人前になるまでに時間がかかるようになった。そのため，青年期を二十歳で終わるとみなすことには無理がある。現在の日本では，モラトリアムという猶予期間が非常に居心地のよいものになってきているので，あえてその時期を脱して厳しい大人としての人生に歩みだそうとする若者が出てこないのも当然である。モラトリアムに対する若者の心情の変化には，物資的に豊かな社会，価値観の多様化，技術革新による変動の激しい社会といった要因が関係している。つまり，モラトリアムに対する若者の心理が変わってしまったので，決断を先延ばしにしていつまでも自由に漂っている若者が増えてきたということである。

問１＜**漢字**＞A.「儀礼」と書く。①は「議題」，②は「行儀」，③は「技巧」，④は「義足」。　B.「深刻」と書く。①は「告示」，②は「国技」，③は「彫刻」，④は「穀物」。　C.「依存」と書く。①は「子孫」，②は「物損」，③は「存続」，④は「尊重」。　D.「試行」と書く。①は「至(る)」，または，「到(る)」，②は「志(す)」，③は「指(し)」，④は「試(みる)」。　E.「規範」と書く。①は「模範解答」，②は「交通違反」，③は「日常茶飯」，④は「通信販売」。

問２＜**接続語**＞Ⅰ. 今の日本で，成人式が二十歳で行われているのは，「二十歳になれば一人前になって青年期は終わるとみなしている」からであるが，科学技術や産業構造の高度化・複雑化，高学歴化という現実を見ると，「今や二十歳で青年期が終わるとはとても言えない状況」になっている。Ⅱ.「子どもと大人の境界線上の，こんな中途半端な時期を一刻も早く抜け出して大人になりたいという思い」よりは，どちらかというと，「まだまだ大人になりたくない，このまま自由に漂っていたいという思いの方が強い」のではないだろうか。

問３＜**文章内容**＞a.「モラトリアム」という時期は，まだ大人になっていないので，「半人前扱い」である。一人前ではないので，「権利」は，大人に比べて大きく制限されている。　b，c，d.「かつてのモラトリアム」は，「半人前扱い」なので，大人に比べて「義務」はないが，「権利」もなかった。「現代のモラトリアム」は，「義務」がないことはかつてと同じであるが，アルバイトをすればお金が手に入って消費者としての「権利」は享受できるため，いつまでも抜け出したくない，自由で気楽な時期といった感じになっている。

問４＜**表現**＞ここでの「一人前」とは，大人として「一人前」ということである。そして，「大人」

とは，「所属する社会において一人前の役割を担うことができること」を指している。「社会人」という言い方もあるように，職業についたり，結婚して親になって次の世代を育てたりするなど，何らかの社会的役割をになうことが，「一人前」ということである。

問5＜文章内容＞共同体に不可欠な田植えなどの力仕事が一人前の基準だった時代であれば，十五歳くらいで成人し，青年期は終わることになる。しかし，今はそんなに単純な社会ではない。今は，産業技術や社会の仕組みが複雑になり，社会で役に立つ仕事につくために必要な知識や技術が高度化し，学校での修業年限が長期化している。その結果，「一人前になるまでに時間がかかるようになり，それにともなって青年期が終わる時期はしだいに遅くなって」きている。

問6＜文章内容＞青年期を脱する条件は，職業についたり，結婚して親になって次の世代を育てたりするなど，何らかの社会的役割をになうことだといってよい。しかし，大学進学率が上がった今の時代では，二十歳というのは大学生活の真っただ中であり，「学校での修業年限が長期化」して大学院進学者も増えている(③…○)。また，高校や大学を出ても定職につかないフリーターやニートが急増しているが，彼らもアルバイトなどでお金を手にして自由を享受できている(②…○)。さらに，職業について経済力を得ても親元を離れず，「家事でも心理的にも親に依存したまま」独立せずに二十代後半から三十代を迎える，「パラサイト・シングル」と呼ばれる若者も増えた(④…○)。

問7＜文章内容＞本来，「モラトリアム」は，子どもと大人の境界線上の中途半端な時期で，若者にとっては一刻も早く抜け出したいものであった。しかし，今では，モラトリアムの時期が非常に居心地のよいものになってきた。そのため，「あえてその時期を脱せずに厳しい大人としての人生へと歩み出さない若者が出てくる」のは，当然といえる。

問8＜要旨＞大学進学率が上がった今では，二十歳というのは大学生活の真っただ中であり，また，大学院進学者も増え，学生の身分のまま二十代後半に突入する若者も珍しくない。そのうえ，高校や大学を出ても定職につかない者も急増している(①…×)。今では，モラトリアムという時期が非常に居心地のよいものになっているが，そうした変化には，「物質的に豊かな社会，価値観の多様化，技術革新による変動の激しい社会といった要因」が関係している(②…○)。今の社会では，社会にがっちりと組み込まれなくても，例えば，アルバイターでもそれほど不自由せずに暮らしていけるし，消費者としての権利を行使しながらそこそこ楽しく過ごすことができるので，居心地のよいモラトリアムの時期を脱しようと思わない若者が増えるのも当然である(③…×)。筆者は，モラトリアム心理が世の中にはびこり，決断を先延ばしにしていつまでも自由に漂っている若者が増えてきたことを指摘しているが，若者はどう生きるべきか，一人前になるにはどうしたらよいかなどについては言及していない(④…×)。

二〔**小説の読解**〕出典；重松清『卒業ホームラン』。

問1＜語句＞A.「たたずむ」は，立ち止まって，しばらくその場に立っている，という意味。　B.「げんなりする」は，疲れたり飽きたりしていやになっている，という意味。　C.「きょとんとする」は，どういうことなのか理解できずに戸惑い，ぼんやりする，という意味。

問2＜心情＞智は，最後の試合でも，出場どころかベンチ入りすらできなかったが，それでも，ふだんと変わらない様子だった。智と同じ六年生でベンチ入りしている仲間は，そのような智を気の毒に思ったり，自分が出場しているのが何か申し訳ないように感じたりもした。

問３＜文章内容＞智は，試合後，徹夫に「中学に入ったら，部活はどうするんだ？」と尋ねられると，「野球部，入るよ」と間を置かずに答えた。佳枝が別のスポーツにしたらどうかと言っても「野球部にする」と言った。さらに，徹夫が，「レギュラーは無理だと思うぞ」「三年生になっても球拾いかもしれないぞ。そんなのでいいのか？」と尋ねると，智は顔を上げて，きっぱりと「いいよ。だって，ぼく，野球好きだもん」と答えた。智には，野球が好きだという確固たる気持ちがあり，レギュラーになれるかどうかより，好きな野球ができることの方が大事だった。

問４＜文章内容＞チームをレベル別に三つに分け，相手にもレベルを合わせてもらって試合をするようにすれば，確かにより多くの子どもが試合に出られる。しかし，徹夫は，智はＢチームのレギュラーになって喜んでほしくないと思った。徹夫は，一つのチームの中でメンバーが競い合いながら力をつけていくことこそが望ましいと考えていたからである。

問５＜文章内容＞野球チームに入っている子どもの親は，子どもに「悲しい思い」をさせたくないと思っていた。この場合の「悲しい思い」とは，試合に出られないことだけでなく，試合に勝てないことも含んでいる。この親の理屈を突き詰めると，子どもに「悲しい思い」をさせないためには，試合に必ず勝つこと，そのためには，必ず勝てる相手と試合をする，ということになる。

問６＜文章内容＞徹夫は，チームをレベル別に分けると，子どもたちがレベルの低いチームでレギュラーになって喜ぶというようなことになるのではないかと思った。負けず嫌いの性格で，勉強でもスポーツでも，負けたくないから必死にがんばってきた徹夫は，子どもたちにも，がんばればいいことがあること，努力は必ず報われることを信じさせてやりたいと思った。

問７＜表現＞徹夫は，初めは，小学校では最後までベンチ入りさえできなかったにもかかわらずふだんと変わらない様子でいる息子，智の気持ちがわからなかった。また，後任の監督から，チームをレベル別に分け，試合の相手にもレベルを合わせてもらうことで公平さを保とうという考えを聞かされ，彼の折り合いのつけ方にも一理あるのかもしれないと認めながらも，やはり納得できなかった。しかし，智と話す中で，野球が好きだからレギュラーになれずにいつまでも球拾いでもいいという智の考えを知った。すると，「両肩から，すうっと重みが消え」ていき，「頬が内側から押されるように」ゆるみ，それまでのこだわりは消えてしまった。読者は，そのような徹夫の心の動きに，読者自身の経験を重ね合わせることができるのではないだろうか。

2022年度 明星高等学校（ＭＧＳ）

【英　語】（50分）〈満点：100点〉

I　二人の人物による対話を聞き、それに関する質問の答えとして最も適当なものを、それぞれ選択肢１～４から一つずつ選び、数字で答えなさい。**対話は１回しか読まれません。**

No.1

1.

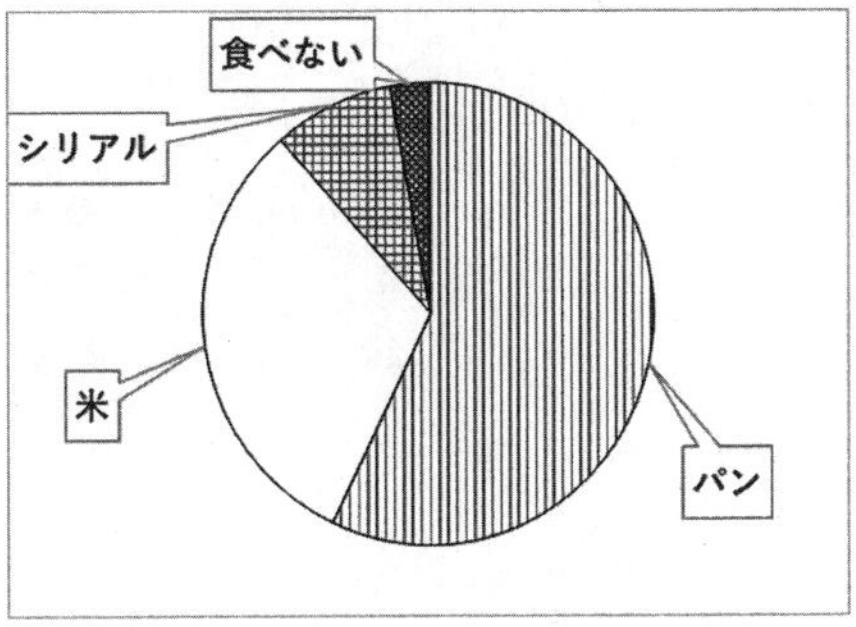

2.

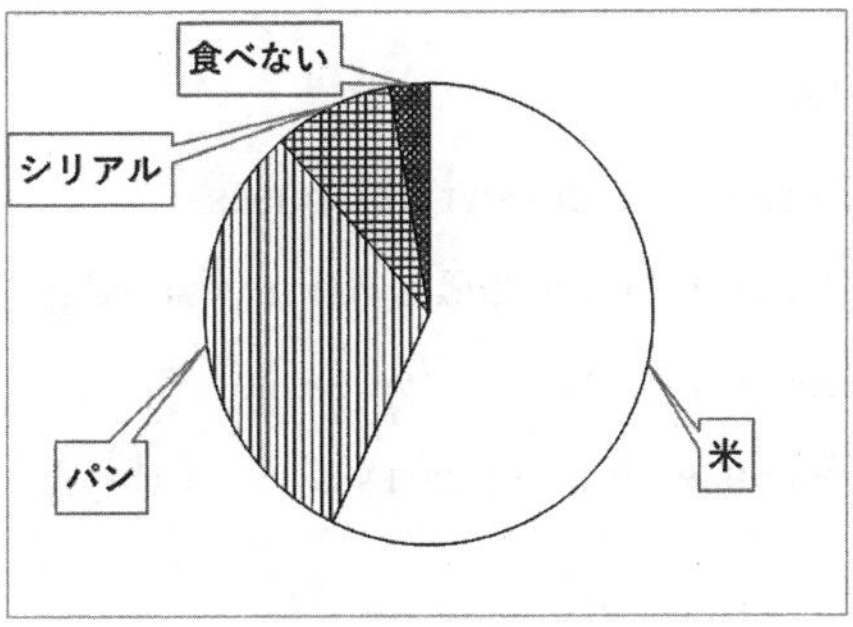

3.

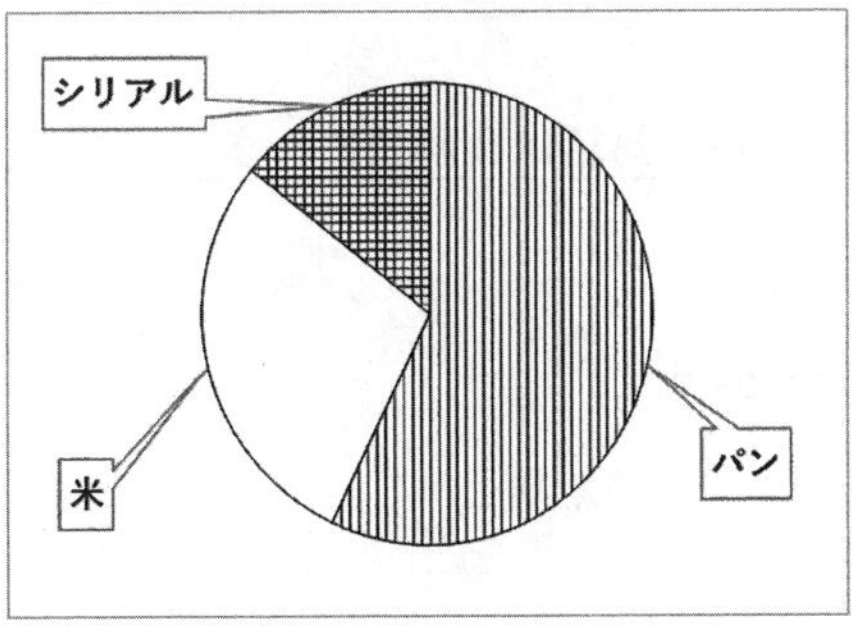

4.

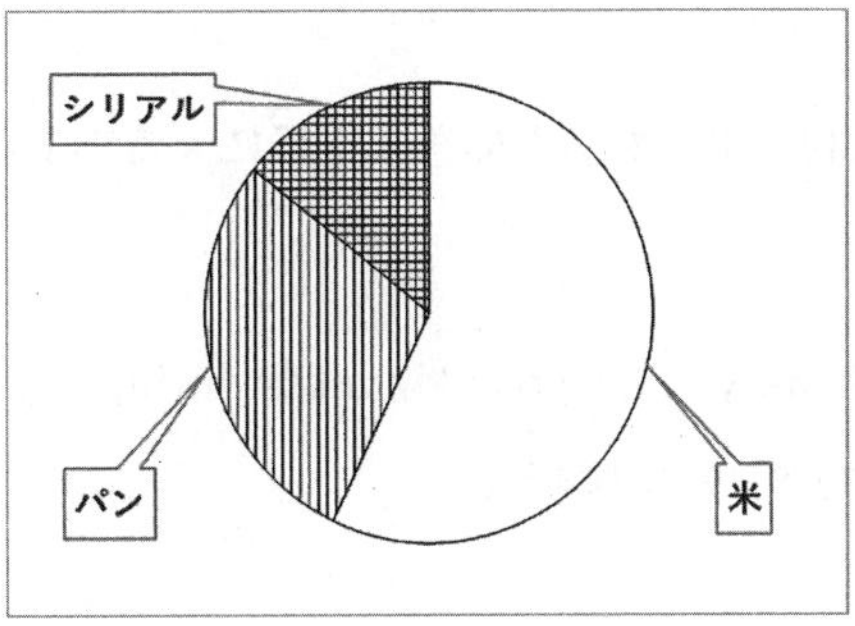

No.2

1.

５時半	待ち合わせ
移動	
６時半	試合開始

2.

６時	待ち合わせ
移動	
６時半	試合開始

3.

５時半	待ち合わせ
移動	
７時	試合開始

4.

６時	待ち合わせ
移動	
７時	試合開始

Ⅱ 二人の人物による対話を聞き、それに関する二つの質問の答えとして最も適当なものを、それぞれ選択肢１～４から一つずつ選び、数字で答えなさい。**対話は２回読まれます**。

Question No.1

1．In a hotel room.
2．At a station.
3．In an old building.
4．At a taxi stand.

Question No.2

1．Because he doesn't like buses.
2．Because he booked a room yesterday.
3．Because he will arrive earlier.
4．Because he must carry a lot of things.

Ⅲ 二人の人物による対話を聞き、空所に入る英文を書きなさい。**対話は２回読まれます**。

Ken: Thank you for your kindness during my stay. It was fun.
Lily: I miss you already. ( ).

（編集部注：放送文は未公表のため掲載してありません。）

Ⅳ 以下の対話の文章を読んで、あとの各問に答えなさい。

（*印の付いている単語には、本文のあとに［注］がある）

Emily, Harry, Nancy and Andy graduated from the same junior high school in London. 10 years after their graduation, they are planning to hold an event to meet their old classmates.

Emily: Hello, everyone. Can you hear me?

Harry: Hey guys, I am here.

Nancy: Hi, Emily and Harry. I'm with Andy at home.

Emily: How are you guys? I was really surprised to hear you two got married.

Andy: Haha. (1)I'm sure you were. We're doing great.

Nancy: Shall we start the discussion? It's about our reunion event, isn't it?

Emily: Yes, let's start. Well, I sent an email to our old classmates and already received responses from 30 of them. I would say that is a pretty good number.

Harry: Nice. I thought (2)many of them wouldn't be able to make it because they have moved to other cities.

Emily: And a few of them haven't replied to the email yet. I think we should wait a little longer.

Andy: Ah, but I don't think we can wait so long. We need to decide a date and place in a week. The prices will go up if we make a booking late.

Nancy: That's true. Let's meet the deadline.

Harry: For the place, I know someone in my office whose friend runs restaurants in London. I think we can book one of them.

Nancy: That's good to know. I think that will also take care of our cost.

Emily: Thank you, Harry. By the way, I have told all *participants that we shouldn't use our phones too much during the event because that would be a big waste of time. For *selfies, it's fine. But I have asked a professional photographer to take some really good photos at our event.

Andy: Wonderful. I also think we shouldn't spend time on our phones when we are meeting someone face-to-face.

Harry: I agree. A reunion event is a nice chance to talk with our old classmates.

Emily: That's a good point. Oh, is there any way to get a response from everyone who plans to attend the reunion?

Nancy: We can make a group chat. Many of them are in my contact list. I think everyone can join the group if (3)Emily and Andy do the same.

Emily: Sounds like a plan! Let's do it!

［注］participant　参加者　　booking　予約　　selfie　自撮り写真

引用：https://www.peptalkindia.com/english-conversation-about-planning-a-friends-reunion/
（一部改変しています）

問１　(1)I'm sure you were. の内容を次のように書き表すとき、[　　　　]の中に入る最も適当なものを選択肢ア～エから一つ選び、記号で答えなさい。

Andy thinks [　　　　].

ア．it was surprising for Emily that he got married to Nancy

イ．Emily didn't know about their reunion event

ウ．it was surprising for Emily that he sent an email

エ．Emily didn't know he got a lot of responses

問２　(2)many of them wouldn't be able to make it の内容を次のように書き表すとき、[　　　　]の中に入る最も適当なものを選択肢ア～エから一つ選び、記号で答えなさい。

Many of Harry's old classmates wouldn't be able to [　　　　].

ア．attend the event

イ．reply by the deadline

ウ．find a place for the event

エ．go to other cities for the event

問３　次の英文を本文の内容と合うように完成させるとき、[　　　　]の中に入る最も適当なものを選択肢ア～エから一つ選び、記号で答えなさい。

There's a person in Harry's office [　　　　] has a friend running restaurants in London.

ア．what　　イ．who　　ウ．which　　エ．whose

問４　(3)Emily and Andy do the same. の内容を次のように書き表すとき、[　　　　]の中に入る最も適当なものを選択肢ア～エから一つ選び、記号で答えなさい。

Emily and Andy [　　　　].

ア．have a lot of chances to talk with their old classmates

イ．find a better plan which sounds nice to everyone

ウ．use a group chat to respond to all the participants

エ．check their contact list to add everyone in the group

問５　下のSNSの投稿はイベント参加者の１人がイベント後に投稿したものである。空欄(A)と(B)それぞれに入る単語の組み合わせとして最も適当なものを選択肢ア～エから一つ選び、記号で答えなさい。

During the event, phones were completely (A). We didn't even take selfies. We just talked and talked. So, this is a photo I took 10 years ago. I still remember the old days. We were very young. We've grown up so much since then. Thank you for the great reunion! I'm looking forward to (B) the photos taken by the photographer!

ア．(A) necessary　　(B) see
イ．(A) necessary　　(B) seeing
ウ．(A) unnecessary　　(B) see
エ．(A) unnecessary　　(B) seeing

V 以下の英文を読んで、あとの各問に答えなさい。
（*印の付いている語(句)には、本文のあとに［注］がある）

The Impact of Art Class on Students

Art class is (1) just learning to draw pictures. Students are able to learn *critical-thinking and problem-solving skills in a great art *curriculum. *Academic subjects like math or science are good, but art opens a child's mind in a different way. (2)【 a problem / how / it / look at / teaches / them / to 】 from a different angle. This is the basic idea behind the arts program.

It is reported that art improves students' all-round academic performance. This is because children who practice art can (3)think outside the box. They learn how to use their knowledge for problems which have no right answers. Students need to use not only their past experiences but also ideas from other cultures. This is a positive thing for their growth.

In addition, (4)joining group activities such as art festivals and art shows helps children get social skills. Also, they learn ways to make efforts for a greater goal. For example, if someone is not good at acting on stage but is really good at drawing, they may choose to (5)take on the role of set designer. Children find a way to work together and create something amazing in a group.

Moreover, it is said that art can help people relax. Academic studies are sometimes very stressful for students. So, it is necessary for them to have time to express what is on their minds. By doing so, they can reduce stress of their academic studies.

For these reasons, students should have chances to try out many forms of art. Sometimes, art is not seen as an important part of a curriculum. But students should have more time to do artwork. In return, they can learn to think creatively and to be interested in the world around them. (6)Real experiences are very important for students.

［注］critical-thinking and problem-solving skills 批評的思考と問題解決能力
curriculum　教育課程・カリキュラム　　academic　学問的な

引用：https://www.owis.org/blog/the-impact-of-art-class-on-students
（一部改変しています）

問1　(1) に入れるのに最も適当なものを選択肢ア～エから一つ選び、記号で答えなさい。

ア．as many as　　イ．as much as

ウ．less than　　エ．more than

問2　(2)【 a problem / how / it / look at / teaches / them / to 】の【　】内の語(句)を並べ替えて意味の通る文を作るとき、３番目と５番目に来るものの組み合わせとして正しいものを選択肢ア～エから一つ選び、記号で答えなさい。ただし、文頭にくる語も小文字で示してある。

ア．３番目：them　　５番目：to

イ．３番目：them　　５番目：look at

ウ．３番目：how　　５番目：look at

エ．３番目：how　　５番目：to

問3　(3)think outside the box の言い換えとして、最も適当なものを選択肢ア～エから一つ選び、記号で答えなさい。

ア．think carefully　　イ．think freely

ウ．think quickly　　エ．think straightly

問4　(4)joining group activities によって学生が得られると思われるメリットを本文中から２つ探し、日本語で答えなさい。ただし、解答用紙のメリット１と２の順番は問わない。

問5　(5)take on の意味として最も適当なものを選択肢ア～エから一つ選び、記号で答えなさい。

ア．～を諦める　　イ．～を作り出す

ウ．～をよく考える　　エ．～を引き受ける

問6　本文の内容と一致しないものを一つ選び、記号で答えなさい。

ア．Art is always thought to be an important part in schools all over the world.

イ．Getting ideas from other cultures is a good thing for students to grow up.

ウ．Art can make students relaxed because they can express their thoughts.

エ．All-round academic performance will get better by taking time to do artwork.

問7　(6)Real experiences are very important for students. に関連して、あなたの今までの人生で最も印象に残っている体験と、そこで考えたこと、またはそこから学んだことを25～35語の英語で簡潔に書きなさい。ただし、ピリオドやカンマは語数に数えない。

Ⅵ　以下の英文を読んで、あとの各問に答えなさい。
（*印の付いている語(句)には、本文のあとに［注］がある）

In 1971, when Larry Stewart was 22 years old, he lost his job. For weeks, he drove from city to city and looked for work. He found nothing. In a small town in Mississippi, his car ran out of gas. He could not pay for a hotel room, so he slept in his car. He had no money to buy food, so he got really hungry. For two days, he ate nothing at all. He was really tired.

Early in the morning, Larry went to a small restaurant. Only one man was working there; he was the restaurant's owner. Larry ate a big breakfast. When the owner gave him the (1)bill, Larry reached into his pocket. "Oh, no!" he said. "I lost my wallet!" Of course, that wasn't true; Larry's wallet was in his car, but there was no money in it.

The owner bent down and reached under Larry's table. When he stood up, he had a 20-dollar ㋐bill in his hand. "［　　(2)　　］" he said. He put the money in Larry's hand. "Yes, I did," Larry said. He paid for his breakfast, then pushed his car to a gas station and filled the tank.

Larry decided to drive to Kansas City, Missouri, because he had a cousin there. "Maybe my cousin can help me find work," Larry thought. On the way to Kansas City, Larry thought about the restaurant owner. "He didn't really find that 20 dollars under my table," Larry thought. "He gave me his money."

In Kansas City, Larry found a job. Later he started a cable TV business, and it was a success. Nine years after he arrived in Kansas City, Larry was a rich man.

One day Larry went to a restaurant in Kansas City and ordered a hamburger for lunch. The waitress who took his order looked tired. Larry thought back to 1971, and then he was tired, ［　　(3)　　］, and out of work. He thought about the small restaurant in Mississippi and the man who had given him 20 dollars. When the waitress brought the ㋑bill, Larry gave her 20 dollars. "Keep the change." He told her. (4)The waitress started to cry. "Thank you, sir," she said. "Thank you very much."

When Larry left the restaurant, he went to his bank and got some 100-dollar ㋒bills. All day he walked around Kansas City with the money. When he saw people who looked sad or poor, he gave them a 100-dollar ㋓bill. At the end of the day, he felt ［　　(5)　　］.

Larry had a new hobby: giving money away. Sometimes he gave 100-dollar bills to people on the street. Sometimes he went to fast-food restaurants or *Laundromats and gave money to people there. He returned to the restaurant in Mississippi and gave the owner an envelope with $10,000 in it. When the man opened the envelope, he tried to hand it back. "No, sir," Larry told him. (6)"【 back / came / I / pay / to / you 】." Altogether, Larry gave away more than one million dollars.

"We are here on earth to help one another," Larry said. "Help the people who helped you. Help others, too. (7)Don't just pay it back. Pay it forward."

［注］Laundromats：コインランドリー

問１　(1)billと同じ意味で使われているbill (bills)を本文中の㋐～㋓から一つ選び、記号で答えなさい。

問２　(2)　に入れるのに最も適当なものを選択肢ア～エから一つ選び､記号で答えなさい。

ア．You dropped this, didn't you?　　イ．Did you find your wallet?

ウ．You wanted to work here, didn't you?　　エ．Did you order a big breakfast?

問３　(3)　に入る英語一語を、　(3)　よりも前の部分から抜き出して答えなさい。

問４　(4)The waitress started to cry. の理由として当てはまらないものを一つ選び、記号で答えなさい。

ア．ラリーがそっと気遣ってくれた親切心に感動したから。

イ．予想もしなかった他人の厚意に心打たれたから。

ウ．ラリーのさりげない優しさに胸がいっぱいになったから。

エ．予期せぬ出来事に恐怖心が湧き起こったから。

問５　(5)　に入れるのに最も適当なものを選択肢ア～エから一つ選び､記号で答えなさい。

ア．surprised　　イ．unhappy　　ウ．satisfied　　エ．worried

問６　(6)"【 back / came / I / pay / to / you 】." の【　】内の語を並べ替えて意味の通る文を作るとき、２番目と５番目に来るものの組み合わせとして正しいものを選択肢ア～エから一つ選び、記号で答えなさい。ただし、文頭にくる語も小文字で示してある。

ア．２番目：back　　５番目：you　　イ．２番目：came　　５番目：you

ウ．２番目：back　　５番目：to　　エ．２番目：came　　５番目：to

問７　(7)Don't just pay it back. Pay it forward." はどのようなことを意味しているか、日本語で述べなさい。

問８　次の問いに対するあなたの考察を英語で述べなさい。

Why did the owner of the restaurant give Larry 20 dollars?

問９　本文の内容を以下のようにまとめるとき、空所(i)～(iv)に入る最も適当な動詞をそれぞれ答えなさい。

Larry ate breakfast without money at a restaurant in Mississippi. When he got his bill, he told a lie that he (i) his wallet. Then the owner of the restaurant gave him 20 dollars and said he (ii) his money under the table. After becoming rich, Larry started to give his money to the poor to (iii) them. Finally, Larry returned to the restaurant in Mississippi and (iv) more than what he got from the owner of the restaurant at that time.

【数　学】（50分）〈満点：100点〉

1 次の各問いに答えなさい。

(1) $0.6\div\left(\frac{3}{5}\right)^2\times\left(-\frac{1}{2}\right)^3$ を計算しなさい。

(2) $-\frac{9x-15y}{18}+\frac{-8x+10y}{12}$ を計算しなさい。

(3) $(2\sqrt{99}+\sqrt{176})\times\left(\frac{5\sqrt{2}}{2}-\frac{1}{\sqrt{2}}\right)$ を計算しなさい。

(4) 連立方程式 $\begin{cases} 2x=3y-1 \\ 5y=\frac{16}{9}x+4 \end{cases}$ を解きなさい。

(5) x についての2次方程式 $2(x-6)=(x-6)^2-5$ を解きなさい。

2 次の各問いに答えなさい。

(1) x についての2次方程式 $ax^2+bx+1=0$ が 2，$\frac{1}{2}$ を解にもつとき，a，b の値を求めなさい。

(2) 定価が500円のケーキを x 個購入する。店内で食べると10％の消費税がかかり，持ち帰りにすると8％の消費税がかかる。持ち帰りにした場合は，店内で食べる場合より40円安かった。このとき，x の値を求めなさい。

(3) 下の図において，直線 l は円 O の接線，点 A はその接点である。このとき，$\angle x$ の大きさを求めなさい。

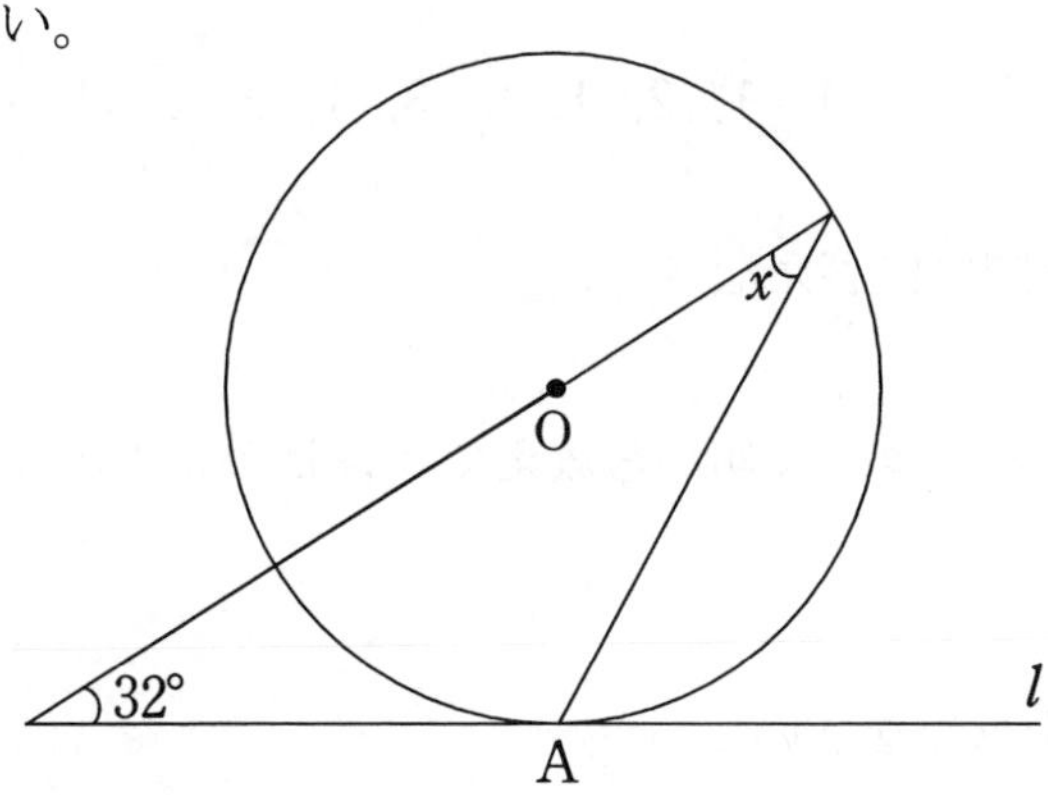

3 下の図のように，放物線 $y=ax^2$ 上に 2 点 A，B がある。ただし，a は正の数である。点 A の座標は (4, 8)，点 B の座標は x 座標が負で，y 座標が 2 である。また，x 軸上の点で，x 座標が 5 である点を C とする。このとき，次の各問いに答えなさい。

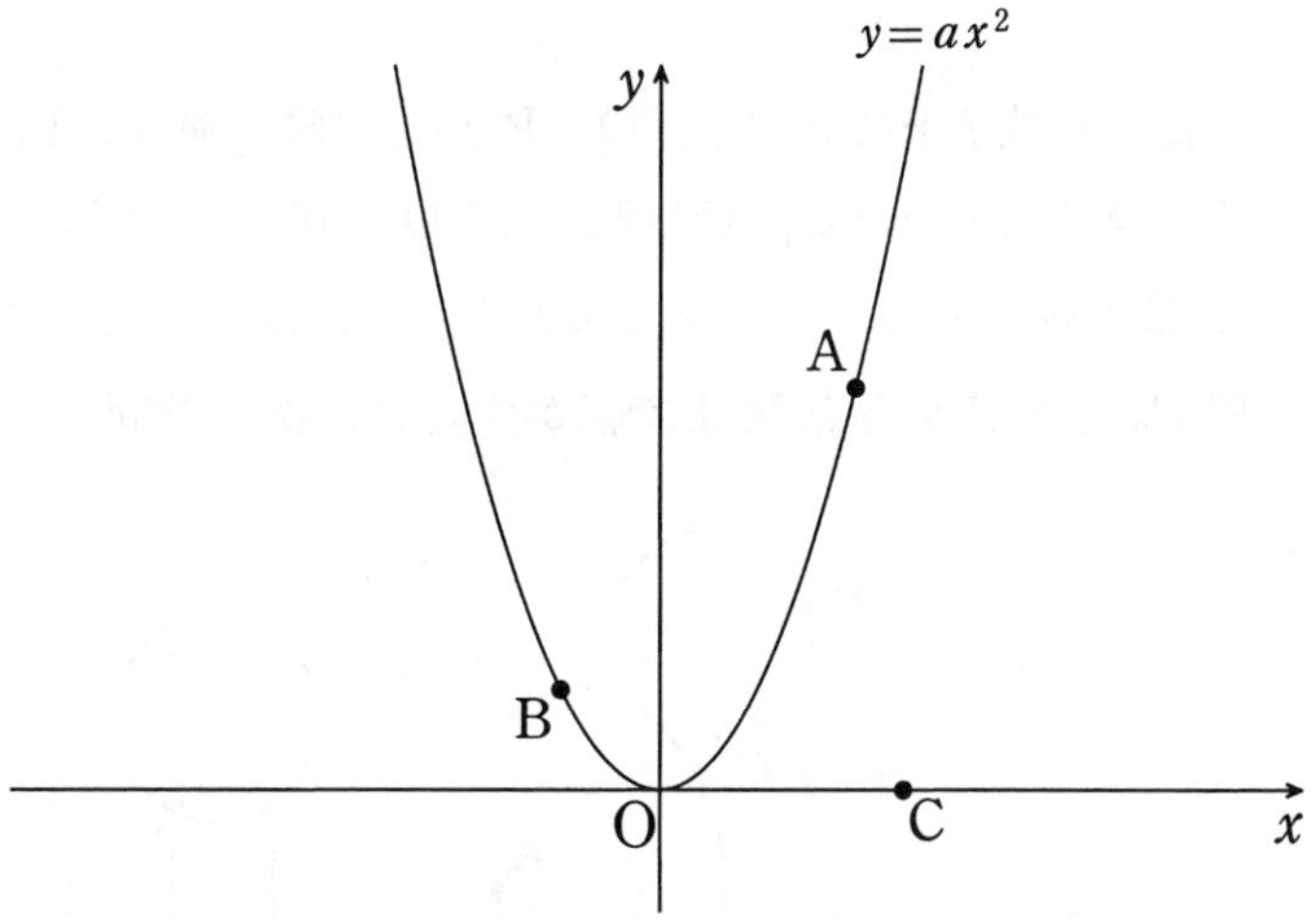

(1) a の値を求めなさい。

(2) 四角形 ABCD が平行四辺形となるように点 D をとる。このとき，点 D の座標を求めなさい。

(3) 平行四辺形 ABCD の面積を求めなさい。

(4) 原点 O を通り，平行四辺形 ABCD の面積を二等分する直線の式を求めなさい。

4 下のように，ある規則にしたがって数が並んでいる。

1，1，2，1，2，3，1，2，3，4，……

このとき，次の各問いに答えなさい。

(1) 初めて7が出るのは，最初から数えて何番目かを求めなさい。

(2) 60番目の数を求めなさい。

(3) 最初からx番目までの数をすべてかけたとき，積がはじめて10000を超えた。
このとき，xの値を求めなさい。

5 下の図のように，直線l上に3点P，Q，Rがこの順に並び，PR＝10 cmである。点Aを中心とする半径3 cmの円C_1は直線lと点Qで接している。点Bを中心とする半径1 cmの円C_2は直線lと接しており，図のように，直線l上および円C_1の外部を滑らずに転がる。円C_2を点Pから点Rまで転がすとき，次の各問いに答えなさい。

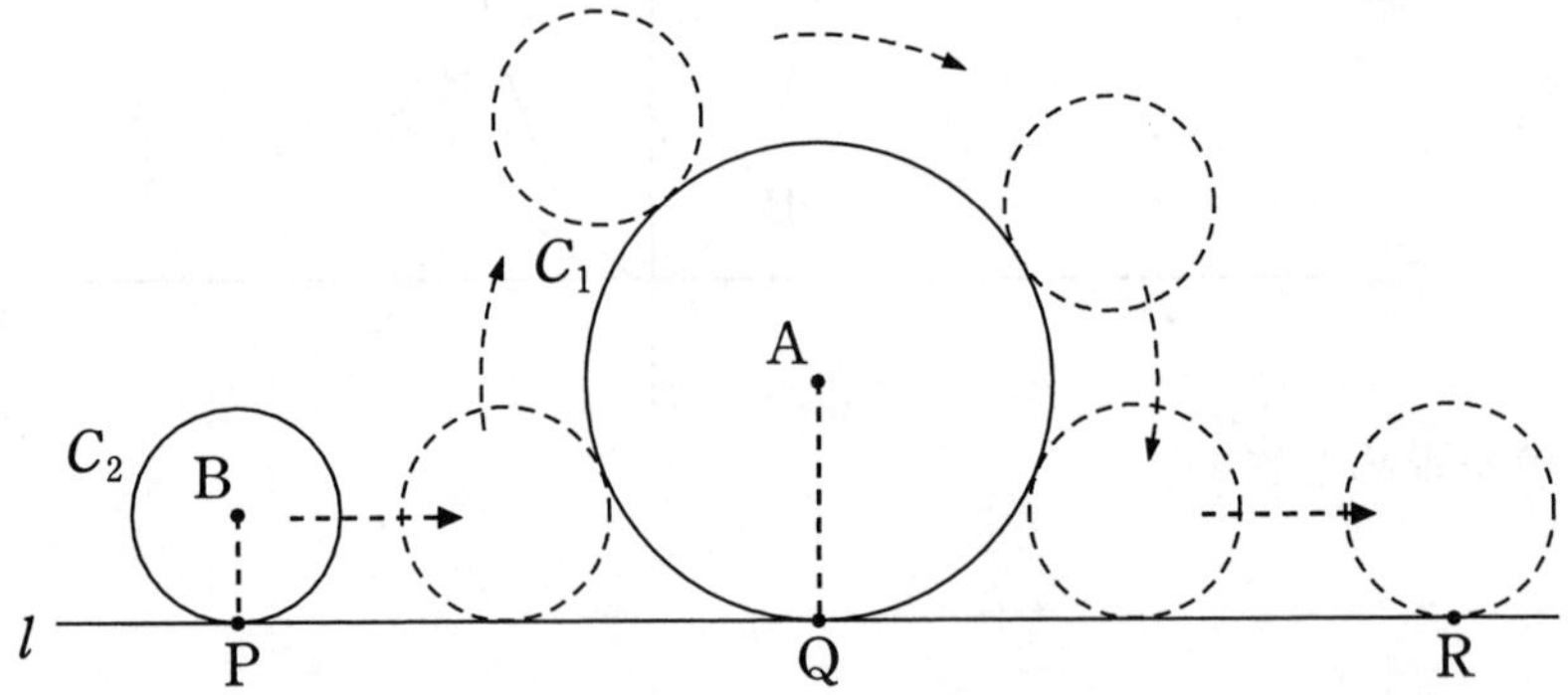

(1) 2つの円C_1，C_2がはじめて接するとき，円C_2と接線lとの接点をSとする。
SQの長さを求めなさい。

(2) 円C_2が点Pから点Rまで転がったとき，点Bの通った跡の長さを求めなさい。
ただし，円周率はπとする。

問５　傍線部④「翁が子」とありますが、翁の子が兵隊として戦争に行かずに済んだ理由として最も適当なものを次のア～エのうちから一つ選び、記号で答えなさい。

ア　新しく生まれた馬に乗って落ちて、右腕を折ってしまったから。
イ　戦争に行かなくて済むように、自分でわざと右腕を折ったから。
ウ　兵士がみな死んでしまい、戦争がすぐに終わってしまったから。
エ　右腕を折った自分に代わって、父親が戦争に行ってくれたから。

問６　次は、本文を授業で学習した後の場面で教師が出した指示と、それに対する四人の生徒の解答です。正しく解答できているものを次のア～エのうちから一つ選び、記号で答えなさい。

教師の指示　この古文は中国の「塞翁《さいおう》が馬」という話がもとになっていて、現在でも「人間万事塞翁が馬」という言葉として残っています。「人間万事塞翁が馬」と同じような意味を持つことわざを調べて、その意味を書いてください。

ア　生徒Ａ――「風が吹けば桶《おけ》屋が儲《もう》かる」（意外な所に影響が出ること。また、あてにならない期待をすること。）
イ　生徒Ｂ――「禍福《かふく》は糾《あざな》える縄のごとし」（幸福と不幸は、縒《よ》り合わせた縄のように交互にやってくるということ。）
ウ　生徒Ｃ――「牛にひかれて善光寺参り」（他人の誘いや思いがけない偶然で、良い方向に導かれるということ。）
エ　生徒Ｄ――「嘘《うそ》から出た実《まこと》」（嘘や冗談として言ったことが、偶然にも現実や真実になってしまうということ。）

＊1　いかばかりなげくらん――どれほど嘆いているだろうか。
＊2　つゆもなげかざりけり――すこしも嘆かなかった。
＊3　あまた具してきにけり――たくさん連れて来た。
＊4　したしき、うとき――親しい人も親しくない人も。
＊5　いまいできたる馬――新しく生まれた馬。
＊6　さもあるもの――若く健康な男子。
＊7　これかしこきためしにいひつたへたり――中国ではこれを素晴らしいことの例として語り伝えている。

問1　空欄Ⅰ～Ⅲにあてはまる語句の組み合わせとして最も適当なものを次のア～エのうちから一つ選び、記号で答えなさい。

ア　Ⅰ　よろこばず　　Ⅱ　悔《く》いず　　Ⅲ　よろこばず
イ　Ⅰ　よろこばず　　Ⅱ　悔いず　　Ⅲ　悔いず
ウ　Ⅰ　悔いず　　Ⅱ　よろこばず　　Ⅲ　悔いず
エ　Ⅰ　悔いず　　Ⅱ　よろこばず　　Ⅲ　よろこばず

問2　傍線部①「あやしとおもふ」とありますが、その主語として最も適当なものを次のア～エのうちから一つ選び、記号で答えなさい。

ア　翁　　イ　翁から馬を借りた人　　ウ　翁の話を聞いた人　　エ　翁の子

問3　傍線部②「いとありがたきことなれば」とありますが、この口語訳として最も適当なものを次のア～エのうちから一つ選び、記号で答えなさい。

ア　とても感激することであるので　　イ　とても驚嘆することであるので
ウ　とてもめったにないことなので　　エ　とても数えきれないほどなので

問4　傍線部③「気色《けしき》」とありますが、その意味として最も適当なものを次のア～エのうちから一つ選び、記号で答えなさい。

ア　余裕　　イ　言葉　　ウ　性格　　エ　様子

問7　次の会話文は本文を読んだ生徒によるものです。これを読んで後の問いに答えなさい。

A　本文で説明されている「動的平衡」というモデルは、鴨長明の『方丈記』の冒頭の「ゆく川の流れは絶えずして、しかももとの水にあらず。」という文にも通じるものがあると思いました。

B　なるほど。そうすると生態系は［1］に、個々の生命は［2］にたとえられそうですね。

A　そして「動的平衡」が保たれるためには、［3］が大切だということになります。

B　『方丈記』の根底にあるのは、同じ世の中がずっと続いているようでいて個々のものは移り変わっていくという無常観ですが、それが生態系の「動的平衡」と重なる部分があると考えてみるととても興味深いですね。

(1)　空欄1・2に入る漢字一字をそれぞれ答えなさい。

(2)　空欄3に入る言葉として最も適当なものを次のア～エのうちから一つ選び、記号で答えなさい。

ア　流れが速すぎないこと
イ　流れる量が豊かであること
ウ　きれいな水質であること
エ　氾濫しないように管理すること

四

次の文章は、『古今著聞集』の一節です。唐土《もろこし》にいた北叟《ほくそう》という翁《おきな》は、優れた強い馬を持っていました。その馬を人にも貸してやり、自分でも乗って使い、生きていく手段にしていました。しかし、この馬がいなくなってしまいました。これに続く部分を読んで、後の問いに答えなさい。

聞きわたる人、*1「いかばかりなげくらん」とおもひて、とぶらひければ、「［Ⅰ］」とばかりいひて、*2つゆもなげかざりけり。①あやしとおもふほどに、この馬、おなじさまなる馬を*3あまた具してきにけり。②いとありがたきことなれば、*4したしき、うとき、よろこびをいふ。かかれどまた、「［Ⅱ］」といひて、これもおどろく③気色《けしき》なし。かくて、この馬あまたを飼ひて、さまざまにつかふあひだに、翁が子*5いまいできたる馬に乗りておちて、右の腕《かひな》を突き折りて、聞く人またおどろき、問ふにも、なほ「［Ⅲ］」といひて、気色かはらず。さるほどに、にはかに国にいくさおこりて、つはものをあつめられけるに、くにのうちに*6さもあるもの、のこりなくいくさにいでてみな死にけり。この④翁が子、このなかにもれにければ、片手《かたて》は折れたれども、いのちは全《まった》かりけり。*7これかしこきためしにいひつたへたり。

問4　傍線部③「回復力」とありますが、その説明として最も適当なものを次のア～エのうちから一つ選び、記号で答えなさい。

ア　特定の元素が減ってしまったときに元通りに数を増やす力。
イ　生態系のバランスが崩れてしまった状態から元に戻る力。
ウ　弱肉強食の関係を共生的な関係へと進化させていく力。
エ　増大してしまったエントロピーを再び減少させていく力。

問5　傍線部④「薄氷の上に成り立っている」とありますが、それはどういうことですか。最も適当なものを次のア～エのうちから一つ選び、記号で答えなさい。

ア　人間がこれまで地球環境や生物多様性に大きな関心を払ってこなかったことで様々な危機が発生しているが、効率性を重視しなければそれらを乗り越えられない、ということ。。
イ　多様性があるということによって生態系のバランスが保たれてきた面があるが、外来種や品種改良などによって多様性が大きくなりすぎて逆効果になっている、ということ。
ウ　弱肉強食という自然の掟にしたがって人間はこれまで地球環境を意のままにしてきたが、人間同士が衝突する現代の国家間の争いはうまく解決できていない、ということ。
エ　多種多様な生物の連関によって維持されてきた自然環境だが、人間が自らの都合だけを考えることをやめないとそのバランスは崩れてしまいかねない、ということ。

問6　本文の内容に合致するものを次のア～エのうちから一つ選び、記号で答えなさい。

ア　生物が食べものを限定するのは、様々な食べものを試して栄養価の高いものを見つけたからである。
イ　古くなった建物や道路を修繕・修理することで、エントロピーの増大は加速してしまっている。
ウ　太陽をエネルギー源として動いている生物たちの営みが、様々な元素を循環させている。
エ　人類は自然を利用し続けることで、驚くべき速度で科学と技術を発展させることができた。

病原体と宿主といったあらゆる結び目において、精妙な共生、あるいは共進化が見て取れる。

生物多様性が求められる根拠も実にここにある。生物多様性の価値は「バリエーションが多ければ、それだけ適応のチャンスが広がるから」というふうに漠然と理解されているけれど、それは生物多様性の一面でしかない。生物多様性は、動的平衡の強靭さ、回復力の大きさをこそ支える根拠なのだ。

それゆえに、もし多様性が局所的に急に失われると、それは動的平衡に決定的な綻《ほころ》びをもたらす。受粉の道具として品種が均一化されすぎたミツバチに次々と異変が生じている現象は、その典型的な例に見える。国家間のエゴ[*1]や効率思考が先行すれば、生物多様性の理念はあっという間に損なわれてしまうだろう。地球環境はしなやかであると同時に、④薄氷の上に成り立っている。

（福岡伸一『新版　動的平衡2　生命は自由になれるのか』）

＊1　エゴ――エゴイズムの略。自分の利益を中心に考えて、他人の利益は考えない思考や行動の様式。利己主義。

問1　空欄Ⅰ～Ⅲに入る言葉を、次のア～エのうちからそれぞれ選び、記号で答えなさい（ただし、同じ記号は二度以上使えません）。

ア　つまり
イ　たとえば
ウ　また
エ　しかし

問2　傍線部①「彼らは、食べ物に関して驚くほど禁欲的である」とありますが、その理由を本文から二十九字で抜き出し、始めと終わりの五字を答えなさい（句読点等も字数に含みます）。

問3　傍線部②「生命は工学的な思考とはまったく別な方法を採用した」とありますが、「生命」は「恒常性を保つ」ためにどんな方法を取っているのですか。六十字以内で説明しなさい（句読点等も字数に含みます）。

の法則」である。

エントロピーは「乱雑さ」と訳すことができるだろう。形あるものを壊し、熱あるものを冷まし、輝けるものを色褪《いろあ》せさせる。この宇宙の中で何者もエントロピー増大の法則に反することはできない。

エントロピーの増大を防ぐために、工学的発想に立てば、ものをもともと頑丈に作って破壊の力から守り抜くことが選ばれる。建物や道路や橋などの人工物はみなこの考え方によって作られる。

しかし、どんなに頑丈に作っても、やがて破壊の力はそれを凌駕《りょうが》する。数十年のオーダーならそれでもよいだろう。しかし生命の時間はずっとずっと長い。何万年。何億年。②生命は工学的な思考とはまったく別の方法を採用した。

わざと仕組みをやわらかく、ゆるく作る。そして、エントロピー増大の法則が、その仕組みを破壊することに先回りして、自らをあえて壊す。壊しながら作り直す。この永遠の自転車操業によって、生命は、揺らぎながらも、なんとかその恒常性を保ちうる。壊すことによって、蓄積するエントロピーを捨てることができるからである。

では、なぜ生命は、絶えず壊されながらも、一定の平衡状態、一定の秩序、一定の恒常性を保ちうるのか。それは、その仕組みを構成する要素が非常に大きな数からなっていて、また多様性に満ちているということにある。

そして、その多様性は、互いに他を律することによって関係性を維持している。つまり動的平衡においては、要素の結びつきの数が夥《おびただ》しくあり、相互依存的でありつつ、相互補完的である。だからこそ消長、交換、変化を同時多発的に受け入れることが可能となり、それでいて大きくバランスを失することがない。

動的平衡の視点から地球を捉え直してみたい。ミクロな眼で見ると、地球上のすべてのものは、生物にしろ無生物にしろ、物質はみな炭素、酸素、水素、窒素など、さまざまな元素から成り立っていると言える。そしてそれらの元素それぞれの総量は昔から変わらずほぼ一定である。

しかし、それは絶え間なく結びつき方を変えながら、循環している。その循環の、直接のエネルギー源は太陽だが、元素を次々と集め、あるいは繋《つな》ぎ変え、それをバトンタッチするもの、［Ⅱ］循環を駆動している働き手はいったい誰だろう。

それは、この地球上に少なくとも数百万種あるいは一〇〇〇万種近く存在すると考えられる生物たちである。彼らがあらゆる場所で、極めて多様な方法で、絶え間なく元素を受け渡してくれているから地球環境は持続可能＝サスティナブルなのだ。

つまり、生物は地球環境というネットワークの結節点に位置している。結び目が多いほど、そして結ばれ方が多岐にわたるほど、ネットワークは強《きょう》靭《じん》でかつ柔軟、可変的でかつ③回復力を持つものとなる。すなわち、地球環境という動的平衡を保持するためにこそ、生物多様性が必要なのだ。

具体的に言えば、生態系における生命は、互いに食う食われるの弱肉強食の関係にありつつ、一方的に他方が殲滅《せんめつ》されることはない。それは自らの消滅を意味する。そして食物連鎖は文字通り網の目のように張り巡らされている。さらに、［Ⅲ］植物と昆虫、ヒトと腸内細菌、細胞とミトコンドリア、問7　傍線部⑥「どんな通知が来ていようと、笑って聞ける気がする」とありますが、それはなぜだと考えられますか。八十字以内で説明しなさい（句読点等も字数に含みます）。

三　次の文章を読んで、後の問いに答えなさい。

私が飼育していたのはアゲハチョウ類の幼虫だった。幼虫たちは食欲旺盛で育つほどに食べる。しかし、①同時に彼らは、食べ物に関して驚くほど禁欲的である。自分が食べる植物を極端なまでに限定している。

アゲハチョウであればミカン類かサンショウの葉しか食べない。近縁種のキアゲハはパセリかニンジンの葉しか食べない。ジャコウアゲハはウマノスズクサという奇妙な葉っぱしか食べない。

植物はどんな葉でも基本的な光合成の仕組みは同一なので、そのために豊富なタンパク質や糖質を含んでいる。だから分析的な目で見ると、栄養素組成としては大差がないはずである。

［Ｉ］、蝶の幼虫たちはどんなにお腹が空いていても、自分の食性以外の葉には見向きもしない。違う葉っぱをそばに置いても餓死してしまう。頑《かたく》ななまでに自らの食べるべきものを限定しているのである。

それは、限りある資源をめぐって異なる種同士が無益な争いを避けるために、生態系が長い時間をかけて作り出したバランスである。

そして、そのバランスを維持しているのは他ならぬ個々の生命体の活動そのものである。彼らは確実にバトンを受け、確実にバトンを手渡す。黙々とそれを繰り返し、ただそれに従う。

食べ物だけではない。棲《す》む場所も、活動する時間帯も、交信する周波数も。彼らは自分たちが排泄《はいせつ》したものの行方を知っている。彼らは自らの死に場所と死に方も知っている。誰にどのように食われるかということさえも――。

これを生物学の用語で「ニッチ」と呼ぶ。ニッチとは本来的に隙間《すきま》の意味ではない。すべての生物が守っている自分のためのわずかな窪《くぼ》み＝生態学的地位のことだ。窪みは同時にバトンタッチの場所でもあり、流れの結節点となって、物質とエネルギーと情報の循環、すなわち生態系全体の動的平衡《へいこう》を担保している。

生命の多様性をいかに保全するかを考える際、最も重要な視点は何か。それは動的平衡の考え方だと私は思う。動的平衡の定義は「それを構成する要素は、絶え間なく消長、交換、変化しているにもかかわらず、全体として一定のバランス、つまり恒常性が保たれる系」というものである。

なぜ常に動的なものに、ある種のバランス、恒常性が保たれうるのか。それは、バランス＝恒常性を保つためにこそ、常に動いていることが必要である、ということである。この世界において、秩序あるものには等しく、それを破壊しようとする力が情け容赦《ようしゃ》なく降り注いでいる。「エントロピー増大問3　傍線部②「うるさいハエみたいに、追っても追っても、飛び回っていた」とありますが、それはどのような様子ですか。最も適当なものを次のア～エのうちから一つ選び、記号で答えなさい。

ア　今回入選できなかった場合、編集者に見限られてしまうのではないかという不安で頭がいっぱいになっている様子。

イ　どんなに意識しないように努めても、自分の作品が入選するかどうかが気になって頭の中に浮かんでしまう様子。

ウ　一流企業を辞めずに会社のために働いていた方がよかったのではないかという後悔が何度も何度も襲ってくる様子。

エ　賞の発表時間を正確に教えてくれなかった編集者の言葉を何度も思い出し、その不親切さにいらいらしている様子。

問4　傍線部③「その焦り」とありますが、その説明として最も適当なものを次のア～エのうちから一つ選び、記号で答えなさい。

ア　家族の反対を押し切って収入を減らしてでも小説を書く時間を確保したものの、成果としての入賞が得られないことへの焦り。

イ　企業から退職することによって執筆のための時間をとりながら、小説の執筆作業が思うように進んでいないことへの焦り。

ウ　小説家としての成功を夢見て小説を書くことだけに専念したものの、入賞しても経済的に家族に苦労を強いかねないという焦り。

エ　妻とも話し合って収入の減少を覚悟のうえで会社勤めをやめたけれども、このままでは妻の気が変わるかもしれないという焦り。

問5　傍線部④「――私は変ったわよ」とありますが、この時の「彼女」の気持ちとして最も適当なものを、次のア～エのうちから一つ選び、記号で答えなさい。

ア　小説の主人公になるような溌剌《はつらつ》さを失い、人を羨《うらや》んでばかりいる自分を否定する気持ち。

イ　若いころからの夢を追い続ける「私」と比較して、普通に日々を送る自分を蔑《さげす》む気持ち。

ウ　何に対しても前向きに考えていた頃とは違い、年相応の生活を送ることを肯定する気持ち。

エ　二十年前と違い、日々生活に追われて過ごすだけの人になってしまったことを嘆く気持ち。

問6　傍線部⑤「私は言葉が出なかった」とありますが、その理由として**ふさわしくないもの**を次のア～エのうちから一つ選び、記号で答えなさい。

ア　「私」が書いた作品と対照的な「彼女」を目の当たりにして、時の流れの残酷さを痛感したから。

イ　久しぶりに会った「彼女」から、思いがけない言葉を聞いて何と答えたらいいか分からなかったから。

ウ　いつも活発で、人生に積極的だった「彼女」からは想像もできない発言を聞いて驚いたから。

エ　昔の面影のある「彼女」の突然の告白に驚き、空白の二十年間を思わずにはいられなかったから。

「あれを書いたのは、お前だよ」

と、私は娘を抱き上げた。

娘はB首をかしげながら、

「幼稚園でかいた、お花の絵のことなの？」

と言った。


（赤川次郎『健ちゃんの贈り物』所収「作家誕生」による）

問1　二重傍線部Ａ、Ｂの意味として最も適当なものを次のア～エのうちから適当なものをそれぞれ選び、記号で答えなさい。

Ａ「肩をすくめた」
ア　両肩を落として残念そうにした
イ　両肩を張って得意そうにした
ウ　両肩をあげて恥ずかしそうにした
エ　両肩に力を込めておどけた

Ｂ「首をかしげながら」
ア　考えこんで首を曲げながら
イ　首をかたむけて甘えながら
ウ　納得するように首を振りながら
エ　不思議に思って首を傾けながら

問2　傍線部①「大きなお世話だ！　放っといてくれ！」とありますが、「私」がそのように思う理由として最も適当なものを次のア～エのうちから一つ選び、記号で答えなさい。
ア　会社も家庭も円満な人が同情心で声をかけてくることは、自分をいらだたせるものでしかないと思っているから。
イ　会社と家の往復をするだけの人には、夜に公園のベンチに座っている人の気持ちは理解できないと思っているから。
ウ　円満な家庭生活を送っている人には、家に帰りたくない自分の気持ちはとても理解できないと思っているから。
エ　安定した生活をしている人には、職を変えて作家を目指す自分の辛い気持ちは想像できないと思っているから。

「それでね――」

と、肩をすくめて、「この川へ身を投げようと思って来たのよ」

⑤私は言葉が出なかった。

「でも、あなたに会って……。頑張ってるんだな、と思ったら……。それに、昔の私が、あなたの小説の中に生きてるんだと思うと、救われたような気がして……」

彼女は、軽く息をついて、「じゃあ、これで」

「またいつか――」

「明るい所で会うと、がっかりされそう」

と、彼女は笑って言った。「さよなら。おやすみなさい」

「うん……」

小走りに駆けて行く彼女の後ろ姿は、夜の中にすぐに溶けてしまった。

ふと――ある思いが、私を捉えた。

私だけがあの小説を書いたのではない。私と、彼女と――。それと？もちろん妻や子供もだ。

それだけでなく、私と係《かかわ》り合ったすべての人たちが、あれを書いたのだ。

自分一人が、認められないと嘆いていたこと――それがいかにも馬鹿げて見えた。

そうだ。少なくとも、彼女を、あの小説は救ったのだ。それで充分だ。

どんな傑作でも、人一人の命を救うなんてことは、そうざらにあることじゃないだろう。それを、私はやってのけたのだ。

急に、心が軽くなった気がした。私は足早に家に向った。

⑥どんな通知が来ていようと、笑って聞ける気がする。

公園を抜けて行くと、向うから、女房が娘の手を引いてやって来るのが見えた。

「あなた！」

と、女房が私を認めて手を振った。「今、電話が――入選したって！」

何だか、分っていたような気がした。

「おめでとう、パパ」

と、何だかよく分らないくせに、娘が言ったので、女房が笑う。

「帰ったら、またジロッとにらまれるのさ」

「まさか。候補になるだけでもたいしたもんじゃないの」

女房はそう思ってくれないだろう。何しろ、小説を書く時間がとれない、と、一流企業を辞めて、収入は一気に三分の二くらいまで落ちてしまったのだから。

私も意地になっていた。そして、③その焦りが、筆を鈍らせてしまう……。

「――そうだ」

少し明るい口調になって、私は言った。「今度の作品の主人公は君なんだ」

「ええ？」

「本当さ。いや、名前は違ってるけど、僕の中のイメージは君さ。活発で、輝くように人生に積極的で……。あの時の君、そのままだ」

「④――私は変ったわよ」

と、彼女は、ふっと沈んだ声になって、言った。

私がハッとするほど、彼女の声は重苦しかった。

「二人の子供の母親。エリートビジネスマンの妻……。どこにでもいる女だわ」

「そんなことはない。君がいなきゃ、僕はあれを書けなかったんだ」

「そう？　じゃ、私も賞金を少し分けていただこうかしら」

と、彼女は笑った。

「全くだね。――女房にも苦労をさせたし、娘も……。そんなに分けたら、賞金なんて、なくなっちまいそうだ」

と、私は笑って言ったが……。

彼女が、不意に立ち上がった。

「帰らなきゃ。――子供たちが心配してる」

その時になって、私は初めて、気になっていたことを訊いた。

「どうして君はこんな所に来たんだい？」

「私？」

彼女は、昔の面影のある笑顔を見せて、「いやなことがあったの、家で」

「そうか」

「君か……」

人は、あんまり思いもかけないことには、却《かえ》って驚かないものである。もちろん、二十年近くも前の恋人に、こんな所で会うことも驚きだが、お互い、すぐに相手を見てそれと分ったのも、信じられないようなことだった。

「――お元気？」

と、彼女は言って、私のわきに腰をおろした。

「スカートが汚れるよ」

「草の上だから、大丈夫」

二人で顔を見合わせて、笑った。

二十年前に、いつか同じやりとりをしたことがあるのを、思い出したからだ。

「――驚いたな、それにしても、この辺りに住んでるの？」

と、私は言った。

「ええ、歩いて十分くらいの所」

「僕もだ。もう三年も住んでる」

と、私は首を振って、「会わなかったのが不思議だね」

少し、話が途切れた。訊《き》きたいこと、言うべきことが多すぎた。

「いつか、あなたの名前見たわ」

と、彼女が言った。「雑誌の新人賞で、最終候補になってた。あなたでしょ、あれ？」

「たぶんね」

と私はA肩をすくめた。「万年候補って奴さ」

「頑張ってるのね。偉いわ」

「よしてくれ。活字にならなきゃ、あんなもの、ただの紙くずさ」

私は手で草をむしり取って、投げた。「今夜も、一つ、新人賞の選考があるんだ。――このとしで新人だぜ」

「まだ若いわ。これからじゃないの。賞をもらったら――」

「もらったら、ね。そろそろ通知が来てるんだ。帰らずにこんな所で時間を潰してるんだよ」

「じゃ、連絡は――奥さんが？」

たのだ。

向うは、変に思っただろうか？　帰ってから、わざわざ女房の所へ知らせたりするだろうか？

「お宅のご主人、公園で一人で座ってましたよ」

とでも――。

①大きなお世話だ！　放っといてくれ！

ああいう大企業で、ひたすら会社のためだけに働いている連中には、私の気持ちなど理解できるわけがない。そうだとも。

まあ、それも仕方ないか。自分の女房ですら、私のことをろくに分っちゃくれないのだから……。

腕時計を見ると、そろそろ八時になるところだった。もう結論は出ているだろうか？

「大体八時ころ、遅くとも八時半には、終ると思うから」

編集部の男は、そう気楽に言ったものだ。――八時、遅くとも八時半。

その言葉は、あれから二週間、私の頭の中で、②うるさいハエみたいに、追っても追っても、飛び回っていた。

――また誰かやって来る。

声でもかけられると煩わしいので、私はベンチから立ち上がり、公園の反対側の出口から出て、歩き出した。

どこへ？　行くあてがあるわけではない。ただ、この道は、なだらかに下って、川辺の土手の上に出るしかないのである。

暖《あたたか》い春の夜だった。

土手まで出ると、黒い川の流れが、音だけで目に見えて来るようだ。――川の流れ。穏やかに見えて、ハッとするほど、強い流れである。

年月の流れにも似ている。のんびりしているようで、ウトウトまどろんでいると、ギクリとする。いつの間にかとしをとってしまっているのに気付いて。

私も、もう四十になろうとしていた。疲れ、将来のことなど、めったに考えなくなっていた。

そんなに私に気まぐれのように射《さ》し込んだ一筋の光。――それが、束《つか》の間のもので終るか、それとも雲の切れ目になって、青空が広がってくるのか。

二つに一つ。――その結論が、やがて出ようとしている。

私は土手に腰をおろして、流れのある辺りの暗がりを、ぼんやりと眺めていた。

――誰かが立っているのに気付いて、振り向くと、

「まあ」

と、懐しい声の響きが耳を打った。「驚いた！　あなたなの？」

二〇二二年度
明星高等学校（MGS）

【国語】〈五〇分〉〈満点：一〇〇点〉

一　次の傍線部について、カタカナを漢字に、漢字をひらがなに改めなさい。

①　アヤしい男がうろつく。
②　ニモツを運んでもらう。
③　キンキュウ連絡が届く。
④　父の職業はケンチク家だ。
⑤　インターネットでケンサクする。
⑥　トランクをケイタイして戻る。
⑦　病人をカクリする。
⑧　利発そうな子ども。
⑨　山頂からの眺望。
⑩　恩師の死を心から悼む。

二　次の文章は『作家誕生』の全文です。「私」は、作家を目指して執筆に打ち込むために会社勤めを辞めています。これを読んで、後の問いに答えなさい。

「今晩は」

と、声をかけられて、私はつい顔をそむけてしまっていた。

そんなことをしても、向《むこ》うは私のことが分ったから声をかけて来たのだろう。知らん顔をする方が不自然に違いない。

実際、夜八時に近いとはいえ、私の座っている公園のベンチの辺りは、照明が明るくて、人目につかないように隠れているには至って不向きな場所だっ

英語解答

I No. 1　1　No. 2　3

II No. 1　2　No. 2　3

III Let's keep in touch with each other

IV 問1　ア　問2　ア　問3　イ
問4　エ　問5　エ

V 問1　エ　問2　ア　問3　イ
問4　1　社交的な技能を育むことができること。〔集団で一緒に作業してすばらしいものを創造する方法を見つけ出せること。〕
2　もっと高い目標に向かって努力する方法を学べること。
問5　エ　問6　ア
問7　(例)Our soccer team lost in the finals of the summer tournament.　It was sad, but I learnt through the experience that setting a goal and working hard together for it is really important.（33語）

VI 問1　㋑　問2　ア
問3　hungry　問4　エ
問5　ウ　問6　イ
問7　誰かから受けた恩を〔誰かに親切にされたら〕，それを他の人に送ること。
問8　(例)He wanted to help Larry.
問9　**i**　lost〔left〕
ii　dropped〔found〕
iii　help〔support〕
iv　paid〔gave〕

数学解答

1 (1)　$-\frac{5}{24}$　(2)　$\frac{-7x+10y}{6}$
(3)　$20\sqrt{22}$　(4)　$x=\frac{3}{2}$，$y=\frac{4}{3}$
(5)　$x=7\pm\sqrt{6}$

2 (1)　$a=1$，$b=-\frac{5}{2}$　(2)　4
(3)　29°

3 (1)　$\frac{1}{2}$　(2)　(11，6)　(3)　54
(4)　$y=\frac{8}{9}x$

4 (1)　28番目　(2)　5　(3)　15

5 (1)　$2\sqrt{3}$cm　(2)　$10-4\sqrt{3}+\frac{16}{3}\pi$cm

国語解答

一 ① 怪　② 荷物　③ 緊急
④ 建築　⑤ 検索　⑥ 携帯
⑦ 隔離　⑧ りはつ
⑨ ちょうぼう　⑩ いた

二 問1　A…ウ　B…エ　問2　エ
問3　イ　問4　ア　問5　エ
問6　ア
問7　小説は関わり合う全ての人によって生まれるのだと気づいたと同時に，今回の小説を書いたことで，昔の恋人を勇気づけて救うことができて晴れやかな気持ちになれたから。(78字)

三 問1　I…エ　II…ア　III…イ
問2　限りある資～避けるため
問3　頑丈に作って破壊の力から守り抜くのではなく，破壊される前に自らをあえて壊し，壊しながら作り直すことを繰り返すという方法。(60字)
問4　イ　問5　エ　問6　ウ
問7　(1)　1　水　2　川　(2)…イ

四 問1　ウ　問2　ウ　問3　ウ
問4　エ　問5　ア　問6　イ

2021年度 明星高等学校（本科）

【英　語】（40分）〈満点：100点〉

I　リスニング問題です。放送で聞こえてくる質問の答えとして適当なものを選び、解答欄にマークしなさい。

【問題A】

対話文1　　1

① The math exam.
② Studying English.
③ The entrance exam.
④ Meisei High School.

対話文2　　2

① Take a bus.
② Take a taxi.
③ Take a subway.
④ Walk to the hotel.

【問題B】

Question1　What time can guests have breakfast?　　3

① From 5 a.m. to 11 a.m.
② From 7 a.m. to 10 a.m.
③ From 8 a.m. to 10 a.m.
④ From 9 a.m. to 11 a.m.

Question2　What items are NOT in the room?　　4

① Towels
② Toothbrushes
③ Hair dryers
④ Slippers

（編集部注：放送文は未公表のため掲載してありません。）

Ⅱ

次の空欄に入れるのに最も適当なものを、それぞれ下の①～④から一つずつ選び、番号をマークしなさい。

問1　Don't be (　　) of the dog. He won't bite you.　5

①　afraid　　②　proud

③　shy　　④　surprised

問2　It is very cold outside. I want (　　).　6

①　something to hot drink　　②　something hot to drink

③　to drink hot something　　④　drink to something hot

問3　Thank you for (　　) to my party. I'm so happy to see you today.　7

①　come　　②　comes

③　coming　　④　to come

問4　Please (　　), and fresh air will come in.　8

①　leave the door open　　②　leave open the door

③　open the door to leave　　④　open to leave the door

問5　I was very (　　) because I met my favorite singer on the street yesterday.　9

①　excite　　②　excited

③　exciting　　④　to excite

問6　Please (　　) yourself at the beginning of this interview. Tell us your name and why you came here.　10

①　introduce　　②　meet

③　show　　④　talk

問7　A：Do you know (　　) I can get the ticket for the concert?　11

B：Go upstairs and turn left at the first corner.

①　who　　②　what

③　when　　④　where

問８　A：My computer doesn't (　　) well.　　12

B：OK, I'll fix it.

① go　　② have

③ move　　④ work

問９　A：Oh, I got up late. I will miss the bus!　　13

B：Change clothes and have breakfast as (　　) as possible.

① speed　　② good

③ soon　　④ many

問10　A：The weather is nice today. (　　) don't we go for a walk?　　14

B：Sure!

① How　　② What

③ When　　④ Why

Ⅲ

次の日本文の意味を表すように【　】内の語(句)を適切な順に並べかえるとき、**２番目と４番目に来るものの組み合わせを**下の①～④から一つ選び、番号をマークしなさい。ただし、【　】の中では、文頭にくる語も小文字で示してある。

問１　あなたのペンを使ってもよいですか。　　15

【 can / I / pen / use / your 】?

① ２番目：I　　４番目：your

② ２番目：I　　４番目：use

③ ２番目：can　　４番目：your

④ ２番目：can　　４番目：use

問２　あなたは今までにヨーロッパに行ったことはありますか。　　16

【 been / ever / Europe / have / to / you 】?

① ２番目：ever　　４番目：to

② ２番目：ever　　４番目：been

③ ２番目：you　　４番目：to

④ ２番目：you　　４番目：been

問３　この雑誌はあの雑誌と同じくらい面白い。　17

【 as / as / interesting / is / this magazine / that one 】.

①　２番目：is　　４番目：as

②　２番目：is　　４番目：interesting

③　２番目：as　　４番目：as

④　２番目：as　　４番目：interesting

問４　私は自分のチームが試合に勝つことを確信しています。　18

【 I'm / my team / sure / the game / that / win / will 】.

①　２番目：sure　　４番目：that

②　２番目：sure　　４番目：my team

③　２番目：win　　４番目：that

④　２番目：win　　４番目：my team

問５　祖父が新しいプラモデルを誕生日に買ってくれた。　19

【 a new plastic model / bought / for / me / my birthday / my grandfather 】.

①　２番目：for　　４番目：a new plastic model

②　２番目：for　　４番目：me

③　２番目：bought　　４番目：a new plastic model

④　２番目：bought　　４番目：my birthday

Ⅳ　以下の文章を読んで、問に答えなさい。

（ ① ）It's early morning in a small village in Kenya, Africa. Women and children are carrying heavy containers of water on their heads. They walk many miles to get this water. It's hot, and they're tired. They can only carry a few containers a day. A young British woman learns about (あ)the problem. She wants to help.

（ ② ）Her name is Emily Cummins. How did she help? She designed a new water carrier for the people in Kenya. They could pull it like a suitcase.

Cummins is an engineer. She designs useful items for places without many natural resources. These places often don't have a lot of water. They also don't have a lot of oil, coal, or gas. These resources are not renewable. That means you can't replace (い)them when you take them from the earth. Cummins's products don't use oil, coal, or gas. (う)They use other sources of energy, such as the sun. This makes the products (え)sustainable! People can continue to use them in the future without hurting our planet.

（ ③ ）As a young child in England, she loved to work with her grandfather in his workshop. He taught her how to use his tools. He showed her how to make toys and jewelry boxes from small pieces of metal. She designed her first product when she was in high school and just 15 years old. Her grandfather had *arthritis. He couldn't *squeeze a tube of toothpaste with his hand. Cummins invented a tube with a lever. The lever pushed the toothpaste out of the tube. He didn't have to squeeze the tube.

（ ④ ）While she was still a high school student, Cummins designed (お)a new kind of refrigerator. Why? Refrigerators normally use a lot of electricity. They are too expensive for many people in developing countries. Cummins's refrigerator is not expensive. Here is how you use it: One container of the refrigerator keeps food and medicine clean and dry. This container sits in another container filled with water and sand. The sun's energy heats the water in the sand and the water (か)evaporates. In other words, the water goes into the air and takes heat from the sand with it. This cools the sand. The cool sand keeps the food and medicine cool. The design is very simple, and it uses cheap, local *materials. People can even make the refrigerator themselves.

After leaving school, Cummins spent five months in Africa. She wanted to learn more about life there, so she volunteered at a school in Namibia. There, she could test and improve her designs. Her refrigerator became a great success! Today, it helps thousands of people.

Cummins studied business at the *University of Leeds, in England. Today, she continues to design many unique items. She has won many awards for her designs. Her inventions are famous because they use local resources, they don't hurt the planet, and they are made of all recyclable things.

（注） arthritis：関節炎　　squeeze：ぎゅっと絞る
materials：材料　　University of Leeds：リーズ大学

問１　下線部(あ)の具体的な内容を表すものとして当てはまらないものを下の①～④から一つ選び、番号をマークしなさい。　20

① The women and children in Kenya must bring water from a distant place.
② In the hot weather, the women and children in Kenya are tired from carrying water.
③ It takes a few days for the children in Kenya to drink clean water.
④ Getting water is difficult for the local people in Kenya.

問２　下線部(い)(う)が指すものとして最も適当なものを、下の①～④からそれぞれ一つずつ選び、番号をマークしなさい。

(い)：① a lot of water　② natural resources　21
③ the earth　④ useful items

(う)：① Cummins's products　② our planet　22
③ the people in Kenya　④ oil, coal, or gas

問３　下線部(え)、(か)の単語の意味として最も適当なものを、下の①～④からそれぞれ一つずつ選び、番号をマークしなさい。

(え)sustainable：　23
① 持続可能な　② 変化に富んだ
③ 使い捨ての　④ 頑丈な

(か)evaporates：　24
① 冷却する　② 蒸発する
③ 発熱する　④ 溶解する

問４　次のⅰ、ⅱの文はそれぞれ本文の（ ① ）～（ ④ ）のいずれかの箇所に入る。（　）に入れるのに適切な箇所をそれぞれ一つずつ選び、番号をマークしなさい。

ⅰ. Who is the young woman?　［25］

ⅱ. How did Cummins get started?　［26］

問５　下線部(お)の内部を説明する略図として最も適当なものを下の①～④から一つ選び、番号をマークしなさい。　［27］

①

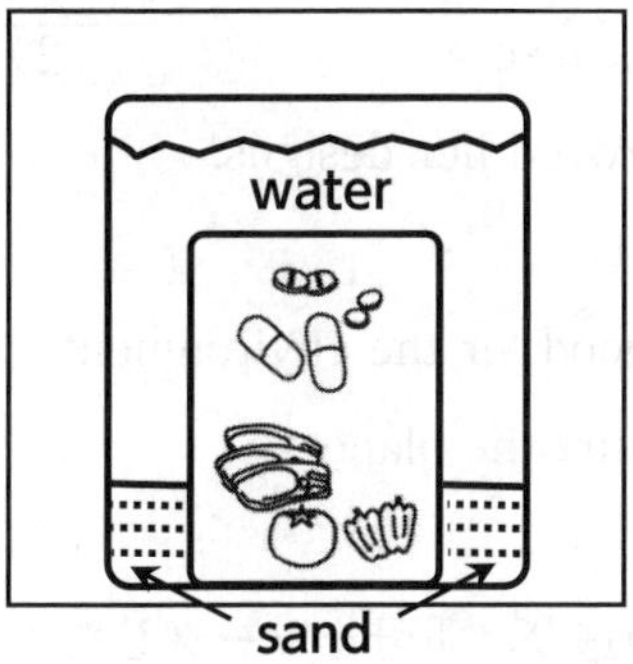

②

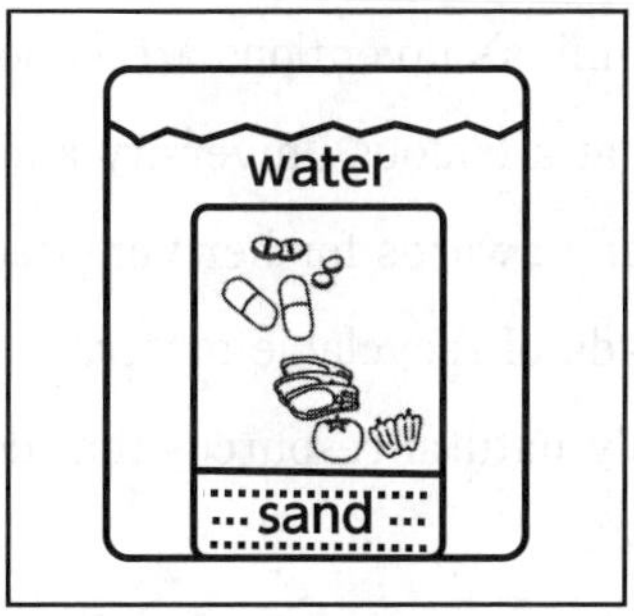

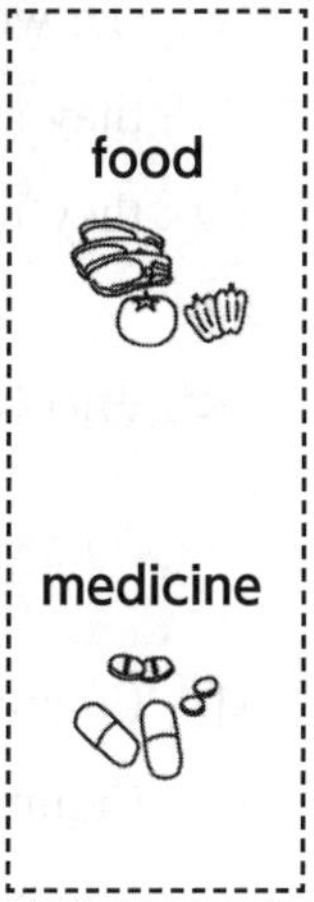

③

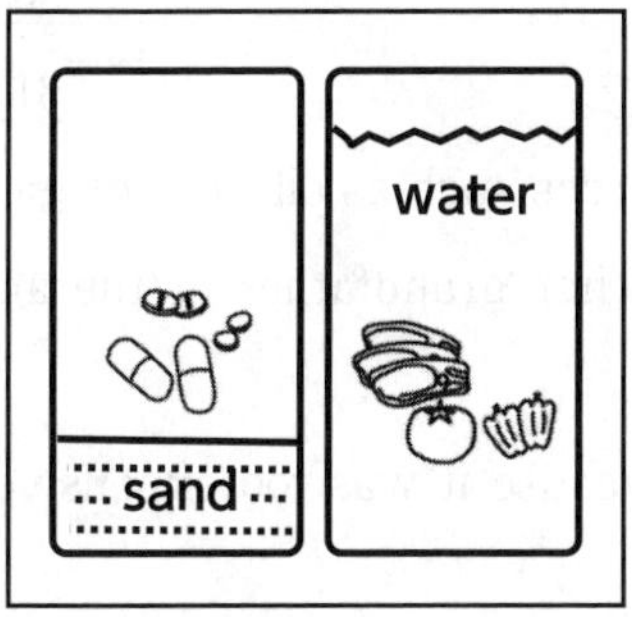

④

問6　本文の内容と一致するように、次のⅰ、ⅱの英文に続くものを下の①～④からそれぞれ一つずつ選び、番号をマークしなさい。

ⅰ. Cummins got the idea of a tube with a lever because… [28]

① her grandfather taught her how to make it.

② her grandfather showed her how to use tools.

③ she loved to make toys and jewelry boxes.

④ she wanted to solve her grandfather's problem.

ⅱ. Today, Cummins's inventions are famous because… [29]

① she studied at a famous university and improved her designs.

② she won many awards for her volunteer work.

③ they are made of recyclable materials and good for the environment.

④ they use only natural resources that don't hurt the planet.

問7　本文の内容と一致するものを下の①～⑤から二つ選び、番号をマークしなさい。

[30]
[31]

① Cummins's water carrier uses natural resources such as oil, coal, or gas.

② Cummins designed a tube with a lever for her grandfather at the age of fifteen.

③ Cummins made a refrigerator by herself because it was too expensive for her to buy a new one.

④ The water in Cummins's refrigerator keeps the food and medicine cool.

⑤ Before studying business in England, Cummins worked as a volunteer in Namibia.

【数　学】 (40分)〈満点：100点〉

1　次の各問いに答えなさい。

(1) $\dfrac{x+2y}{3}-\dfrac{3x-y}{2}$ を計算すると $\boxed{1}$ となる。

① $\dfrac{-7x-7y}{6}$　② $\dfrac{-7x+y}{6}$　③ $\dfrac{-7x+7y}{6}$　④ $\dfrac{11x+y}{6}$　⑤ $\dfrac{11x+7y}{6}$

(2) 連立方程式 $\begin{cases}0.2x-0.7y=-1.5\\0.1x+0.2y=-0.3\end{cases}$ を解いたときの x の値は $\boxed{2}$ である。

① -3　② $-\dfrac{9}{11}$　③ -17　④ $-\dfrac{51}{11}$　⑤ $-\dfrac{9}{10}$

(3) $\dfrac{3}{\sqrt{12}}\times\sqrt{\dfrac{2}{15}}\div\sqrt{90}$ を計算すると $\boxed{3}$ となる。

① 10　② $\dfrac{1}{3}$　③ $\dfrac{\sqrt{30}}{30}$　④ $\dfrac{\sqrt{3}}{3}$　⑤ $\dfrac{1}{30}$

(4) $2x^2-4x-6$ の因数分解は，ある正の整数 a，b，c を用いて
$a(x-b)(x+c)$ となる。このとき，$b=\boxed{4}$ である。

① 1　② 2　③ 3　④ 4　⑤ 6

(5) x についての 2 次方程式 $x^2-3x-1=0$ の解は $x=\boxed{5}$ である。

① $\dfrac{-3\pm\sqrt{13}}{2}$　② $\dfrac{3\pm\sqrt{13}}{2}$　③ $\dfrac{-3\pm\sqrt{5}}{2}$　④ $\dfrac{-3\pm\sqrt{10}}{2}$　⑤ $\dfrac{3\pm\sqrt{10}}{2}$

2　次の各問いに答えなさい。

(1)　ある国の今年度の人口を昨年度の人口と比較すると，男は7％の増加，女は2％の減少で，合計では3％の増加であった。この国の昨年度の男女の人口比，すなわち（男の人口）：（女の人口）をできるだけ簡単な整数比で表すと **6** となる。

①1：4　②4：1　③4：5　④5：4　⑤4：3

(2)　2個のさいころを同時に投げるとき，目の和が偶数である確率は **7** である。

① $\frac{1}{3}$　② $\frac{5}{9}$　③ $\frac{17}{36}$　④ $\frac{4}{9}$　⑤ $\frac{1}{2}$

(3)　下の図において，$\angle x$ の大きさは **8** である。

① 26.5°　② 27°　③ 28°　④ 29°　⑤ 30°

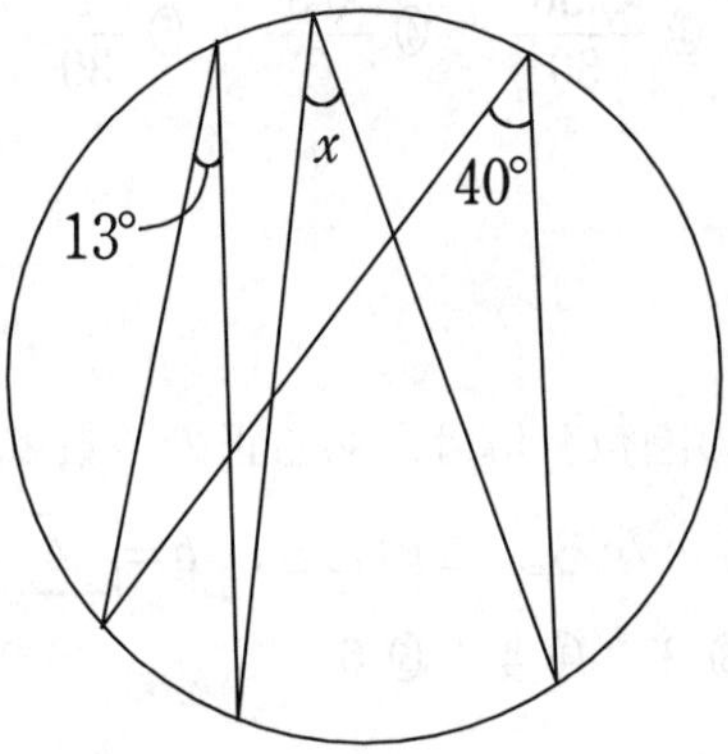

3　下の図のように，x 軸上の点 A と放物線 $y=x^2$ 上に原点と相異なる 2 点 B，C があり，点 A の x 座標は 2，点 B の x 座標は -2 である。次の各問いに答えなさい。

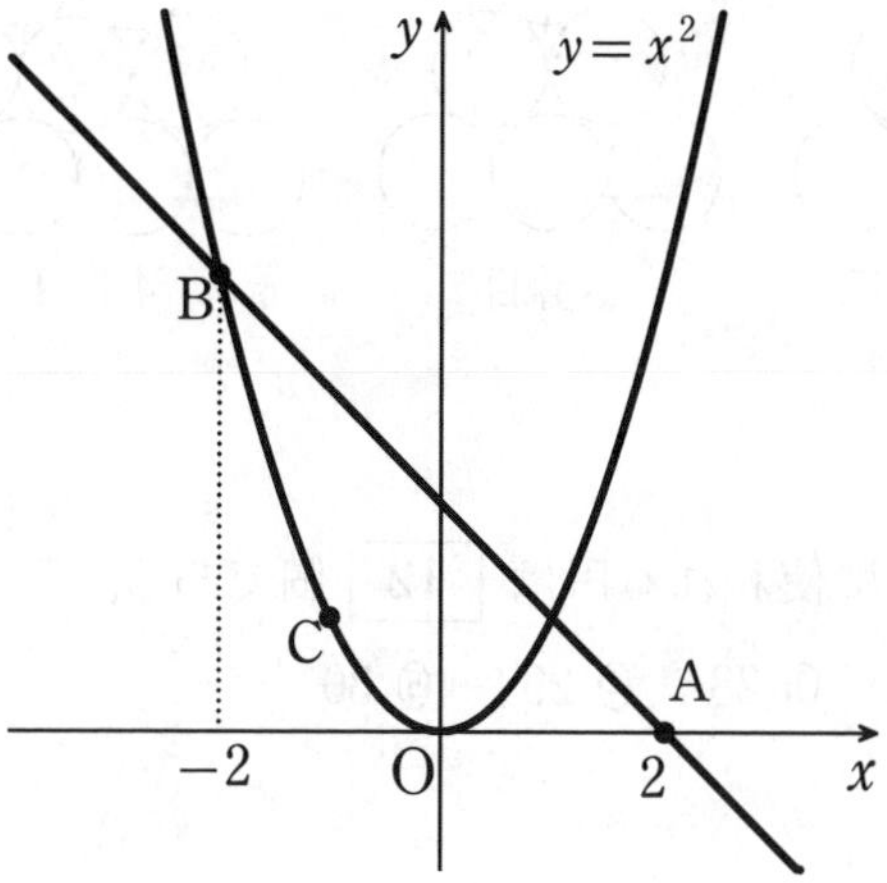

(1)　点C が AB∥OC を満たす場合，
点 C の x 座標は［9］である。

①　-1　②　$-\frac{4}{3}$　③　$-\frac{5}{4}$　④　$-\frac{2}{3}$　⑤　$-\frac{4}{5}$

また，このときの四角形 ABCO の面積は［10］である。

①　3　②　$\frac{7}{2}$　③　4　④　$\frac{9}{2}$　⑤　5

(2)　直線 BC が △AOB の面積を 2 等分する場合，点 C の x 座標は［11］である。

①　$\frac{3}{5}$　②　$\frac{1}{2}$　③　$\frac{2}{3}$　④　1　⑤　$\frac{1}{3}$

4　下の図のように円を配置していく。次の各問いに答えなさい。

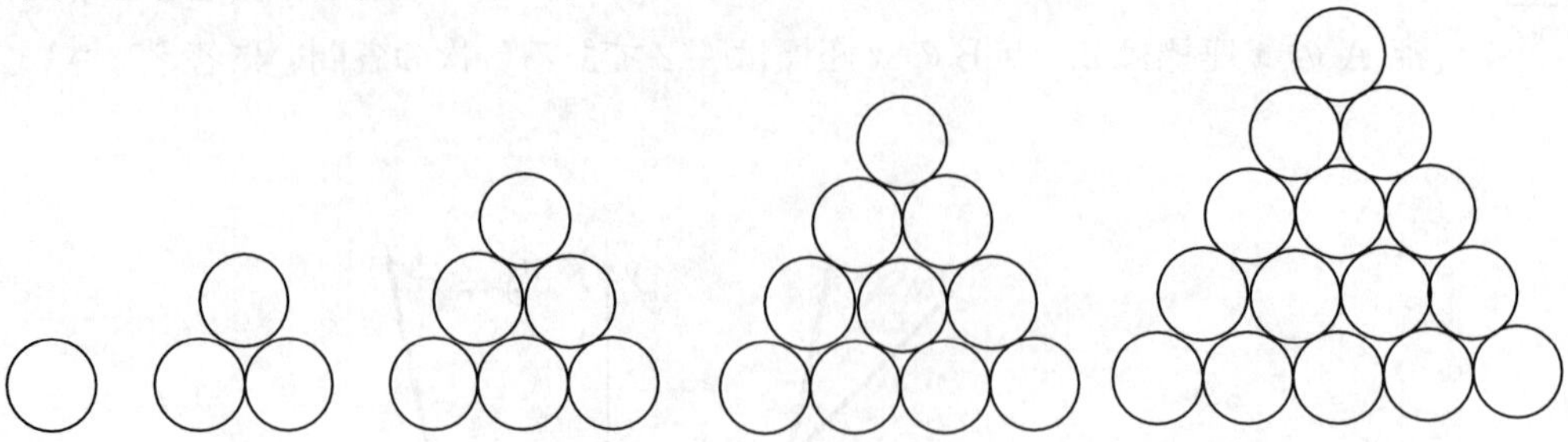

1番目　2番目　3番目　4番目　5番目

(1)　7番目の配置に使われる円は [12] 個である。

①26　②27　③28　④29　⑤30

(2)　使われる円の個数がはじめて100個を超えるのは [13] 番目である。

①12　②13　③14　④15　⑤16

(3)　外周の円を除く円の個数が78個になるのは [14] 番目である。

例えば4番目の配置において，外周の円を除く円の個数は1個，5番目では3個である。

①12　②13　③14　④15　⑤16

④　おみそ汁を上手に作れるようになった娘は、自分の妻と同じようにすばらしいお嫁さんになれるということ。

問8　傍線部キ「感傷に浸っている場合ではない」とありますが、このような思いに至るまでの「私」の心の動きはどのようなものだと考えられますか。その説明として最も適当なものを、次の①～④のうちから一つ選びなさい。解答番号は 23 。

①　父と一緒に過ごす最後の時間をかみしめながら、自分が父に対して負い目を感じていたことについて勇気を振り絞って謝ったところ、父がその謝罪を受け入れてくれたことで、晴れ晴れとした気持ちでこの家を旅立つことができると思うようになった。

②　父と過ごす時間が限られていることに寂しさを感じながら、ずっと伝えねばならないと思っていたことを何とか伝えることができ、父が自分の思いを受け止めてくれたことで、あたたかい気持ちになり、これから先の明るい未来を思い描くようになった。

③　自分が家を出るまでに父に伝えなければならないと思っていたことをやっとの思いで伝えたところ、予想もしていなかった母や自分に対する父の思いを聞かされたことで、過去にこだわる気持ちが吹っ切れて、これからのことを考えるようになった。

④　父に伝えたい思いがありながら、焦りからなかなか切り出すことができないでいたが、父から話題を振られたことで気持ちがほぐれ、思いのたけを話すことができ、真正面から自分の思いを受け止めてくれた父にさらなる愛情を感じるようになった。

問9　本文の表現について説明したものとして**適当でないもの**を、次の①～④のうちから一つ選びなさい。解答番号は 24 。

①　風景の描写として登場する桜は、最後の場面で風によって花びらが舞い上がる様子によって、「私」の心の中のわだかまりがなくなったことを暗示している。

②　主人公である「私」の内面を丁寧かつ繊細に描くとともに、「私」から見た父の様子を描写することで、父の心情も読み取ることができるようになっている。

③　亡くなった「私」の母は物語には直接は登場しないものの、その行動や思いは夫や娘に強い影響を与えており、二人にとって大きな存在として描かれている。

④　物語は「私」とその父との会話によって主に進行していくが、父に対する普段とは異なるかしこまった「私」の言葉遣いは、「私」の緊張を表すものである。

問5　傍線部エ「そっと目を閉じて言葉を続けた」とありますが、この時の「私」の気持ちはどのようなものだと考えられますか。その説明として最も適当なものを、次の①～④のうちから一つ選びなさい。解答番号は20。

① 真剣に話そうとしている自分の思いを、茶化すような父の態度を見たくないと思う気持ち。
② 自分が伝えようとしていることを勘違いしている父の間違いを丁寧に正そうと思う気持ち。
③ 必死に言葉を絞り出そうとしている自分のことを気遣う父の優しさをありがたく思う気持ち。
④ 父に伝えたいと思っていたことをすべて伝えられるように、心を整えて話そうと思う気持ち。

問6　傍線部オ「父が穏やかに微笑んでいた」とありますが、この時の父の様子から、父はどのようなことを思っていると考えられますか。その説明として最も適当なものを、次の①～④のうちから一つ選びなさい。解答番号は21。

① 妻の死について、娘が引け目を感じる必要はないにも関わらず、自分の気持ちを思いやって、必死に謝ろうとする娘の健気さをいじらしく思っている。
② 妻が亡くなったことに責任を感じている娘が必死に自分に謝る様子を見て、妻の死を受け止め、過去と決別をして生きていかねばならないと思っている。
③ 妻が亡くなったのは病気をおして無理に自分を生んだせいだと自分を責める娘を気の毒に思い、何とかして落ち着かせ、安心させてやりたいと思っている。
④ 娘が生まれてからの家族の時間は自分にとって幸せなものであり、妻の死について娘が罪悪感を覚える必要はないということを娘に伝えたいと思っている。

問7　傍線部カ「このおみそ汁の中にだって、秋子がいるんだ」とありますが、それはどういうことですか。その説明として最も適当なものを、次の①～④のうちから一つ選びなさい。解答番号は22。

① 妻のおみそ汁を受け継いだ娘の姿や、娘の作ったものを通して、妻の存在を感じることができるということ。
② 妻に作り方を仕込まれた娘の作るおみそ汁の味が、妻の作ってくれたものと完全に同じになったということ。
③ 前の晩から仕込みをするなど、おみそ汁を作ることにこだわる娘の姿が、生前の妻の姿と重なるということ。

③ 不思議な気がする

④ 気恥ずかしく感じる

問2　傍線部ア「母は、とにかくおみそ汁にこだわった」とありますが、それはなぜだと考えられますか。その理由として最も適当なものを、次の①～④のうちから一つ選びなさい。解答番号は 17 。

① 夫と結婚をする際に、毎日おみそ汁を作るという約束をしたから。

② 自分が作る料理の中で、一番得意だったのがおみそ汁だったから。

③ おみそ汁を作らなければ、夫に嫌われてしまうと思っていたから。

④ おみそ汁は夫の好物であり、必ず手作りを食べさせたかったから。

問3　傍線部イ「そんなふうに母を感じたのは、初めてだ」とありますが、この時の「私」の様子はどのようなものだと考えられますか。その説明として最も適当なものを、次の①～④のうちから一つ選びなさい。解答番号は 18 。

① 母の女性的な一面をかわいらしく思いながらも、自分の知る母とはあまりに違うことに驚きを隠せないでいる。

② しつけに厳しい母の姿しか見てこなかったために、自分の知らなかった母の一面を知って、意外に思っている。

③ 娘におみそ汁の作り方を覚えさせるために必死になっていた母の女性らしい一面を聞き、親しみを感じている。

④ 厳しい母に愛情を感じられずにいたが、母のかわいらしい一面を知り、母に対して初めて愛しさを覚えている。

問4　傍線部ウ「『本当に、ごめんね』もう一度謝った」とありますが、「私」が父に謝ったのはなぜだと考えられますか。その理由として最も適当なものを、次の①～④のうちから一つ選びなさい。解答番号は 19 。

① 父に正直に話さなければならなかったことを、父に対する負い目から、ずっと隠し続けてきてしまったから。

② 自分が生まれたことで病気の母が亡くなってしまったと考え、父から母を奪ってしまったと感じているから。

③ 自分が妊娠しているということを父に打ち明けられず、ずっと黙っていたことを後ろめたく感じているから。

④ 父が語りたがらない母の病気や死のことについて、父に隠れて調べていたことを申し訳なく思っているから。

だ。

「お父さん、もう明日からは、自分でおみそ汁を作るんだよ、ちゃんと、お母さんの分も作ってあげてね」

伝えなくてはと思っていた最後のひとことを、父に伝えて立ち上がる。家を出る前に、やらなきゃいけないことがたくさんある。キ感傷に浸っている場合ではない。

「ますます秋子に似てきたなぁ」

読みかけの新聞を広げながら、父がぽつりとつぶやいた。

（小川糸「こーちゃんのおみそ汁」『あつあつを召し上がれ』）

（注）

※1　煮えばな――煮え始め。

※2　素面――酒に酔っていない、ふだんの状態。

問1　二重傍線部A～Cの本文中における意味として最も適当なものを、次の各群の①～④のうちから、それぞれ一つずつ選びなさい。解答番号は14～16。

A　念を押されていた　14

①　じっくり諭されていた
②　しつこく叱られていた
③　徹底的に教えられていた
④　繰り返し確認されていた

B　乗り出すようにして　15

①　父の言うことがどうにも信じられなくて
②　聞いていいのかわからず、そわそわして
③　強く興味を引かれ、つい前のめりになって
④　なかなか核心に触れないことにいらだって

C　耳の底がくすぐったくなる　16

①　きまり悪く思う
②　違和感を覚える

今度は、はっきりと声にした。意味をはかりかねたのか、父が私の方を向いた。けれど私は陽だまりの中の桜の木をじっと見たまま、

ウ「本当に、ごめんね」

もう一度謝った。

「なんだ、お前もしかして、妊娠してんのか？　そんなの、もうお父さん、驚かないぞ。孫を抱くのは、早い方がいい。どんどん作って、繁栄しろ」

父なりに、精いっぱい場を盛り上げたつもりだろうが、そうじゃない。私は父のペースに飲み込まれないよう、エそっと目を閉じて言葉を続けた。

「だって、お母さん、私を産まなかったら、もっとお父さんのそばに、長くいられたかもしれないじゃない」

最近、やけに気になって、母を襲った病魔に関する本を、たくさん読んでいる。その中に、癌《がん》患者が妊娠し、出産するのは、自殺行為だと書いてある一冊があった。病魔と闘いながら、自分の命と引き換えにするようにして産み落とされたのが、この私なのだ。

「何言ってるんだ」

その柔らかい声に驚いてふと目を開けると、オ父が穏やかに微笑《ほほえ》んでいた。

「確かに、出産したことで、秋子は体力を落としたかもしれない。でも、呼春が生まれて再発するまでの数年間は、本当に僕達夫婦にとっては、天国だったんだ。その時に、人生のすべての喜びを、思う存分、味わったんだ。それに、もしこーちゃんがいなかったら、お父さんは一人で淋《さび》しくて、耐えられなかったよ。だから、すべてはなるようになってるんだと思う」

久しぶりに父からこーちゃんと呼ばれ、C耳の底がくすぐったくなる。そして私は、おそるおそる質問した。聞きたくて、ずっと聞けなかったことを。

「じゃあ、お父さんは、私が生まれてきたこと、恨んでない？」

「あったり前だろう」

その瞬間、父は本当におかしそうに笑いだした。私の言葉が、冗談みたいに聞こえたらしい。私はいたって本気なのに。

「呼春の中に、秋子はちゃーんと生きている。全く淋しくないって言ったら嘘《うそ》になるけど。カこのおみそ汁の中にだって、秋子がいるんだ」

父はからっぽのお椀《わん》に目を落としながら、しんみりと言った。それから不意に体の向きを変え、そそくさと指先で目じりに触れた。私も慌てて涙を拭《ぬぐ》った。その時、ふわりと大きな風が吹いて、弾《はじ》けるように視界が淡いピンク色に染まった。桜の花びらが舞い上がったの

食べさせてと、指切りげんまんした後もたびたびA念を押されていた。

「それは、あれだよ」

父は少し表情を緩め、甘酸《あまず》っぱい顔をした。母の思い出を語る時、父はよくそういう表情をする。

「お父さんが、毎日みそ汁を作ってくれって、そう言って秋子にプロポーズしたからじゃないか」

言いながら父は、急に顔を赤らめた。母のことは何でも話してくれる父だが、それは初めて聞く内容だった。

「それでお母さん、なんて答えたの？」

父を問い詰めるように尋ねると、

「そりゃあ、はい、って言ったさ。毎日、おみそ汁作りますから、あなたのお嫁さんにしてください、って」

「えー、お母さんが、本当にそう言ったの？」

B私が乗り出すようにして父に問いただすと、

「確かにそう言った」

父はその時の空気を全部思い出したような表情で、しんみりと答えた。

「そっか、だからお母さん、絶対に別の人には、お父さんのおみそ汁、作らせたくなかったんだね」

あの時の母の厳しさを、私は一人の女性として、なんとなくかわいらしく思った。イそんなふうに母を感じたのは、初めてだ。

「負けず嫌いな人だったから。本当はすごく、悔しかったと思う。私が死んだらさっさと再婚してほしいなんて口では言っていたけど、内心、絶対に嫌だったと思うよ。だから娘に」

そこまで喋ると、父は突然声を詰まらせた。いつの間にか、父も体の向きを変え、庭の桜の木を見つめている。

「お父さん」

私は父の横顔にそっと呼びかけた。

「今まで、育ててくれて、どうもありがとう」

窓から朝日が差し込んで、それはそれは清らかな眺めだった。でも、私がずっと言いたかったのは、この言葉ではない。

「ごめんなさい」

るくせに、なぜかおみそ汁だけは、決して自分では作ろうとしない。
卵の中に水で溶いた片栗粉《かたくりこ》を入れ、更によく混ぜ合わせた。これを、菜箸《さいばし》に伝わらせるようにして汁の中に落とす。すぐに卵は、ふわりと雲のように固まって表面に浮かぶ。一度火を止めてから、慌《あわ》てて庭先に駆け出し、数枚の三つ葉をつんできた。さっと水洗いし、そのままおみそ汁の中へ放つ。父と私、そして母と三人分のお椀に分けてよそい、急いで食卓へと運ぶ。ご飯をよそうのは、父の役目だ。母の仏壇の前に、真っ白な湯気を立てるご飯とおみそ汁が並んでいる。いつも通りの、見慣れた朝の光景である。

「いただきます」

父と向かい合い、朝ご飯を食べ始めた。どこからか鳥がやって来て、桜の木の枝に止まっている。時々、私達の沈黙を緩和するように、美しい声でさえずった。父は、たまに新聞の見出しに目を落としながら、黙々と朝ご飯を食べている。

今、言わなければ。あと数時間したら、私は家を出なくてはならない。朝ご飯が済んだら、後片付けもある。家を出る前に、軽く掃除も済ませておきたい。もう、今しか父と向き合うチャンスがない。

「お父さん」

左手にご飯茶碗《ぢゃわん》、右手に箸を持ったまま、中途半端《ちゅうとはんぱ》な格好で父を呼んだ。けれど、その先の言葉を、まだきちんと準備していなかった。その隙《すき》を突くように、

「呼春のおみそ汁はうまいなぁ」

父がしみじみと声を出す。私はもうそれだけで、胸がいっぱいいっぱいだった。

「最初に作ってくれたおみそ汁も、かきたま汁だったね。秋子が、喜んでた」

「覚えてたの？」

そう、二十年ほど前、私が初めて最初から最後まで一人で作れたのが、かきたま汁だったのだ。

「そりゃ、忘れないさ。一人娘が、初めて作ったおみそ汁なんだから」

父が、そっと箸を元に戻す。

「でも、どうしておみそ汁だったのかしら」

私も、箸と茶碗をテーブルに置いた。このことは、長年の素朴な疑問だった。ただ、なんとなく、父と母のプライベートな領域に踏み入るようで、父に聞けなかったのだ。ア母は、とにかくおみそ汁にこだわった。他のものはさておき、おみそ汁だけは毎朝必ずお父さんに

② 生徒B――確かに。実際、筆者の意見に対立する意見を挙げて、比較検討するということをしてるけど、これは筆者の意見に対して想定される反論を示しておいて、それに対して改めて反論をすることで、多面的な視野をもって論を展開していることを示すためにしているんだと思うな。

③ 生徒C――そういった比較を通して明らかになった日本の美術作品の特徴や、日本人の美に対する感受性がどのようなものであるかということを、筆者は本文の中で繰り返し述べているね。これは、同じ内容を繰り返し述べることで、読者に自分の考えを強く印象付けようとしているんじゃないかな。

④ 生徒D――筆者は、そうやって自分の考えを繰り返し述べながら、同時に日本の美術作品や西洋の美術作品をたくさん紹介して、説明しているね。こうした美術作品の紹介と分析は具体例として、筆者の考えを補強したり、根拠付けたりするための材料として機能しているんだと考えられるね。

二 次の文章を読んで、後の問いに答えなさい。

翌朝、前の晩に仕込んでおいた煮干しから、うっすらとダシが滲《にじ》み出てほんのり魚の香りが漂っていた。父が起き出してくる時刻に合わせ、おみそ汁の準備を整える。味噌を入れたら絶対に煮立たせないこと。必ず※1煮えばなをお椀によそうこと。母の教えは、私のこの体に刻まれている。

ボウルの中で卵をかき混ぜていると、洗面を終えた父が居間にやってきた。

「おはよう」

私と母、両方に言ったように聞こえるいつも通りの父の声に、

「おはよう」

私もまた、同じように返事をする。

「いい天気でよかったな」

※2素面《しらふ》の父は、顔を隠すようにすぐに新聞を広げて読み始めた。これが、嫁入り前、最後に作るおみそ汁だ。ご飯は自分で炊《た》いたりもす

問7　傍線部ウ「日本の美術の特性」とありますが、それはどのような特性ですか。その説明として最も適当なものを、次の①～④のうちから一つ選びなさい。解答番号は[11]。

① 画面には対象物のみを描き、それ以外は何も描かないことで、汚れのない美を表現しようとする特性。

② 人工的なものではなく、自然の風物を対象物とし、そのあるがままの美しさを表現しようとする特性。

③ 対象物が描かれた場所がどこであるのか特定できないように、対象物の他に何も描こうとしない特性。

④ 特に華やかな装飾的効果を持つ金地や銀地を多用することで、美しさを表現しようとする特性。

問8　傍線部エ「西欧と日本との美意識の相違」とありますが、それはどのような違いですか。その説明として最も適当なものを、次の①～④のうちから一つ選びなさい。解答番号は[12]。

① 西欧は自分たちの美学のみを正しいものとせず、異なる価値観も積極的に取り込んでいったのに対して、日本は自分たちの感受性を大切にし、他の文化における美的価値観をほとんど取り入れなかったという違い。

② 西欧は絵画ではモティーフと関連の深い事柄を画面に描き、豊かな色彩や装飾に美しさを見出すのに対して、日本は最低限のものを配し、余計なものが徹底的に省かれた簡素なあり方に美しさを見出すという違い。

③ 西欧はモティーフに対してさほど強い関心を持たないために、絵画では対象物以外の情景も画面に描かれるが、日本はモティーフに執着し、強調しようとするため、モティーフ以外を軽視する傾向にあるという違い。

④ 西欧では美術作品の中心は絵画で、モティーフとそれに関連する様々な事物を豊かな色彩で描こうとするが、日本では屏風や版画など様々な形式の美術作品が生まれ、その多くが単純な構成になっているという違い。

問9　次に示すのは、この文章を読んだ四人の生徒が本文について話し合っている場面です。本文について述べているものとして**適当でないもの**を、次の①～④のうちから一つ選びなさい。解答番号は[13]。

① 生徒A――筆者は、日本の美術作品と西洋の美術作品とを比べて、どのような違いがあるかを分析しているね。そして、その分析をもとに日本人の美に対する感受性がどのようなものであるかを説いている。こんな風に、ある事柄について考える場合は、対立軸を定めて比較することが有効なんだね。

問6　傍線部イ「日本の美術に数多くの例が見られる草花図」とありますが、これに当てはまる絵として最も適当なものを、次の①～④のうちから一つ選びなさい。解答番号は[10]。

①

②

③

④

問4　空欄Ⅲ・Ⅳにあてはまる語の組み合わせとして最も適当なものを、次の①～④のうちから一つ選びなさい。解答番号は[8]。

①　Ⅲ　だから　　Ⅳ　また　　　②　Ⅲ　しかし　　Ⅳ　つまり

③　Ⅲ　しかも　　Ⅳ　よって　　④　Ⅲ　すなわち　Ⅳ　ところが

問5　傍線部ア「豊かなものがあるという積極的な状態」とありますが、それはどのような状態ですか。その説明として最も適当なものを、次の①～④のうちから一つ選びなさい。解答番号は[9]。

①　美術品において、他に余計なものがない中で、対象物のみが存在する状態。

②　建築物や絵画などに込められた作者の意図がはっきりと伝わってくる状態。

③　建築物の装飾や絵画の色彩に、清らかさや清浄さが感じられるような状態。

④　建築物の装飾が豪華であったり、絵画の色彩が華やかであったりする状態。

③　取引先の要求をキョゼツする。
④　自宅から学校までのキョリを測る。

③　前日の試合でソンザイカンを発揮した。
④　誰からもソンケイされる人になりたい。

C　チミツ　3
①　一度もチコクをしていない。
②　セイチな細工の髪飾りを買った。
③　ヨウチエンから歌声が聞こえる。
④　人間はチセイのある生物である。

D　オオわれる　4
①　フクスイ盆に返らず。
②　昨日はフクツウがひどかった。
③　授業のフクシュウを欠かさない。
④　この機械はフクザツな構造をしている。

E　シンセン　5
①　食器をアラう。
②　西の空が赤くソまる。
③　家の近くにはイズミがある。
④　アザやかな色の魚が泳いでいる。

問2　空欄Ⅰにあてはまる語として最も適当なものを、次の①～④のうちから一つ選びなさい。解答番号は 6 。
①　庭に咲いていた色とりどりの花と朝顔とを
②　美しい装飾の花器と朝顔を挿した花瓶とを
③　庭の朝顔を全部棄てさせてただ一輪だけを
④　庭に咲いている朝顔を描いた水墨画のみを

問3　空欄Ⅱにあてはまる語として最も適当なものを、次の①～④のうちから一つ選びなさい。解答番号は 7 。
①　抽象　②　具体　③　平面　④　立体

とは、※9ゴッホがこの広重の版画を油絵で模写し、また※10ゴーギャンの〈説教の後の幻影〉やゴッホの〈種蒔《ま》く人〉などの画面にはっきりとその影響の跡をとどめていることからも明らかであろう。一九世紀の後半、ク西欧の画家たちに日本の浮世絵版画が広く好まれ、大きな影響を与えたことはよく知られているが、その影響の重要な側面のひとつは、このような大胆奇抜な構図法によるものであった。ということは、対象の一部分だけを特に拡大するという構図が、きわめて日本的なものであったことを物語るものと言えるであろう。

（高階秀爾『日本美術を見る眼』）

（注）

※1　上代——奈良時代。
※2　利休——安土桃山時代の茶人。
※3　モティーフ——芸術分野における創作の動機となる思想や題材。
※4　ボッティチェルリ——イタリアの画家。
※5　酒井抱一——江戸時代後期の画家。
※6　ストラダヌス——ベルギーの画家。
※7　障屏画——障壁画と屏風絵の総称。
※8　広重——江戸時代後期の浮世絵師。
※9　ゴッホ——オランダの画家。
※10　ゴーギャン——フランスの画家。

問1　二重傍線部A～Eに相当する漢字を含むものを、次の各群の①～④のうちから、それぞれ一つずつ選びなさい。
解答番号は 1 ～ 5 。

A　キョヒ　1
① コンキョのない話は信じない。
② 車の運転メンキョを取得する。

B　トウトぶ　2
① 彼は有名な一族のシソンだ。
② 事業の失敗で大きなソンシツを出す。

い。主要なモティーフ以外は、ただ［Ⅱ］的な銀地が拡がっているのみである。草花の描き方から、それが野外のものであることは容易に推定できるが、しかし、野外であることを示す具体的な風物は、何も示されていないのである。

草花図のみならず、風俗図や人物図において見られるこのような金地、または銀地の背景は、日本人にきわめて好まれたものであり、ウ日本の美術の特性をよく示すものと言ってよいであろう。それは、もちろん一方ではきわめて華やかな装飾的効果を持っているが、他方では、中心になる主要なモティーフ以外のものはすべて切り捨ててしまうという省略と単純化の効果も持っている。たとえば、細部のCチミツな描写と装飾性を見事に統一して示した〈誰ヶ袖図屏風〉は、明らかに室内の情景を描いたものであり、〈松浦屏風〉は屋外の情景、〈彦根屏風〉は一部は屋外で一部は室内を表わしていると思われるが、いずれの場合でも、室内または屋外を示すような描写は一切見られない。西欧の風俗画、たとえば一七世紀のオランダにおいて数多く描かれた風俗画においては、室内ならば壁とか床とか天井などの建物の内部、屋外であれば町のたたずまいや風景など、画面には周囲の現実世界を示すさまざまの要素が示されるのが普通であるが、わが国の風俗図では、主要なモティーフにのみ画家の関心が集中して、それ以外の地の部分は、ただ金色の拡がりでDオオわれるというやり方が発達したのである。

その点において、サントリー美術館、および神戸市立博物館に所蔵されている〈泰西王侯騎馬図屏風〉は、エ西欧と日本との美意識の相違をよく示す興味深い例と言ってよいであろう。これらの作品で、主要モティーフである騎馬人物像は明らかに西欧の範例に基づいているもので、事実そのいくつかのものは、[※6]ストラダヌスの原画による《ローマ皇帝像》版画シリーズから直接借りてきていることが明らかにされている。［Ⅲ］、日本の画家が借りたのは、そこまでである。もとの版画においては、皇帝の騎馬像の背後にローマの町の情景が描かれているが、日本の〈泰西王侯騎馬図〉においては、背景はただの金地である。［Ⅳ］、中心の主要なモティーフ以外は、綺麗に切り捨てられているのである。

このような、ある特殊なモティーフに対する強い関心は、また、日本の絵画において、対象のごくわずかの部分だけを切り取って示すという特異な構図法を生み出した。日本の花鳥画には、もともとは中国からもたらされた「折枝画《せっしが》」と呼ばれる特殊なジャンルがあるが、これは、たとえば梅の一枝だけを、樹の幹を示さずに画面に描き出すやり方である。それはまさしく、対象のごく小さな部分だけをクローズアップして見せる手法であろう。あるいは、樹木を描き出す場合でも、わが国の[※7]障屏画においては、桃山時代以来しばしば、樹幹が画面の縁によって途中から切られている構図が見られる。[※8]広重の版画〈亀戸梅屋鋪《やしき》〉においては、画面の手前に一本の大きな梅の樹の一部分だけがクローズアップして描かれている。このような大胆な構図法が西欧の画家たちにきわめてEシンセンな、珍しいものと思われたこ

二〇二一年度 明星高等学校（本科）

【国語】（四〇分）〈満点：一〇〇点〉

一 次の文章を読んで、後の問いに答えなさい。なお、問題作成の都合上、本文の一部を改めた。

「小さなもの」「縮小されたもの」と並んで、「清らかなもの」「清浄《せいじょう》なもの」に美を見出す日本人の感受性も、また数多くの美術作品のなかにその反映を見出すことができる。伊勢神宮に見られるような、何の飾りもない白木造りの建物や、何も描かれていない画面の余白を重要視する美学は、まさしくそのようなものであろう。もともと「きよら」というのは、汚れやくもりのない状態のことである。つまりそれは、何か良いもの、ア豊かなものがあるという積極的な状態ではなく、余計なもの、うとましいものがないという消極的な状態である。それは、いわば「否定の美学」と言ってもよい。多彩な色彩をAキョヒして墨一色にすべてを賭けた水墨画や、派手な装置や動きを極度に抑制した能の舞台に、逆に豊かな、奥深い美を見出す感受性は、まさしく「きよらか」なものを美しいと見た上代人[※1]の感受性を受け継いでいる。秀吉が朝顔の花を見たいと言ってやって来た時、 I 床の間に飾って迎えたというあの利休[※2]の有名なエピソードに見られる美の考え方も、同様に「否定の美学」に属するものと言ってよい。その美学が、簡素なもの、抑制された世界をBトウトぶ「わび」「さび」の美学と相通ずるものであることは、言うまでもない。

小さなものに対する愛着と、余計なものを切り捨てる「否定の美学」とがひとつに結びつくと、自然のなかのある特殊なモティーフ[※3]に着目して、それだけをクローズアップして取り出すという特異な手法が生まれてくる。イ日本の美術に数多くの例が見られる草花図は、まさしくそのようにして生まれてきたものである。もちろん、さまざまの草花を描き出した絵画は、西欧においても数多く見られる。しかしそれらは、たとえばボッティチェルリ[※4]の〈春〉に見られるように、春の野に咲き乱れる花々であり、あるいは一七世紀のオランダの静物画に多数その例が見られるように、花瓶《かびん》に活けられてテーブルの上に置かれた花々であって、つねに然るべき周囲の状況と結びついて画面に登場してきている。しかし、わが国の草花図は、文字通り草や花だけをモティーフとし、それもしばしば部分だけを取り上げて、それ以外の周囲の風景は綺麗《きれい》さっぱりと切り捨てている。たとえば、草花図の代表的傑作である酒井抱一《さかいほういつ》[※5]の〈夏秋草図屏風《びょうぶ》〉では、画面の手前の方に草花がきわめて丹念に描かれているが、それ以外は、水流がわずかに見られるだけで、大地も野原も空も描かれてはいな

英語解答

Ⅰ 【問題A】 対話文１…③ 対話文２…①
【問題B】 Question１…②
Question２…③

Ⅱ 問１ ① 問２ ② 問３ ③
問４ ① 問５ ② 問６ ①
問７ ④ 問８ ④ 問９ ③
問10 ④

Ⅲ 問１ ① 問２ ④ 問３ ②
問４ ② 問５ ③

Ⅳ 問１ ③ 問２ (い)…② (う)…①
問３ (え)…① (か)…②
問４ i…② ii…③ 問５ ①
問６ i…④ ii…③ 問７ ②, ⑤

Ⅰ〔放送問題〕放送文未公表

Ⅱ〔適語(句)選択・語形変化〕

問１．be afraid of ～「～を怖がる」　「そのイヌを怖がらないで。噛みませんよ」

問２．‘something＋形容詞＋to ～’「～するための何か…なもの」　「外はとても寒い。何か温かい飲み物が欲しい」

問３．Thank you for ～ing「～してくれてありがとう」　「私のパーティーに来てくれてありがとう。今日は君に会えてとてもうれしいよ」

問４．‘leave＋目的語＋形容詞’「～を…のままにしておく」　「ドアを開けたままにしておいてください，そうすれば新鮮な空気が入ってきます」

問５．‘be動詞＋excited’という受け身形で，「(主語が)興奮する」という意味になる。なお，exciting は「興奮させるような，おもしろい」という意味。　「昨日，通りで大好きな歌手に会ったので，私はとても興奮した」

問６．introduce ～self「自己紹介する」　「このインタビューの冒頭で自己紹介してください。私たちに，あなたの名前となぜここに来たかを教えてください」

問７．A：コンサートのチケットをどこで買えるか知っていますか。／B：上の階へ行って，最初の角を左に曲がってください。//Bが場所を教えているので，Aはチケットをどこで買えるかを尋ねたとわかる。

問８．A：コンピュータがちゃんと動かないんだ。／B：わかった，直してあげる。//Bが I'll fix it「それを修理する」と言っているので，コンピュータが動かないのだとわかる。work には機械などが「動く，はたらく」という意味がある。

問９．A：ああ，寝坊した。バスに遅れる！／B：できるだけ早く着がえて朝食を食べなさい。//as ～ as possible「できるだけ～」　Aは寝坊して遅れると言っているので，Bは急がせるようなことを言っていると推測できる。　soon「すぐに」

問10．A：今日は天気がいいね。散歩に行かない？／B：いいよ！//Why don't we ～？「～しませんか」と誘う表現。

Ⅲ〔整序結合〕

問１．「(私は)～してもよいですか」は Can I ～？。「～」の部分に「あなたのペンを使う」を入れる。　Can I use your pen？

問２．「あなたは今までに～したことがありますか」は，‘経験’を表す現在完了(‘have/has＋過去分詞’)を用いて，Have you ever ～？とする。「～に行ったことがある」は have/has been to ～で表せる。　Have you ever been to Europe？

問3．'as ～ as …'「…と同じくらい～」を用いる。one はすでに出ている名詞 magazine の繰り返しを避けて言い換えたもの。　This magazine is as interesting as that one.

問4．「私は～ということを確信している」は，I'm sure that ～。この that は「～ということ」を意味する接続詞。「自分のチームが試合に勝つ」は，my team will win the game とまとめる。I'm sure that my team will win the game.

問5．'buy＋人＋物'「〈人〉に〈物〉を買う」の形にし，最後に for my birthday「私の誕生日に」を置く。　My grandfather bought me a new plastic model for my birthday.

Ⅳ〔長文読解総合―ノンフィクション〕

≪全訳≫❶ある朝早く，アフリカのケニアにある小さな村でのことだ。女性や子どもたちが，水の入った重い容器を頭に乗せて運んでいる。彼女たちは，この水を得るために何マイルも歩く。暑くて，彼女たちは疲れている。1日にほんの2，3個の容器しか運べない。若いイギリス人女性がその問題について知る。彼女は助けになりたいと思う。❷②その若い女性は誰か。彼女の名はエミリー・クミンズだ。彼女はどのようにして助けたのか。ケニアの人々のために新しい水運搬容器をデザインしたのだ。彼女たちはそれを，スーツケースのように引くことができた。❸クミンズはエンジニアだ。天然資源があまりない地域のために，役に立つ品物をデザインしている。このような場所には，水があまりないことが多い。石油，石炭，(天然)ガスも豊富にはない。これらの資源は再生可能ではない。それは，地球からそれらを取ってしまったら，それらを置きかえることができないということだ。クミンズの製品は石油，石炭，(天然)ガスを使わない。それらは他のエネルギー源，例えば太陽を使う。これによって製品は持続可能となる。人々は地球を傷つけることなく，それらを将来も使い続けることができるのだ。❹③クミンズのきっかけは何だったのか。イングランドの幼い子どもだったとき，彼女は祖父と一緒に彼の仕事場で作業をするのが大好きだった。彼は彼女に道具の使い方を教えた。金属の小片からどのようにおもちゃや宝石箱をつくるかを彼女に教えた。彼女は高校在学中のまだ15歳のときに，最初の製品をデザインした。祖父は関節炎を患っていた。歯磨き粉のチューブを手でぎゅっと絞ることができなかった。クミンズは，レバーのついたチューブを発明した。そのレバーは，歯磨き粉をチューブから押し出すものだった。彼はチューブをぎゅっと絞る必要がなくなった。❺クミンズはまだ高校生の間に，新しいタイプの冷蔵庫をデザインした。なぜか。冷蔵庫は普通，大量の電気を使う。それらは発展途上国の多くの人々にとっては高価すぎる。クミンズの冷蔵庫は高価ではない。これがその使い方だ。冷蔵庫の1つの容器は，食品や薬を清潔に乾燥させておく。この容器は，水と砂で満たされたもう1つの容器の中に入っている。太陽エネルギーが砂の中の水を熱し，水は蒸発する。言い換えれば，水は空中に出ていき，それとともに砂から熱を奪う。これが砂を冷やす。その冷たい砂は，食品や薬を冷たく保つ。そのデザインはとてもシンプルで，安価な地元の材料を使っている。人々はその冷蔵庫を，自分たちでつくることさえできる。❻卒業後，クミンズはアフリカで5か月過ごした。そこでの暮らしをもっと学びたいと思ったので，ナミビアのある学校でボランティア活動をした。彼女はそこで自分のデザインを試し，改良することができた。彼女の冷蔵庫は大成功を収めた。今日，それは何千人もの人々を助けている。❼クミンズはイングランドのリーズ大学でビジネスを学んだ。今日，彼女は多くのユニークな品物をデザインし続けている。デザインで多くの賞を取ってきた。彼女の発明品は，地元の資源を使い，地球を傷つけず，全て再生利用可能な物でできているので有名だ。

問1＜語句解釈＞①，②，④は第1段落第2～5文に記述があるが，③「ケニアの子どもたちがきれいな水を飲むには数日かかる」という内容は見られない。　distant「離れた，遠くの」

問2＜指示語＞(い)them は，前の文にある複数名詞の These resources「これらの資源」を指す。これは，さらに前の2文にある water や oil, coal, or gas といった natural resources「天然資源」をまとめたものである。　(う)「それらは他のエネルギー源を使う」の「それら」は，前の文にある複数名詞の Cummins's products を指している。

問３＜単語の意味＞(え)sustainable は「持続可能な」という意味。続く文の内容からも推測できる。(か)evaporate は「蒸発する」という意味で，続く文に the water goes into the air「水が空中に出ていく」とあることから推測できる。　in other words「言い換えると」

問４＜適所選択＞ⅰ．「その若い女性は誰か」という問いかけに対し，「彼女の名はエミリー・クミンズだ」と答える流れになる②が適切。　ⅱ．直訳は「クミンズはどのように始めたのか」。これは，クミンズがエンジニアとしてのスタートをどのように切ったのかということ。したがって，彼女がものづくりを始めた幼少期のことが書かれている第４段落の冒頭の③が適切。

問５＜要旨把握＞冷蔵庫の構造については，第５段落第７，８文参照。食品と薬は１つの容器に一緒に入っており，この容器は水と砂がいっぱいに入ったもう１つの容器の中に収められている。

問６＜内容一致＞ⅰ．「クミンズは(　　　)ので，レバーのついたチューブのアイデアを思いついた」―④「祖父の問題を解決したかった」　第４段落第６～10文参照。　ⅱ．「今日，クミンズの発明品は(　　　)ので有名だ」―③「再生利用可能な材料でつくられ，環境に良い」　第７段落最終文参照。本文中の don't hurt the planet が，③では good for the environment と言い換えられている。

問７＜内容真偽＞①「クミンズの水運搬容器は，石油，石炭，(天然)ガスのような天然資源を使っている」…×　第３段落第７文参照。　②「クミンズは15歳のとき，祖父のためにレバーのついたチューブをデザインした」…○　第４段落第５～９文に一致する。　③「新しいものを買うのは高すぎたので，クミンズは自分で冷蔵庫をつくった。」…×　第５段落第１～４文参照。冷蔵庫は，彼女ではなく，発展途上国の人々にとって高価すぎた。　④「クミンズの冷蔵庫内の水は，食品や薬を冷たく保つ」…×　第５段落第７～12文参照。水ではなく砂である。　⑤「イングランドでビジネスを学ぶ前，クミンズはナミビアでボランティアとして働いていた」…○　第５段落では，クミンズの高校時代の発明について説明されている。第６段落冒頭の After leaving school は，高校卒業後ということ。彼女はナミビアでボランティアとして働き(第６段落第２文)，それからイングランドの大学に行った(第７段落第１文)。

2021年度／明星高等学校(本科)

数学解答

1 (1) ③　(2) ④　(3) ⑤　(4) ③　(5) ②

2 (1) ④　(2) ⑤　(3) ②

3 (1) 9…① 10…⑤　(2) ③

4 (1) ③　(2) ③　(3) ④

1〔独立小問集合題〕

(1)＜式の計算＞与式 $=\dfrac{2(x+2y)-3(3x-y)}{6}=\dfrac{2x+4y-9x+3y}{6}=\dfrac{-7x+7y}{6}$

(2)＜連立方程式＞$0.2x-0.7y=-1.5$……㋐，$0.1x+0.2y=-0.3$……㋑とする。㋐×10 より，$2x-7y=-15$……㋐′　㋑×10 より，$x+2y=-3$……㋑′　㋐′×2＋㋑′×7 で y を消去すると，$4x+7x=-30+(-21)$，$11x=-51$　$\therefore x=-\dfrac{51}{11}$

(3)＜平方根の計算＞与式 $=\dfrac{3}{\sqrt{2^2\times3}}\times\dfrac{\sqrt{2}}{\sqrt{15}}\div\sqrt{3^2\times10}=\dfrac{3}{2\sqrt{3}}\times\dfrac{\sqrt{2}}{\sqrt{15}}\div3\sqrt{10}=\dfrac{3}{2\sqrt{3}}\times\dfrac{\sqrt{2}}{\sqrt{15}}\times\dfrac{1}{3\sqrt{10}}=\dfrac{3\times\sqrt{2}\times1}{2\sqrt{3}\times\sqrt{15}\times3\sqrt{10}}=\dfrac{1}{2\sqrt{3}\times\sqrt{15}\times\sqrt{5}}=\dfrac{1}{2\times(\sqrt{15})^2}=\dfrac{1}{2\times15}=\dfrac{1}{30}$

(4)＜因数分解＞与式 $=2(x^2-2x-3)=2(x-3)(x+1)$ となるので，$b=3$ である。

(5)＜二次方程式＞解の公式より，$x=\dfrac{-(-3)\pm\sqrt{(-3)^2-4\times1\times(-1)}}{2\times1}=\dfrac{3\pm\sqrt{13}}{2}$ である。

2〔独立小問集合題〕

(1)＜式の利用—人口比＞昨年度の男の人口を x 人，女の人口を y 人とする。今年度の人口は昨年度の人口と比べて男は 7％増加，女は 2％減少したから，今年度の男の人口は $x\times\left(1+\dfrac{7}{100}\right)=\dfrac{107}{100}x$(人)，女の人口は $y\times\left(1-\dfrac{2}{100}\right)=\dfrac{98}{100}y$(人)である。また，今年度の男女の合計の人口は，昨年度と比べて 3％増加したから，$(x+y)\times\left(1+\dfrac{3}{100}\right)=\dfrac{103}{100}(x+y)$人である。よって，男女の合計の人口について，$\dfrac{107}{100}x+\dfrac{98}{100}y=\dfrac{103}{100}(x+y)$ が成り立つ。これより，$107x+98y=103(x+y)$，$107x+98y=103x+103y$，$5y=4x$，$y=\dfrac{4}{5}x$ となるから，昨年度の男女の人口比は，$x:y=x:\dfrac{4}{5}x=5:4$ である。

(2)＜確率—さいころ＞2 個のさいころをA，Bとする。2 個のさいころA，Bを同時に投げるとき，それぞれ 6 通りの目の出方があるから，目の出方は全部で，$6\times6=36$(通り)ある。このうち，目の和が偶数となるのは，A，Bとも奇数の目が出るときか，A，Bとも偶数の目が出るときである。奇数の目は 1，3，5 の 3 通り，偶数の目は 2，4，6 の 3 通りだから，A，Bとも奇数の目が出る場合は $3\times3=9$(通り)，A，Bとも偶数の目が出る場合は $3\times3=9$(通り)ある。よって，和が偶数となる場合は $9+9=18$(通り)あるから，求める確率は $\dfrac{18}{36}=\dfrac{1}{2}$ である。

(3)＜図形—角度＞右図のように，6 点A，B，C，D，E，Fを定め，2 点A，Eを結ぶ。$\overset{\frown}{AB}$ に対する円周角は等しいから，$\angle AEB=\angle AFB=13^\circ$ となり，同様にして，$\overset{\frown}{AC}$ に対する円周角より，$\angle AEC=\angle ADC=40^\circ$ である。よって，$\angle x=\angle AEC-\angle AEB=40^\circ-13^\circ=27^\circ$ である。

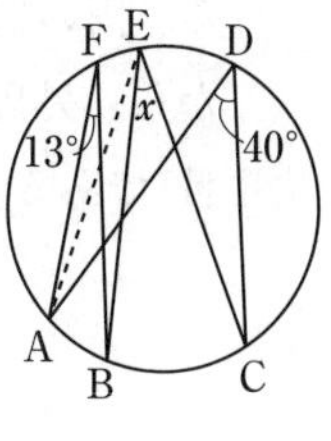

3 〔関数—関数 $y=ax^2$ と直線〕

(1)＜x 座標，面積＞右図1で，点Bは放物線 $y=x^2$ 上の点で，x 座標は -2 だから，$y=(-2)^2=4$ より，B$(-2,\ 4)$である。A$(2,\ 0)$だから，直線 AB の傾きは $\frac{0-4}{2-(-2)}=-1$ である。よって，AB∥OC のとき，直線 OC の傾きは -1 となり，直線 OC は原点Oを通るから，直線 OC の式は $y=-x$ である。点Cは放物線 $y=x^2$ と直線 $y=-x$ の交点だから，$x^2=-x$ より，$x^2+x=0$，$x(x+1)=0$　$\therefore x=0,\ -1$　したがって，点Cの x 座標は -1 である。このとき，$y=(-1)^2=1$ より，C$(-1,\ 1)$である。A$(2,\ 0)$より，OA $=2$ であり，点Bの y 座標が4より，OA を底辺と見たときの△AOB の高さは4だから，△AOB $=\frac{1}{2}\times2\times4=4$ である。また，AB∥OC より，△OBC＝△OAC であり，点Cの y 座標が1より，OA を底辺と見たときの△OAC の高さは1だから，△OBC＝△OAC＝$\frac{1}{2}\times2\times1=1$ である。以上より，〔四角形 ABCO〕＝△AOB＋△OBC＝$4+1=5$ である。

図1

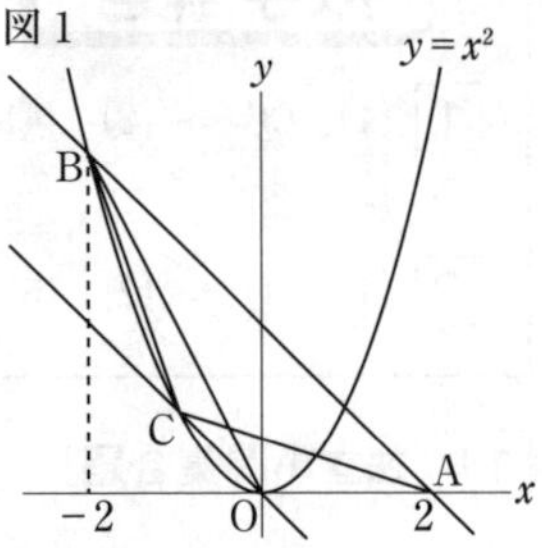

(2)＜x 座標＞右図2で，直線 BC が△AOB の面積を2等分するとき，直線 BC と線分 OA の交点を点Mとすると，△OBM＝△ABM となるから，OM＝AM となり，点Mは線分 OA の中点となる。A$(2,\ 0)$より，点Mの x 座標は $\frac{0+2}{2}=1$ だから，M$(1,\ 0)$である。B$(-2,\ 4)$だから，直線 BM の傾きは $\frac{0-4}{1-(-2)}=-\frac{4}{3}$ となり，その式は $y=-\frac{4}{3}x+b$ とおける。M$(1,\ 0)$を通るから，$0=-\frac{4}{3}\times1+b$ より，$b=\frac{4}{3}$ となり，直線 BM の式は $y=-\frac{4}{3}x+\frac{4}{3}$ である。点Cは放物線 $y=x^2$ と直線 $y=-\frac{4}{3}x+\frac{4}{3}$ の交点だから，$x^2=-\frac{4}{3}x+\frac{4}{3}$，$3x^2+4x-4=0$ より，$x=\frac{-4\pm\sqrt{4^2-4\times3\times(-4)}}{2\times3}=\frac{-4\pm\sqrt{64}}{6}=\frac{-4\pm8}{6}$ となり，$x=\frac{2}{3}$，-2 である。よって，点Cの x 座標は $\frac{2}{3}$ である。

図2

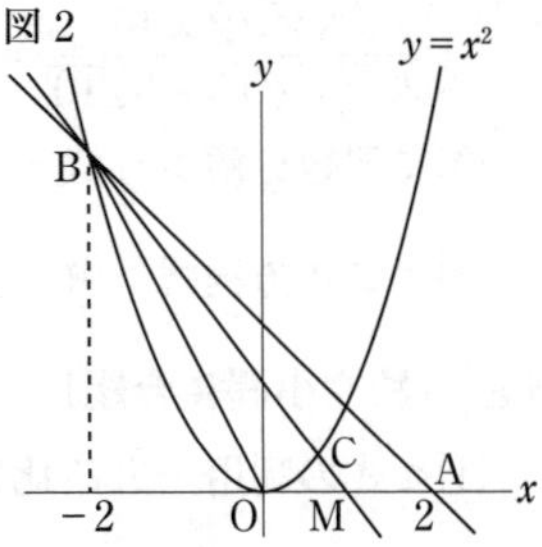

4 〔特殊・新傾向問題〕

(1)＜円の個数＞7番目の配置に使われる円は，上から1個，2個，3個，……と並び，一番下は7個並ぶので，円の個数は，$1+2+3+4+5+6+7=28$(個)である。

(2)＜順番＞13番目の配置に使われる円の個数が $1+2+3+4+5+6+7+8+9+10+11+12+13=91$(個)，14番目の配置に使われる円の個数が $91+14=105$(個)だから，円の個数が初めて100個を超えるのは14番目である。

(3)＜順番＞4番目以降の配置において，外周にある円を除くと，円の配置は3つ前のものと同じになる。円の個数が78個となる配置は，$78=1+2+3+4+5+6+7+8+9+10+11+12$ より，12番目だから，外周の円を除いて円の個数が78個となる配置は，12番目の3つ後の配置で，$12+3=15$(番目)である。

国語解答

一

問1　A…③　B…④　C…②　D…①　E…④

問2　③　問3　①　問4　②

問5　④　問6　④　問7　①

問8　②　問9　②

二

問1　A…④　B…③　C…④

問2　①　問3　③　問4　②

問5　④　問6　④　問7　①

問8　②　問9　④

一〔論説文の読解―芸術・文学・言語学的分野―芸術〕出典；高階秀爾『日本美術を見る眼』。

≪本文の概要≫「小さなもの」「縮小されたもの」と並んで「清らかなもの」「清浄なもの」に美を見出す日本人の感受性は，多くの美術作品の中に見られる。もともと「きよら」というのは，汚れや曇りのない状態のことである。つまり，それは，良いものや豊かなものがあるという積極的な状態ではなく，余計なものやうとましいものがないという消極的な状態であり，「否定の美学」ともいえるものである。小さなものに対する愛着と，余計なものを切り捨てる「否定の美学」とが一つに結びつくと，自然の中のある特殊なモティーフに着目して，それだけをクローズアップして取り出すという特異な手法が生まれてくる。西欧の絵画では，周囲の現実世界を示すさまざまな要素が画面に描かれるのが普通だが，日本の絵画では，対象のごくわずかの部分だけを切り取って示し，それ以外は金色や銀色で覆うという，特異な構図法が生み出された。このような構図法が，西欧の画家たちに斬新なものと思われ，影響を与えていたことは，ゴッホやゴーギャンの絵画からも明らかである。対象の一部分だけを特に拡大するという構図は，きわめて日本的なものであったのである。

問1＜漢字＞A.「拒否」と書く。①は「根拠」，②は「免許」，③は「拒絶」，④は「距離」。　B.「尊ぶ」と書く。①は「子孫」，②は「損失」，③は「存在感」，④は「尊敬」。　C.「緻密」と書く。①は「遅刻」，②は「精緻」，③は「幼稚園」，④は「知性」。　D.「覆われる」と書く。①は「覆水」，②は「腹痛」，③は「復習」，④は「複雑」。　E.「新鮮」と書く。①は「洗う」，②は「染まる」，③は「泉」，④は「鮮やかな」。

問2＜文章内容＞「簡素なもの，抑制された世界」を重んじる「わび」「さび」の美学を完成させた千利休は，秀吉が朝顔が見たいと言ってやってきたとき，たくさんの朝顔の中から一輪だけを残して他を全て切り取って捨て，その一輪を茶室に飾ったと伝えられている。華美な美しさではなく，簡素さを重んじた利休の美学が，このエピソードから感じられる。

問3＜表現＞「夏秋草図屏風」は，画面の手前の方にきわめて丹念に描かれた草花の他には，わずかに水流が見られるだけで，草花の描き方以外には野外であることを示す「具体的」な風物は何も示されておらず，背景には「抽象的」な銀色の地が広がっているだけである。

問4＜接続語＞Ⅲ.「泰西王侯騎馬図屏風」の主要モティーフである騎馬人物像は，「西欧の範例」に基づき，ストラダヌスの「ローマ皇帝像」版画シリーズから直接借りてきていることは明らかであるが，日本の画家が借りたのはそこまでで，背景はただの金地となっている。　Ⅳ.「泰西王侯騎馬図屏風」の背景が「ただの金地」になっているということは，言い換えれば，中心の主要なモティーフ以外は，きれいに切り捨てられているということである。

問5＜文章内容＞「否定の美学」が，余計なもの，うとましいものがないという消極的な状態といえるのに対し，「多彩な色彩」や「派手な装置や動き」といった豊かなものがあるのが，「積極的な状態」である。

問6＜文章内容＞日本の草花図には，西欧の「咲き乱れる花々」を描いた絵や(③…×)，「花瓶に活けられてテーブルの上に置かれた花々」を描いた絵と違い(②…×)，「草や花だけをモティーフ」とし，「それ以外の周囲の風景は綺麗さっぱりと切り捨てている」ものが，数多く見られる(①…×，④…○)。

問7＜文章内容＞日本の「草花図」に見られる，「草や花だけをモティーフ」とし，「それ以外の周囲の風景は綺麗さっぱりと切り捨て」て，背景に「金地」や「銀地」が広がっているのみという特色は，「風俗図や人物図」においても見られるものである。モティーフ以外を切り捨てて，背景を「金地」や「銀地」とする表現が日本人に「きわめて好まれ」ているのは，「汚れやくもりのない状態」に「美を見出す日本人の感受性」が反映されているからである。

問8＜文章内容＞ストラダヌスの「ローマ皇帝像」版画シリーズにおいては，皇帝の騎馬像の背後に「ローマの町の情景」が描かれているが，それに基づいて描かれた「泰西王侯騎馬図屏風」では，主要なモティーフである騎馬人物像以外はきれいに切り捨てられ，背景はただの金地である。西欧の絵画では，モティーフに関連の深いものを背景に描くが，日本の絵画では，背景を金地や銀地にすることで，中心になるモティーフ以外のものは全て切り捨ててしまうという，省略と単純化の効果を狙っているのである。

問9＜要旨＞日本人が「小さなもの」「縮小されたもの」や「清らかなもの」「清浄なもの」に美を見出す感受性を持っているということが，具体的な日本の絵画の解説や，西欧の絵画との比較を通して説明されている(①・③…○)。また，多くの作品を例として挙げ，繰り返して説明することで，消極的な状態に美を見出す感受性や，「対象の一部分だけを特に拡大するという構図が，きわめて日本的なものであった」という自論を裏づける根拠としている(②…×，④…○)。

二 〔小説の読解〕出典；小川糸『こーちゃんのおみそ汁』(『あつあつを召し上がれ』所収)。

問1＜語句＞A．「念を押す」は，重ねて確認する，という意味。母は，毎朝おみそ汁を父につくって食べさせてほしいということを，「私」に「たびたび」確認していた。　B．「(身を)乗り出す」は，強く興味を持ち話を聞くために体を前に出す，という意味。「私」は，父が母にプロポーズしたときの話を初めて聞いたので，興味を持って，体を前に出すようにして尋ねた。　C．「耳の底がくすぐったくなる」は，言われたことに対して恥ずかしくなる，という意味。「私」は，久しぶりに「こーちゃん」と父に呼ばれたので，少し恥ずかしくなった。

問2＜文章内容＞母は，プロポーズされたときに父から言われた「毎日みそ汁を作ってくれ」という言葉に対して「はい」と答え，「毎日，おみそ汁作りますから，あなたのお嫁さんにしてください」と約束した。だから，自分がいなくなった後も，おみそ汁だけは毎朝必ず父に食べさせたいというこだわりを見せたのである。

問3＜文章内容＞「私」は，母が指切りげんまんをしてまで「おみそ汁だけは毎朝必ずお父さんに食べさせて」と言ったのは，自分が死んだ後に，絶対に別の人に父のおみそ汁をつくらせたくなかったからだと思い当たった。「私」は，母のおみそ汁に対する厳しさの理由を知り，一人の女性としての母の気持ちを「なんとなくかわいらしく思った」のである。

問４＜文章内容＞「私」は，「癌患者が妊娠し，出産するのは，自殺行為だ」と書かれた本を読んでから，母が自分を産まなかったら，母は父のそばにもっと長くいられたかもしれないと思うようになった。「私」は，母が病と闘いながら，命と引き換えにするようにして「私」を産み落としたという思いから，家を出ていく前に，父に謝りたいと思っていたのである。

問５＜心情＞「私」は，精いっぱい場を盛りあげたつもりになっている父のペースに飲み込まれないように，謝りたいという気持ちをしっかり伝えようと思った。そして，冷静さを保つために，目を閉じて話を続けた。

問６＜心情＞父は，母が「私」を出産したことで体力を落としたかもしれないと言いつつも，「私」が生まれたことで，自分たち夫婦が「人生のすべての喜びを，思う存分，味わった」ので，「私」が悩むようなことはないと，穏やかな笑顔で諭したのである。

問７＜文章内容＞おみそ汁のつくり方についての母の教えは，「私」の体に刻まれており，「私」は毎朝，母の教えを実践していた。父は，毎朝のおみそ汁の中に妻の存在を感じているので，今でも「呼春の中に，秋子はちゃーんと生きている」と言ったのである。

問８＜心情＞「感傷に浸る」は，心に感じて寂しくなったり悲しくなったりする，という意味。母の思い出話をしている間に父が「声を詰まらせた」とき，自分を産んだことで母が早く死んだのではないかと思っていた「私」は，前から聞きたくて，ずっと聞けなかった，「私が生まれてきたこと，恨んでない？」という問いを，思い切って父にぶつけた。それに対して父は，笑顔で「私」が生まれてから自分たちが幸せだったと語り，さらに，おみそ汁の中に，妻は「ちゃーんと生きている」としんみりと言い，謝ろうとする「私」を慰めた。「私」と父は，感傷的な気分になって涙ぐんだが，「私」は，父の言葉を聞いて，それまでのわだかまりがなくなった。そして，「私」は，これからの人生に対し前向きな気持ちになり，「もう明日からは，自分でおみそ汁を作るんだよ」と父に言って，家を出る前にやらなければならないことをするために立ち上がった。

問９＜表現＞「私」は，日常の朝食の風景の中で，いつもと同じようにおみそ汁をつくり，日常と変わらない言葉遣いで父と会話を交わしている。そのような状況の中で話が展開しており(④…×)，さらには，「私」の思いを精緻に描写するだけでなく，父の目線や体の向きといった動作や，発言も丁寧に描くことで，二人の心情が読者に伝わるようになっている(②…○)。また，母の生前の言動や，それを思い出しながら語る「私」や父の様子から，母がいまだに二人の中に生きていることも感じられる(③…○)。最後の場面での，大きな風が吹いて桜の花びらが舞いあがり，視界が淡いピンク色に染まったという描写は，「私」のわだかまりがなくなり，二人の生活が，新たな一歩を踏み出そうとしていることを暗示している(①…○)。

Memo

2021年度 明星高等学校(MGS)

【英　語】（50分）〈満点：100点〉

Ⅰ リスニング問題です。放送で聞こえてくる質問の答えとして適切なものを選び、記号で答えなさい。

【問題A】

対話文1

① The math exam.

② Studying English.

③ The entrance exam.

④ Meisei High School.

対話文2

① Take a bus.

② Take a taxi.

③ Take a subway.

④ Walk to the hotel.

【問題B】

Question1　What time can guests have breakfast?

① From 5 a.m. to 11 a.m.

② From 7 a.m. to 10 a.m.

③ From 8 a.m. to 10 a.m.

④ From 9 a.m. to 11 a.m.

Question2　What items are NOT in the room?

① Towels

② Toothbrushes

③ Hair dryers

④ Slippers

（編集部注：放送文は未公表のため掲載してありません。）

Ⅱ　次の対話文を読んで、設問に答えなさい。

Two students, Amy and Saki, are talking in the cafeteria.

Amy：Hi Saki. Have you had lunch yet?

Saki：Hello, Amy. Sorry, I already had lunch, and now I have to go to the passport center.

Amy：Oh, the passport center in Tachikawa city? What for?

Saki：To renew my passport. I am going to go to the US for a year on an exchange program.

Amy：Really? That's great! Which states are you going to visit?

Saki：I am going to Washington, DC but I am really nervous because it will be my first visit to the US.

Amy：You'll be fine. You will make a lot of friends because everyone is really nice there.

Saki：I hope so... However, I have a friend who just came back from Texas, and she said that it was difficult for her to make friends with American students. So, she finally lived there with Japanese students all the time, and (1)<u>I don't want to do that.</u> I also heard some American students keep away from international students.

Amy：I don't think that's true!

Saki：Do you have any advice you can give to me?

Amy：Hmm... How about joining a cultural exchange event? The American students who join such events are already interested in other cultures, so it will be easier to start a conversation with them.

Saki：Good idea! (2)<u>Did you also do that when you first came to Japan?</u>

Amy：Yeah! I made many new friends through such events. You can also try to meet people through volunteering or doing part-time jobs.

Saki：Ummm, I could try that, but I've already got my class schedule and (3)<u>I don't think I'll have time for that.</u>

Amy：Oh, I see, Hmm... Why don't you make small talk with your classmates, and find people who have the same hobbies as you?

Saki：That's a good idea.

Amy：Yeah. I enjoy playing tennis, so I joined the tennis club and I met amazing people. But one thing I found is that Japanese people are shy and don't often make eye contact. (4) That looks rude to Americans, so don't forget to make eye contact and smile sometimes.

Saki ：Okay, I'll try. Thanks for all the advice!

Amy ：Also, don't be afraid of stepping out of the zone that is comfortable for you! The most important thing is to be yourself and share your personal ideas! I'm sure you'll do fine.

問１　(1) I don't want to do that. の内容を次のように書き表すとすれば、[　　　]の中に入るものは次のうちどれか。最も適切なものを選び、記号で答えなさい。

Saki doesn't want to [　　　] .

ア．live with American students all the time in Texas

イ．live with American students for a long time in Washington, DC

ウ．stay with Japanese students all the time in Texas

エ．stay with Japanese students for a long time in Washington, DC

問２　(2) Did you also do that when you first came to Japan? の内容を次のように書き表すとすれば、[　　　]の中に入るものは次のうちどれか。最も適切なものを選び、記号で答えなさい。

Did Amy [　　　] when she first came to Japan?

ア．keep away from American students

イ．join the cultural exchange events

ウ．join volunteer activities to make new friends

エ．join some clubs and make new friends

問３　(3) I don't think I'll have time for that. とあるが、この文の表す内容として最も適切なものを選び、記号で答えなさい。

ア．She is too busy to have a part-time job and do volunteer activities.

イ．She has so many things to do, and she doesn't have time to talk with her classmates.

ウ．In her class schedule, she cannot join cultural exchange events.

エ．She doesn't know her class schedule well, so she can't have a part-time job.

問４　(4)<u>That looks rude to Americans</u>の内容を表しているものとして最も適切なものを選び、記号で答えなさい。

ア．If you don't make eye contact often, American people won't respect you.

イ．If you make too much eye contact, American people won't think you are polite.

ウ．If you are shy, you can be liked more by American people.

エ．If you get aggressive, you will not be respected by American people.

問５　この対話文全体を通してAmyがSakiに伝えたアドバイスの中で**最も重要だと考えるもの**を、記号で答えなさい。

ア．Saki should be honest and give her own ideas.

イ．Saki should find people who have the same interests.

ウ．Saki should make eye contact when she talks with American students.

エ．Saki should stay in the zone that is comfortable for her.

問６　以下の問に対して、英語で答えなさい。

①　Why did Saki need to go to the passport center?

②　What sport does Amy play?

Ⅲ 以下の英文を読んで、設問に答えなさい。

A teacher stood in front of his students. "Now I'm going to show you (1)an experiment." He put a *jar, a box and two bottles on a table in front of the classroom. The jar was large and made of glass, so they knew there was nothing in it. "Of course, this is not a science experiment, but this will tell something very important to (2)people like you," said the teacher.

He took some stones as big as a tennis ball out of the box and put them into the jar slowly and carefully. The last one was near the mouth of the jar, so everyone thought there was no space for another.

He then asked the students, "Is this full?" They answered, "Yes."

"OK," he said, "How about this?" He took some smaller stones out of the box and tried putting them into the jar. When he shook it lightly, the smaller stones fell down into the spaces between the bigger stones.

"Is this full?" he asked again. Some said, "Yes," and others said nothing.

Then he picked up the bottle on the table. There was sand in the bottle and he put it into the jar. He asked the same question. Every student was silent.

Finally, he poured water into the jar from the other bottle, and asked, "What does this experiment mean?" One of the students answered, "We often give up something easily, but we shouldn't, because there are always some other ways to continue."

(3)The teacher smiled and said, "I have heard the same answer many times before, but that is not my answer. I want to tell you, if you do not put the big stones into the jar first, you'll never be able to put them in later. You should learn this from today's experiment."

He continued, "(4)What is your big stone now? Your dream? Or your smartphone? If you spend all your time on small things, there will be no time for your big stone."

(注) jar : つぼ

問１　下線部(1)について、この場にいる生徒たちが最終的に目にする状態は次のうちのどれか。最も適切なものを選び、記号で答えなさい。

ア．

（つぼの中に水）

イ．

（つぼの中に水）

ウ．

（つぼではなくビンの中に水）

エ．

（つぼではなくビンの中に水）

問２　下線部(2)の例として、最も適切なものを選び、記号で答えなさい。

ア．people who like to make plans before doing something

イ．people who like to make themselves busy without any plans

ウ．people who don’t know what is the most important for the future

エ．people who don’t like studying but know what to do for the future

問３　下線部(3)の理由として、最も適切なものを選び、記号で答えなさい。

ア．生徒が実験の真の意味を理解していることが分かったから。

イ．生徒の回答は予想外だったが、とても前向きなものだったから。

ウ．生徒の回答が予想通りで、自分の真意が伝えやすいと思ったから。

エ．生徒が期待通り、自分の実験に興味を持ってくれたことが分かったから。

問４　下線部(4)の質問に対して、あなた自身の答えを7～15語の英語にしなさい。

問５　問４のあなたの答えに対して、なぜそれがbig stoneなのか、10～20語の英語で説明しなさい。ただし、英文の数はいくつになってもかまわない。

Ⅳ 以下の英文を読んで、設問に答えなさい。

After her wedding, a young woman went to live in her husband's village. Life was lonely and difficult. Her *mother-in-law told her to work hard all day. Her friends were far away. (1), the young woman felt better because she had a secret. On the third day after she arrived in the village, she waited for her husband to sleep. She then took a small book from under her *pillow. She began to read it and smiled. What was in the little book? Why was it a secret?

Long ago in China, only men learned how to read and write. Women in one area of the country were not happy with this. In *remote parts of Hunan Province, these women created their own secret writing system. They made letters to (2)represent sounds and words. They called this language Nushu. (a)

In the past, a woman did not choose her husband. It was the custom (3)[choose / to / her family / for her / him / for]. When she got married, she usually left her village and went to live with her husband's family. Before she left, her female friends and family wrote to her in a small book. They wrote about their friendship, their memories, and their hopes for her. At the end of the book, they left pages for her to write about her new life. The woman opened the book on the third day of her *marriage. Her husband could not read it because the writing was all in Nushu.

Men probably knew about Nushu, but they did not think it was important. To women, it was very important. In fact, when women died, their families often *buried them with their Nushu third-day books. (b)

How and why did Nushu start? No one knows. Some people think a lonely woman in an *emperor's *court created it and sent back messages to her sisters at home. Others think Nushu comes from a very old language. Four thousand years ago, people spoke many kinds of languages in China. Then the emperor said people could only use *Mandarin. A man who wrote in another language could lose his life, but women were not so important. (c)

In the 1920s, many women in China began to go to school. They learned to read and write Mandarin, and they did not need Nushu. In 1982, a teacher went to study the culture of Jiangyong, Hunan Province. There, he learned about Nushu and wrote about it in his research. This was very exciting because there were no other languages in the world that were only for women. (d)

In 2004, Yang Huanyi, the last woman who secretly used Nushu, died. [4] In fact, tourists from all over the world go to Hunan Province to see examples of the writing in a museum. Some women even go to a special school to study Nushu. This (5) writing is not a (5) anymore!

(注)mother-in-law：義理の母　pillow：枕　remote：人里離れた　marriage：結婚
bury：～を埋める　emperor：皇帝　court：宮殿　Mandarin：標準中国語

問１　文中の(1)に入るものとして最も適切なものを選び、記号で答えなさい。

ア. For example　イ. Of course　ウ. However　エ. Therefore

問２　下線部(2)を意味するものとして最も適切なものを選び、記号で答えなさい。

ア. 求める　イ. 表す　ウ. 作り出す　エ. 探す

問３　次の文は文中の(a)～(d)のどの位置に入るのが文脈上適切か。
記号で答えなさい。

Maybe they continued to use the old language.

問４　下線部(3)の［　］内の語(句)を適当な語順に並べ替えなさい。

問５　文中の空欄［４］に入る適当な英文を記号で選びなさい。

ア. So there is no one who can understand this language.
イ. Today there is still a lot of interest in this language.
ウ. So the new writing system was born instead of Nushu.
エ. And the writing system of Nushu was forgotten little by little.

問６　(5)に共通して入る適切な１語を、本文中より抜き出して答えなさい。

問７　本文の内容と一致するものを選び、記号で答えなさい。

ア. Four thousand years ago, the emperor killed men who wrote in Mandarin.
イ. Women lived with their parents after they got married.
ウ. A woman in an emperor's court was lonely because she could use only Nushu.
エ. After women began to go to school, Nushu wasn't very important.

オ．A third-day book was written by women and it was buried when they got married.

問８　本文の表題として最も適当なものを、次から記号で選びなさい。

ア．The history of writing system　　イ．A language for women only

ウ．A marriage in China　　エ．The last woman who used Nushu

問９　Nushuの起源について、本文中で述べられている２つの説を具体的に説明した文になるように、次の（　1　）と（　2　）に適当な日本語を入れなさい。ただし、それぞれ10～20字以内の日本語で答えること。

（　1　）がNushuを創り、実家の姉妹にメッセージを送ったという説と、数千年前に（　2　）を起源とする説がある。

【数　学】（50分）〈満点：100点〉

1 次の各問いに答えなさい。

(1) $\dfrac{x+2y}{3}-\dfrac{3x-y}{2}$ を計算しなさい。

(2) $(x^2y+3xy^4)\div xy-2y^3$ を計算しなさい。

(3) $\dfrac{3}{\sqrt{12}}\times\sqrt{\dfrac{2}{15}}\div\sqrt{90}$ を計算しなさい。

(4) 連立方程式 $\begin{cases}0.2x-0.3y=1.5\\ \dfrac{1}{3}x+\dfrac{2}{5}y=1\end{cases}$ を解きなさい。

(5) x についての2次方程式 $5(x-2)^2-10=0$ を解きなさい。

2 次の各問いに答えなさい。

(1) ある国の今年度の人口を昨年度の人口と比較すると，男は7％の増加，女は2％の減少で，合計では3％の増加であった。この国の昨年度の男女の人口比，すなわち（男の人口）：（女の人口）をできるだけ簡単な整数比で表しなさい。

(2) 2個のさいころを同時に投げるとき，目の和が偶数である確率を求めなさい。

(3) 下の図において，$\angle x$ の大きさを求めなさい。ただし，直線 l，m は平行，ABCDE は正五角形である。

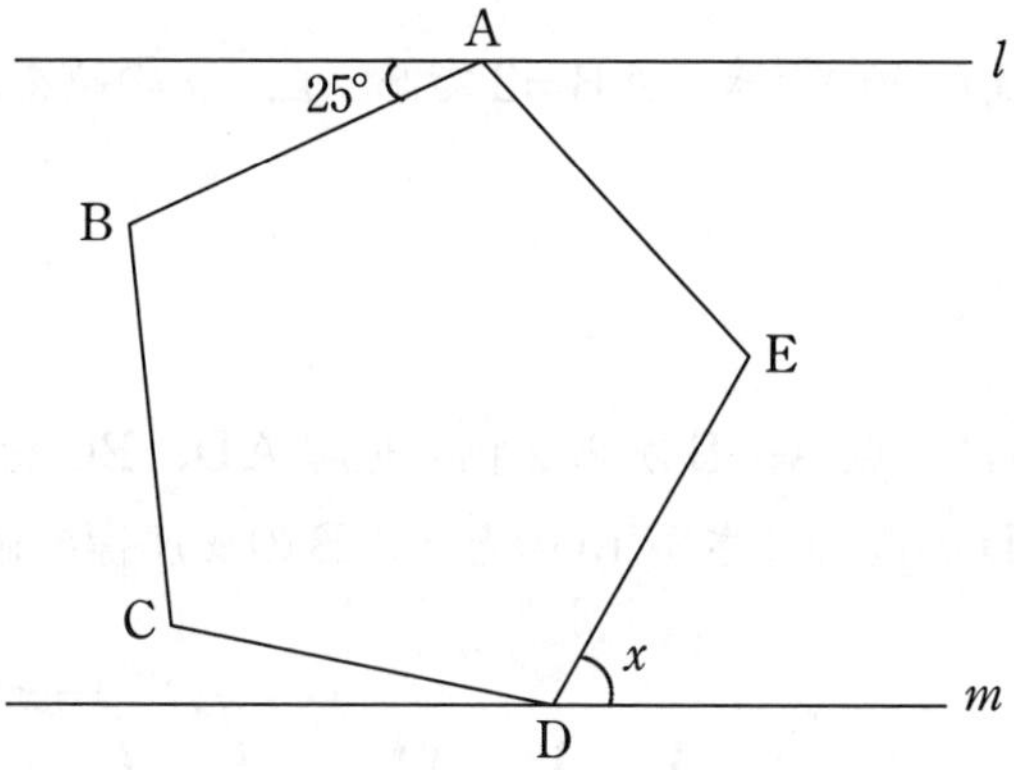

3 2つの放物線 $y=x^2$ と $y=ax^2$ がある。ただし，a は1より大きい正の数である。
今，O と異なる点 A を $y=x^2$ 上にとり，点 A から x 軸に平行な直線を引き，放物線 $y=ax^2$ との交点を B とする。ただし，A も B も x 座標が正であるとする。
次の各問いに答えなさい。

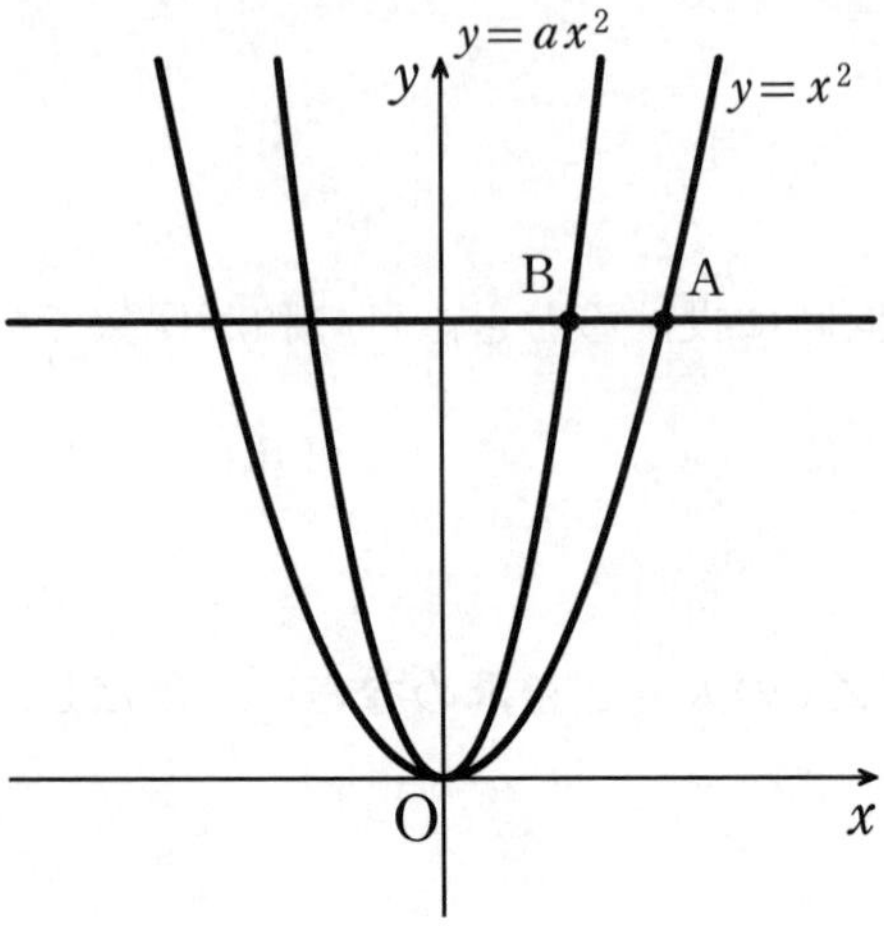

(1) 点 A の x 座標が 4 のとき，AB=2 であった。a の値を求めなさい。

(2) 下の図のように，点 A，B から x 軸に垂線 AD，BC を引く。
長方形 ABCD の周の長さが 15 のとき，B の x 座標の値を求めなさい。

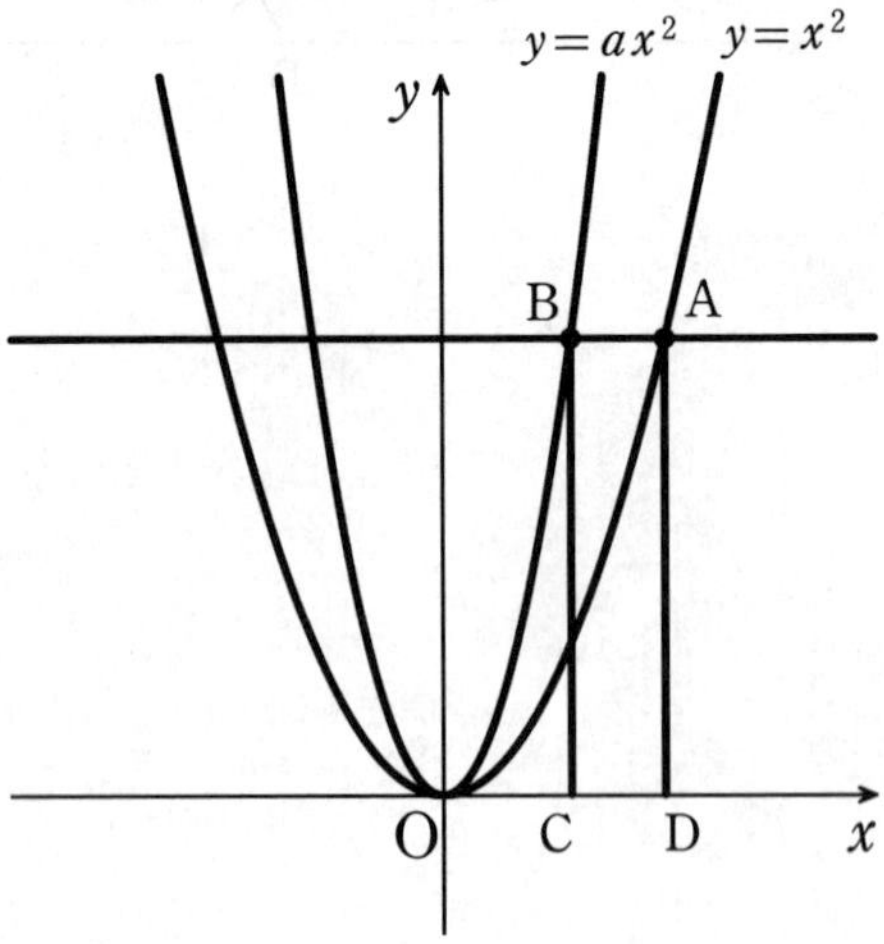

4 下の表のように，【数】と【記号】が対応している。
例えば，【数】0 には【記号】a が，【数】6 には【記号】bba が対応している。

【数】	0	1	2	3	4	5	6	7	8	9	10	…
【記号】	a	b	ba	bb	baa	bab	bba	bbb	$baaa$	$baab$	$baba$	…

このとき，次の各問いに答えなさい。

(1) 【数】15 に対応する【記号】を求めなさい。

(2) 【記号】$bbbbb$ に対応する【数】を求めなさい。

(3) 【記号】の文字が 7 文字となるとき，対応する【数】の中で最小のものを求めなさい。

5 ＜三平方の定理を利用する問題です＞

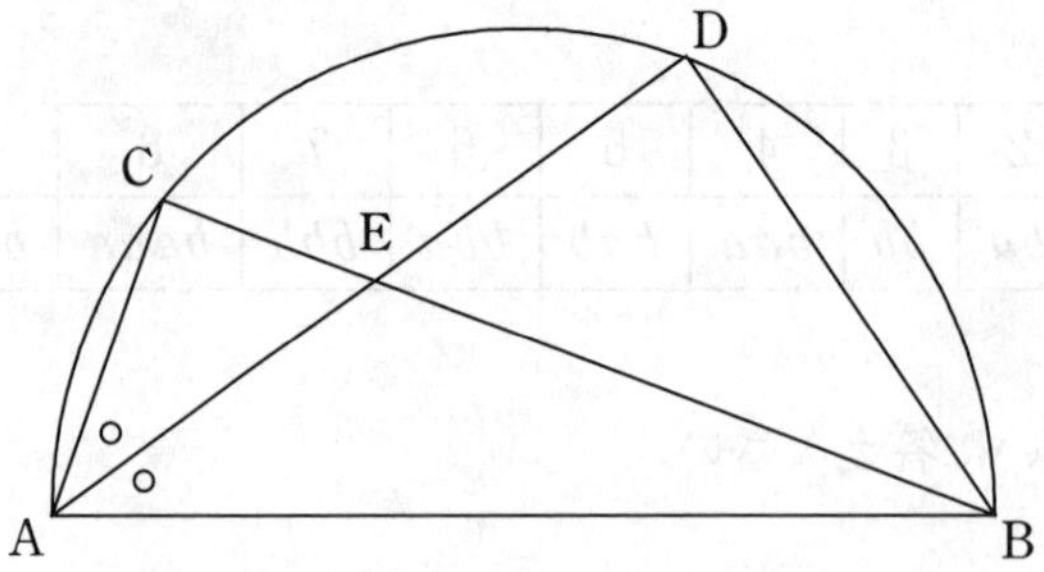

AB＝6 ㎝とし，ABを直径とする半円の円周上に，AC＝2 ㎝となるように点Cをとる。∠BACの二等分線と半円との交点を点D，ADとBCの交点を点Eとするとき，次の各問いに答えなさい。

(1) BCの長さを求めなさい。

(2) CEの長さを求めなさい。

(3) △ACEと△ADBの面積比を簡単な整数の比で表しなさい。

問三　傍線部③「白犬」とありますが、もし黒犬を飼った場合にはどのような名前をつけると考えられますか。漢字で答えなさい。

問四　傍線部④「しろう候ふは」について、

（1）「しろう」は「しろく」の音が変化したものです。このような変化を何といいますか。最も適当なものを次のア～エのうちから一つ選びなさい。

ア　促音便　　イ　イ音便　　ウ　ウ音便　　エ　撥《はつ》音便

（2）「しろう候ふは」と答えた人は、「作意ある人」に対して自分がしたのとは違う反応をされると考えられます。その理由を三十字以内で説明しなさい（句読点なども字数に含みます）。

向性を明確に示し、他者を突き動かす指導力を発揮していくべきである。

四 次の文章を読んで後の問いに答えなさい。

＊作意ある人のかふ犬有り。名を二十四とつけたり。「二十四、二十四」とよべばきたる。「①なにとしたる子細にや」ととふ。「しろく候《さうら》ふは」といふ。②さてげにもげにもと感じ、家にかへり、③白犬をもとめ、二十四とよぶ。「いかなる心もちぞ」とたづねられ、「④しろう候ふは」といふ。

（『醒睡笑』）

＊作意……言葉の工夫。

問一　傍線部①「なにとしたる子細にや」の意味として最も適当なものを、次のア～エのうちから一つ選びなさい。

ア　どんな犬の種類なのか
イ　どうして呼ぶと来るのか
ウ　どうしてそんな名なのか
エ　どうして犬を飼ったのか

問二　傍線部②「さてげにもげにもと感じ」とはどのような様子ですか。最も適当なものを次のア～エのうちから一つ選びなさい。

ア　もっともなことだと感心する様子。
イ　やはり思った通りだと満足する様子。
ウ　意味がわからなくて途方に暮れる様子。
エ　納得できず他の人にも確認したがる様子。

問六　傍線部⑥「オルテガ＝イ＝ガセット」、⑦「カント」、⑧「ヴォランティアという活動」とありますが、それぞれの考え方、関係の説明として最も適当なものを、次のア～エのうちから一つ選びなさい。

ア　オルテガは自らすすんで自分以外のもののためにすべき活動をするのが理想だと考え、カントも同じようにすべきことをしたくてするのが理想だと考えた。筆者はこれらと同じようにヴォランティア活動も他者に影響されて行うものではなく、あくまで自分の心ですべきだと思うことをして、その結果に対して責任を取るべきだと述べている。

イ　オルテガはすすんで自分を超えた規範に奉仕し責任を引き受けるべきだと考え、カントも同じようにすべきこととしたいことが一致している状態が理想だと考えた。これに対して筆者はヴォランティア活動ではもともとしたいことでもなく、すべきことのイメージが明確でなくても、他者からの声に応じて行動を起こすものだと述べている。

ウ　オルテガは大衆とエリートを分けて、エリートは自分以外のために活動すると考えたが、カントは大衆とエリートを分けず、正しさのために活動すべきだと考えた。筆者はカントの考え方に賛同し、ヴォランティア活動では大衆やエリートといった区別なく、他者からの声に応じて自ら信じる正しさのために行動を起こすべきだと述べている。

エ　オルテガは自分を超えたもののために自分からすすんで活動するべきだと考えたが、カントはあくまで自分のしたいことこそがすべきことであると考えた。筆者はオルテガの考えに賛成し、ヴォランティア活動では自分のしたいことかどうかは問題ではなく、他者の訴えに応じてそのときどきに必要な活動をするという姿勢が大切だと述べている。

問七　筆者の考えに合致するものを次のア～エのうちから一つ選びなさい。

ア　現代では自由に自分がやりたいことを見つけようとして途方に暮れる人が多いが、命令されたわけでなくても、自分がしなければならないと感じられることをしていくという考え方もある。

イ　現代では何事もやってもらって当然だという無責任な考え方が広がっているが、ヴォランティア活動の時のように、やってもらったことに感謝する気持ちを取り戻していかなくてはならない。

ウ　現代では自分は悪くないと考えて、ひたすら他人の責任を追及する人が増えているが、英語のリスポンシビリティの考え方を取り入れていけば日本人も責任感を高めることができるはずだ。

エ　現代では自分の責任を問われないことを優先する消極的な考え方が目立っているが、エリートたちは積極的に進むべき方

＊1　オルテガ＝イ＝ガセット――スペインの哲学者。一八八三～一九五五。
＊2　カント――ドイツの哲学者。一七二四～一八〇四。

問一　空欄部［①］に入れるのに最も適当な語をこれより後の本文中から三字で抜き出しなさい。

問二　空欄部［②］に入れるのに最も適当なものを、次のア～エのうちから一つ選びなさい。
ア　勉強なんかしたくない
イ　先生の教え方が悪い
ウ　塾の方がわかりやすい
エ　授業料を返せ

問三　空欄部［③］に入れるのに最も適当な語を本文中から五字で抜き出しなさい。

問四　傍線部④「『責任』という言葉はもちだしにくくても、『リスポンシビリティ』という言葉に対応する言葉が日本語にあれば、きっとそれで表現したことだろう」とありますが、「リスポンシビリティ」にあって「責任」にない意味合いとはどのようなものですか。四十五字以内で説明しなさい（句読点なども字数に含みます）。

問五　傍線部⑤「名ざしで呼びだされている者として自分を意識するということには、けっこう危うい面もある」とありますが、筆者がこのようにいうのはなぜですか。その理由として最も適当なものを次のア～エのうちから一つ選びなさい。
ア　自分が他より優れていると過信して他者を頼れなくなったり、失敗したとき他者に責任転嫁したりする可能性があるから。
イ　自分が特別だとうぬぼれることで努力を怠ったり、自分を評価してくれない他者を否定したりする可能性があるから。
ウ　自分をエリートだと評価してくれる他者を求めたり、称賛してくれる他者がいないと自信を失ったりする可能性があるから。
エ　自分を特別視することによって他者を軽視したり、自分を見失って他者の評価を気にしすぎたりする可能性があるから。

もちろん、⑤名ざしで呼びだされている者として自分を意識するということには、けっこう危うい面もある。他のだれでもなくこの自分が何者かからとくに召喚されているという意識が過大なまでにふくらんで、自分を他に優《まさ》って嘱望《しょくぼう》された人間、つまりはエリート（選良）と考えてうぬぼれてしまいもするからだ。あるいは逆に、つねに他人による評価と称賛を求め、ときに卑しいばかりに他人に取り入ろうとするからだ。ここでは、この自分という意識が、他ならぬこの自分という意識というかたちで、方向を誤って、他者の否定につながってしまっている。

この点で、⑥*1オルテガ＝イ＝ガセットによるエリートの定義はふるっている。かれは言う。大衆とは「自分以外のいかなる審判にも自分をゆだねないことに慣れている」ひとであり、エリートとは「自分を超え、自分に優った一つの規範に注目し、自らすすんでそれに奉仕するというやむにやまれぬ必然性を内にもっている」ひとである、と。そういえば、みずからの務めを「公僕」と称したひとたちがかつていた。他人の分まで責任を引き受け、黙していっさい弁明しない、そんな政治家や経営者がそれである。

ちなみに、⑦*2カントという、原則を重視するドイツの哲学者は、このことを「なすべきであるがゆえになしうる」と表現する。何かをしようという意志の主体の方針がそのままいつも普遍的な正しさにつながるように行為しなければならないというカントの主張は、「すべき」ことが「したい」ことであるという境位においてこそ、ひとは真の意味で幸福であるに値するものとなりうるという考えにいたりつく。

これに対して⑧ヴォランティアという活動には、多くのひとを一つの目標へと糾合《きゅうごう》する「べし」（原則にもとづく義務）というものがない。ここでは、だれかが一枚の正確な青写真を描いて、それを軸に全員が結集するというやり方をとらない。それでも、集ったひとたちのゆるやかなイメージの交換と調整のなかで、つまり最後までたがいの差異を解消しないまま、それでも最後はこれ以外にないという一つのところへもってゆく……という動き方をしようとする。これを言いかえると、いま何が必要か、それを自分の「やりたい」ことのほうからではなく、他者からの呼び求めに応じて考え、そして動くということである。このことが、逆説的にもひとを受け身でなくす。「これ、わたしの所轄《しょかつ》ではありません」というのではなく、「これ、わたしやっときましょうか」という感覚である。ここでは他者に認められる、他者の意識の宛《あ》て先に自分がなっているという感覚が、ひとを突き動かす一つの支えとなっている。

他者の小さな声に、ささやかな訴えに、〝Can I help you?〟とすぐに応じる用意があるということ。「リスポンシビリティ」はそのような地べたから立ち上がるのでなければ、根なし草になってしまう。

（『わかりやすいはわかりにくい？』　鷲田 清一）

に奔走することを避けている。「問題」を自分の「課題」として引き受けるということを避けている。そんな親をまねてか、この頃の学校では、授業がつまらないと、こましゃくれた生徒は「　②　」とクレームをつけることも少なくないらしい。いずれにせよ、すぐに答えを求める気の短さと、責任を引き受けることから逃げて楽になりたいという気持ち。この二つのメンタリティがいつ頃からか、ひとびとのうちに平然と居座るようになった。「悪いのはわたしではない……」というポジションをとろうという目論見《もくろみ》である。すすんで責任をとろうとは考えない。

もはや旧聞に属することと言ってもよいが、米国のオバマ大統領がその就任演説の最後のところで、「新しい責任の時代」というスローガンを口にし、「米国民一人ひとりが自身と他国、世界に義務を負うことを認識し、その義務をいやいや引き受けるのではなく喜んで掴《つか》みとること」を訴えた。

「責任」というこの言葉、英語ではリスポンシビリティ（responsibility）である。この語には、日本語の「責任」という言葉からは感じられない独特の含意がある。リスポンシビリティとは、文字どおりに訳せば、「リスポンドする能力」、つまり他者からの求めや訴えに応じる用意があるということである。さらにそれをラテン語源に分解すれば「だれかからの約束に約束し返すこと」（re-spondere）という意味である。

日本語で「責任」と言えば、国家の一員としての責任、家族の一員としての責任というふうに、組織を構成する「一員」として果たさねばならないことがらを思い浮かべる。が、それは匿名《とくめい》の役柄における責任であって、まぎれもなくこのわたしがいまだれかから呼びかけられているという含みはない。これに対して欧米のひとたちは、伝統的に、ひととしての「責任」を、他者からの呼びかけ、あるいはうながしに応えるという視点からとらえてきた。この他者はかれらにとっては神でもありうる。だから職業のことを、とくに使命や天職の意味を込めて、コーリング（calling）と呼ぶことがある。まさに何かをするべく神から呼びだされているという感覚である。

考えようによっては、阪神淡路大震災のあと、空前のヴォランティア・ブームが起こったときにひとびとがとっさに抱いたのは、この、いま自分が呼びだされているという感覚ではなかったのかと思う。仮設の避難所に遠くから赴いたひとたちは、自分はだれも知らないちっぽけな存在だけれど、そして会社でもいつも何をやっても「　③　」、とくに評価されるわけではないけれど、ここでは「ああ、また来てくれたんやね」と、他とは違うこの〈顔〉として認められ、たどたどしいけれどまぎれもなくこのわたしの言葉で話すことができる。ねぎらいあうことができる。そのとき、ひとびとがもしその動機を訊《き》かれたら、④「責任」という言葉はもちだしにくくても、「リスポンシビリティ」という言葉に対応する言葉が日本語にあれば、きっとそれで表現したことだろう。

三　次の文章を読んで、後の問いに答えなさい。

一生懸命やってきた果てにまわりから「やってあたりまえ」と言われることほど、心が挫《くじ》けることはない。行きたくもない職場に気力をふりしぼって行ってもあたりまえ、こつこつ勉強してもあたりまえ、迷いと工夫のあいだを揺れながら育児や家事をやってもあたりまえ、辛抱して辛抱して介護をやってもあたりまえ。べつにやりたくてやっているわけではないし、しなければならないと納得ずくでしているわけでもないのに、そんなふうに思ってはいけないと自分に言い聞かせながら必死でがんばってきて、あげくに「やってあたりまえ」と言われる……。

なんとも割りに合わないとため息をつきながらも、みんなそんなふうに生きてきたのだし、人生とはそんなものだろう、いつかきっとそれなりに帳尻は合うだろうと思いさだめて、また日常に戻る。それがまあ人生の普通のかたちなのだろうが、それに我慢がならずにとことんふてくされた顔をする者もいれば、進んで落ちこぼれる、出世コースから外れるそんな天《あま》邪鬼《じゃく》な生き方をする者もいる。人前でわざとドレス・ダウンするかのように。いずれも見なれた光景である。

就職活動を前にして、あるいは定年を迎えて、ひとびとはよく、自分のやりたいことを見つけなければならないのだが、自分がやりたいこと、それが何なのかよくわからない……とつぶやく。けれどもそのとき、何を「やりたい」のかではなく、何を「しなければならない」のか、何をすることを「期待されている」のかという問いは、めったに発せられない。言いかえると、「義務」とか「責任」といった言葉は、そこにほとんど浮上してこない。「したい」ことがまずいろいろあって、そのうえで次に「しなければならない」ことも考えるというわけなのだろうか。義務や規律よりも先に自由があるべきだという感覚はわからないでもない。けれども、義務や規律など一般的な原則のほうから命じられるのではなく、それでも「しなければならない」と感じられる場面といったものもあるのではないだろうか。

（中略）

教育や医療といったソーシャル・サーヴィスの現場で、そのサーヴィスが滞ったり劣化したりしているように見えるとき、役所に猛烈な苦情や文句をぶつけるばかりで、みずから解決のために奔走《ほんそう》することを考えもしない「クレーマー」たち。税金を、あるいはサーヴィス料をちゃんと払っているのだから、わたしには落ち度はないというわけだ。「クレーマー」は他者の責任を問いつめるが、そのクレームが「もっと安心してシステムにぶら下がれるようにしてほしい」という［①］の要求であることに気づいていない。多くの市民も陰に陽にそうした意識に染まっている。自分たちのそばで起こった難事も、役所に苦情や文句をぶつけるばかりで、みずから解決のためから助け出してほしいという気持ちの二つが混在している。

イ　マリアちゃんに意地悪されていることを誰かに話したところで何の解決にもならないという気持ちと、どうすれば今の状況から抜け出せるか誰かに教えてほしいという気持ちの二つが混在している。

ウ　クラスの女子の人間関係で悩んでいることを肉子ちゃんにいろいろ聞かれたくないという気持ちと、問題の解決につながらなくてもただ話を聞いてほしいという気持ちの二つが混在している。

エ　クラスの女子の人間関係で困っていることを肉子ちゃんに気づかれて心配をかけたくないという気持ちと、そうなる原因を作ったのは肉子ちゃんだと知ってほしいという気持ちの二つが混在している。

問五　傍線部④「何も知らない肉子ちゃんが、恨めしくなった」とありますが、このあとの「私」の心情の変化の説明として最も適当なものを、次のア～エのうちから一つ選びなさい。

ア　私が困っていることに全く気づかない肉子ちゃんの鈍さが憎らしくなったが、どこまでも悪気がないいつも通りの様子を見るうちに肉子ちゃんに責任を押し付けてもしかたないと思いなおした。

イ　私のことに関心を持とうとせずテレビに夢中になっている肉子ちゃんに反感を抱いたが、世間話をするうちに自分がいま悩んでいる原因はマリアちゃんであって肉子ちゃんではないと考えなおした。

ウ　私がクラスの女子の人間関係で苦しんでいることも知らずいつまでも子ども扱いする肉子ちゃんに腹を立てたが、会話のなかで他人のせいにしようとする自分の子どもっぽさに気づかされた。

エ　私がつらい目に合っているというのに平然としている肉子ちゃんに怒りをおぼえたが、私が迷っていたときにくれたアドバイスの正しさに気づき、肉子ちゃんの判断を信じる気持ちになった。

問六　傍線部⑤「とても卑怯な選択」とありますが、金本さんと離れて違う遊びをし、森さん達のグループに参加するというマリアちゃんの誘いを断ったことが、なぜ「とても卑怯」なのですか。六十字以内で説明しなさい（句読点なども字数に含みます）。

C「含んだような言い方」

ア　うそだと感じさせるような言い方

イ　言外の意味があるような言い方

ウ　子供に言い聞かせるような言い方

エ　恥ずかしがっているような言い方

問二　傍線部①「マリアちゃんの意地悪」とありますが、「意地悪」をしているのはなぜだと考えられますか。最も適当なものを次のア～エのうちから一つ選びなさい。

ア　バスケットボールをするグループに「私」がマリアちゃんを加えなかったから。

イ　森さん達のグループに入るように誘ったのに、「私」が誘いに乗らなかったから。

ウ「私」がマリアちゃんに挨拶をしなくなり、一緒に帰ることもなくなったから。

エ「私」が盆踊りにマリアちゃんではなく、別の友達と行くことを知ったから。

問三　傍線部②「簡単に『こちら側』に帰ってこられなかった」とありますが、それはなぜだと考えられますか。最も適当なものを次のア～エのうちから一つ選びなさい。

ア　マリアちゃんに借りた漫画と違って、自分の本は無理に面白がらなくてよいから。

イ　自分のつらい日常生活に絶望していて、希望にあふれた物語にすがりたかったから。

ウ　現実の込み入った人間関係から離れたくて、本の世界により深く没頭していたから。

エ　壮大な物語を読むことで、自分の悩みが取るに足らない小さなものだとわかるから。

問四　傍線部③「心のどこかで、今の私の境遇に気づいてくれたらいいのに、と、願ってもいた」とありますが、このときの「私」の心情の説明として最も適当なものを、次のア～エのうちから一つ選びなさい。

ア　マリアちゃんに意地悪されていることを肉子ちゃんに知られるのが恥ずかしいという気持ちと、肉子ちゃんに現在の苦境

＊1　すり橋――街をめぐる水路にかかる、古びた赤い橋。

＊2　うをがし――肉子ちゃんが働いている漁港の焼き肉屋。

＊3　重松――いつも美味しいコーヒーの匂いをさせているお茶っ葉屋。ふだんコーヒーは売っていない。

＊4　ザッピング――リモコンでチャンネルを頻繁に切り替えながら見ること。

＊5　サッサン――「うをがし」の店主で、肉子ちゃんとキクりんによくしてくれている。

＊6　ゼンジさん――「うをがし」の常連客である漁師。

問一　波線部Ａ～Ｃの意味として最も適当なものを次のア～エのうちからそれぞれ一つ選びなさい。

Ａ「声をひそめて」

ア　声を小さくして

イ　話すのをやめて

ウ　真面目なふりをして

エ　姿を隠して

Ｂ「目を丸くした」

ア　気づいていないふりをした

イ　嬉しそうにほほ笑んだ

ウ　興味を示して目を輝かせた

エ　目を見開いて驚いた

二〇二一年度 明星高等学校（MGS）

【国語】（五〇分）〈満点：一〇〇点〉

一

次の傍線部について、カタカナを漢字に、漢字をひらがなに改めなさい。

① タクみな話術でその場を盛り上げる。
② 目的を達成するのはヨウイではない。
③ 内面的にセイジュクして己の過ちを認められるようになった。
④ 強引なやり方に対して皆で協力してテイコウする。
⑤ 話がヒヤクしていてとてもついていけない。
⑥ 無駄遣いをひかえて将来のためにチョチクに励む。
⑦ 合理性だけを求めてきたヘイガイが出ている。
⑧ 予め対策を立てておいて良かった。
⑨ アルバイト先から制服を貸与される。
⑩ この件に関して誤った情報が流布している。

二

次の文章は西加奈子の小説『漁港の肉子ちゃん』の一節です。小学五年生の女子である「私」（キクりん）は、男にだまされた母・肉子ちゃんと一緒に、北陸の漁港に流れ着き、そこで暮らしはじめて三年目になります。これを読んで、後の問いに答えなさい。

〔編集部注：…課題文は著作権上の問題により掲載しておりません。作品の該当箇所につきましては次の書籍を参考にしてください〕

・西加奈子著『漁港の肉子ちゃん』〈幻冬舎文庫　平成二六年四月一〇日初版発行〉　一二〇頁二行目～一二四頁最終行

英語解答

I 【問題A】 1…③　2…①

【問題B】 1…②　2…③

II 問1　エ　問2　イ　問3　ア

問4　ア　問5　ア

問6　①　(例) Because she wanted to renew her passport.／To renew her passport.

②　She plays tennis.

III 問1　ア　問2　ウ　問3　ウ

問4　(例1) My big stone is to become a doctor when I grow up.

(例2) It is studying English to travel all over the world in the future.

(例3) To practice playing the piano every day.

問5　(例1) It is the most important in my life whether I can be helpful to many people.

(例2) I like to visit foreign countries. I think studying English hard now will help me in the future.

(例3) My dream is to become a professional pianist, so playing the piano is the most important thing now.

IV 問1　ウ　問2　イ　問3　c

問4　for her family to choose him for her

問5　イ　問6　secret　問7　エ

問8　イ

問9　1　(例) 皇帝の宮殿で暮らす孤独な女性

2　(例) 中国で話されていたとても古い言語

数学解答

1 (1)　$\frac{-7x+7y}{6}$　(2)　$x+y^3$

(3)　$\frac{1}{30}$　(4)　$x=5$, $y=-\frac{5}{3}$

(5)　$x=2\pm\sqrt{2}$

2 (1)　5：4　(2)　$\frac{1}{2}$　(3)　61°

3 (1)　4　(2)　$\frac{5}{4}$

4 (1)　*bbbb*　(2)　31　(3)　64

5 (1)　$4\sqrt{2}$ cm　(2)　$\sqrt{2}$ cm

(3)　1：6

国語解答

一
① 巧　② 容易　③ 成熟
④ 抵抗　⑤ 飛躍　⑥ 貯蓄
⑦ 弊害　⑧ あらかじ　⑨ たいよ
⑩ るふ

二
問一　A…ア　B…エ　C…イ
問二　イ　問三　ウ　問四　ウ
問五　ア
問六　誰かを攻撃するより攻撃される側にいる方が気が楽だというのが理由で，女子の分裂に対し自分で何かを決めた行動ではないから。
(59字)

三
問一　受け身　問二　イ
問三　あたりまえ
問四　匿名の役柄としてでなく，まぎれもなく自分に対して呼びかける他者に応えるという意味合い。
(43字)
問五　エ　問六　イ　問七　ア

四
問一　ウ　問二　ア　問三　五十四
問四　(1)…ウ
(2)　「しろう」は「しろく」と違って掛け算で二十四にならないから。(30字)

Memo

Memo

Memo

2025年度用

高校スーパー過去問

■編集人　声の教育社・編集部
■発行所　株式会社　声の教育社
〒162-0814 東京都新宿区新小川町8-15
☎03-5261-5061㈹ FAX03-5261-5062
https://www.koenokyoikusha.co.jp

明星高等学校

別冊 解答用紙

丁寧に抜きとって、別冊としてご使用ください。

★教科別合格者平均点＆合格者最低点　※一般第１回　―は非公表

A志望

年度		英語	数学	国語	合格者最低点
2024	本科	―	―	―	180
	ＭＧＳ	―	―	―	172
2023	本科	―	―	―	134
	ＭＧＳ	―	―	―	117
2022	本科	―	―	―	―
	ＭＧＳ	―	―	―	―
2021	本科	48.7	69.7	67.6	152
	ＭＧＳ	52.0	68.0	60.0	180

B志望

年度		英語	数学	国語	合格者最低点
2024	本科	―	―	―	185
	ＭＧＳ	―	―	―	174
2023	本科	―	―	―	154
	ＭＧＳ	―	―	―	157
2022	本科	―	―	―	―
	ＭＧＳ	―	―	―	―
2021	本科	59.7	74.8	73.4	171
	ＭＧＳ	55.0	59.1	61.5	142

C志望

年度		英語	数学	国語	合格者最低点
2024	本科	―	―	―	106
	ＭＧＳ	―	―	―	97
2023	本科	―	―	―	121
	ＭＧＳ	―	―	―	96
2022	本科	―	―	―	―
	ＭＧＳ	―	―	―	―
2021	本科	73.5	76.7	55.0	125
	ＭＧＳ	50.8	53.9	57.0	112

注意

○ 解答用紙は、収録の都合により縮小したものや、小社独自に作成したものもあります。
○ 学校配点は学校発表のもの、推定配点は小社で作成したものです。
○ 無断転載を禁じます。
○ 解答用紙を拡大コピーする場合、表示した拡大率に対応する用紙サイズは以下のとおりです。
101%～102%=B5　103%～118%=A4　119%～144%=B4　145%～167%=A3
（タイトルと配点表は含みません）

声の教育社 合格祈願

2024年度　明星高等学校　本科

英語解答用紙

推定配点
Ⅰ 各4点×5
Ⅱ 各2点×10
Ⅲ 各4点×5
Ⅳ 問1 6点 問2 5点 問3～問5 各6点×3 問6 5点 問7 6点
計 100点

フリガナ	
氏　名	

受験番号						
⓪	⓪	⓪	⓪	⓪	⓪	⓪
①	①	①	①	①	①	①
②	②	②	②	②	②	②
③	③	③	③	③	③	③
④	④	④	④	④	④	④
⑤	⑤	⑤	⑤	⑤	⑤	⑤
⑥	⑥	⑥	⑥	⑥	⑥	⑥
⑦	⑦	⑦	⑦	⑦	⑦	⑦
⑧	⑧	⑧	⑧	⑧	⑧	⑧
⑨	⑨	⑨	⑨	⑨	⑨	⑨

記入方法及び注意事項
1.記入は必ず鉛筆またはシャープペンシルで、( )の中を正確にぬりつぶして下さい。
2.訂正する場合は、消しゴムできれいに消して下さい。
3.この解答用紙を汚したり、折り曲げたりしないで下さい。

良い例	悪い例
●	∅ ⊙ ◐

解答番号	解答記入欄 1	2	3	4	5	解答番号	解答記入欄 1	2	3	4	5	解答番号	解答記入欄 1	2	3	4	5	解答番号	解答記入欄 1	2	3	4	5
1	①	②	③	④	⑤	26	①	②	③	④	⑤	51	①	②	③	④	⑤	76	①	②	③	④	⑤
2	①	②	③	④	⑤	27	①	②	③	④	⑤	52	①	②	③	④	⑤	77	①	②	③	④	⑤
3	①	②	③	④	⑤	28	①	②	③	④	⑤	53	①	②	③	④	⑤	78	①	②	③	④	⑤
4	①	②	③	④	⑤	29	①	②	③	④	⑤	54	①	②	③	④	⑤	79	①	②	③	④	⑤
5	①	②	③	④	⑤	30	①	②	③	④	⑤	55	①	②	③	④	⑤	80	①	②	③	④	⑤
6	①	②	③	④	⑤	31	①	②	③	④	⑤	56	①	②	③	④	⑤	81	①	②	③	④	⑤
7	①	②	③	④	⑤	32	①	②	③	④	⑤	57	①	②	③	④	⑤	82	①	②	③	④	⑤
8	①	②	③	④	⑤	33	①	②	③	④	⑤	58	①	②	③	④	⑤	83	①	②	③	④	⑤
9	①	②	③	④	⑤	34	①	②	③	④	⑤	59	①	②	③	④	⑤	84	①	②	③	④	⑤
10	①	②	③	④	⑤	35	①	②	③	④	⑤	60	①	②	③	④	⑤	85	①	②	③	④	⑤
11	①	②	③	④	⑤	36	①	②	③	④	⑤	61	①	②	③	④	⑤	86	①	②	③	④	⑤
12	①	②	③	④	⑤	37	①	②	③	④	⑤	62	①	②	③	④	⑤	87	①	②	③	④	⑤
13	①	②	③	④	⑤	38	①	②	③	④	⑤	63	①	②	③	④	⑤	88	①	②	③	④	⑤
14	①	②	③	④	⑤	39	①	②	③	④	⑤	64	①	②	③	④	⑤	89	①	②	③	④	⑤
15	①	②	③	④	⑤	40	①	②	③	④	⑤	65	①	②	③	④	⑤	90	①	②	③	④	⑤
16	①	②	③	④	⑤	41	①	②	③	④	⑤	66	①	②	③	④	⑤	91	①	②	③	④	⑤
17	①	②	③	④	⑤	42	①	②	③	④	⑤	67	①	②	③	④	⑤	92	①	②	③	④	⑤
18	①	②	③	④	⑤	43	①	②	③	④	⑤	68	①	②	③	④	⑤	93	①	②	③	④	⑤
19	①	②	③	④	⑤	44	①	②	③	④	⑤	69	①	②	③	④	⑤	94	①	②	③	④	⑤
20	①	②	③	④	⑤	45	①	②	③	④	⑤	70	①	②	③	④	⑤	95	①	②	③	④	⑤
21	①	②	③	④	⑤	46	①	②	③	④	⑤	71	①	②	③	④	⑤	96	①	②	③	④	⑤
22	①	②	③	④	⑤	47	①	②	③	④	⑤	72	①	②	③	④	⑤	97	①	②	③	④	⑤
23	①	②	③	④	⑤	48	①	②	③	④	⑤	73	①	②	③	④	⑤	98	①	②	③	④	⑤
24	①	②	③	④	⑤	49	①	②	③	④	⑤	74	①	②	③	④	⑤	99	①	②	③	④	⑤
25	①	②	③	④	⑤	50	①	②	③	④	⑤	75	①	②	③	④	⑤	100	①	②	③	④	⑤

評点
/100

（注）この解答用紙は実物を縮小してあります。Ａ３用紙に147%拡大コピーすると、ほぼ実物大で使用できます。（タイトルと配点表は含みません）

2024年度　明星高等学校　本科

数学解答用紙

評点
/100

推定配点

1 各5点×5

2 各6点×4

3 (1) 6点　(2) 7点　(3)、(4) 各8点×2

4 (1)、(2) 各7点×2　(3) 8点

計	100点

フリガナ	
氏名	

受験番号						
0	0	0	0	0	0	0
1	1	1	1	1	1	1
2	2	2	2	2	2	2
3	3	3	3	3	3	3
4	4	4	4	4	4	4
5	5	5	5	5	5	5
6	6	6	6	6	6	6
7	7	7	7	7	7	7
8	8	8	8	8	8	8
9	9	9	9	9	9	9

記入方法及び注意事項

1. 記入は必ず鉛筆またはシャープペンシルで、()の中を正確にぬりつぶして下さい。
2. 訂正する場合は、消しゴムできれいに消して下さい。
3. この解答用紙を汚したり、折り曲げたりしないで下さい。

良い例	悪い例
●	⊘ ⊙ ◐

1

	解答記入欄											
	−	±	0	1	2	3	4	5	6	7	8	9
ア	−	±	0	1	2	3	4	5	6	7	8	9
イ	−	±	0	1	2	3	4	5	6	7	8	9
ウ	−	±	0	1	2	3	4	5	6	7	8	9
エ	−	±	0	1	2	3	4	5	6	7	8	9
オ	−	±	0	1	2	3	4	5	6	7	8	9
カ	−	±	0	1	2	3	4	5	6	7	8	9
キ	−	±	0	1	2	3	4	5	6	7	8	9
ク	−	±	0	1	2	3	4	5	6	7	8	9
ケ	−	±	0	1	2	3	4	5	6	7	8	9
コ	−	±	0	1	2	3	4	5	6	7	8	9
サ	−	±	0	1	2	3	4	5	6	7	8	9
シ	−	±	0	1	2	3	4	5	6	7	8	9
ス	−	±	0	1	2	3	4	5	6	7	8	9
セ	−	±	0	1	2	3	4	5	6	7	8	9
ソ	−	±	0	1	2	3	4	5	6	7	8	9
タ	−	±	0	1	2	3	4	5	6	7	8	9
チ	−	±	0	1	2	3	4	5	6	7	8	9
ツ	−	±	0	1	2	3	4	5	6	7	8	9
テ	−	±	0	1	2	3	4	5	6	7	8	9
ト	−	±	0	1	2	3	4	5	6	7	8	9

2

	解答記入欄											
	−	±	0	1	2	3	4	5	6	7	8	9
ア	−	±	0	1	2	3	4	5	6	7	8	9
イ	−	±	0	1	2	3	4	5	6	7	8	9
ウ	−	±	0	1	2	3	4	5	6	7	8	9
エ	−	±	0	1	2	3	4	5	6	7	8	9
オ	−	±	0	1	2	3	4	5	6	7	8	9
カ	−	±	0	1	2	3	4	5	6	7	8	9
キ	−	±	0	1	2	3	4	5	6	7	8	9
ク	−	±	0	1	2	3	4	5	6	7	8	9
ケ	−	±	0	1	2	3	4	5	6	7	8	9
コ	−	±	0	1	2	3	4	5	6	7	8	9
サ	−	±	0	1	2	3	4	5	6	7	8	9
シ	−	±	0	1	2	3	4	5	6	7	8	9
ス	−	±	0	1	2	3	4	5	6	7	8	9
セ	−	±	0	1	2	3	4	5	6	7	8	9
ソ	−	±	0	1	2	3	4	5	6	7	8	9
タ	−	±	0	1	2	3	4	5	6	7	8	9
チ	−	±	0	1	2	3	4	5	6	7	8	9
ツ	−	±	0	1	2	3	4	5	6	7	8	9
テ	−	±	0	1	2	3	4	5	6	7	8	9
ト	−	±	0	1	2	3	4	5	6	7	8	9

3

	解答記入欄											
	−	±	0	1	2	3	4	5	6	7	8	9
ア	−	±	0	1	2	3	4	5	6	7	8	9
イ	−	±	0	1	2	3	4	5	6	7	8	9
ウ	−	±	0	1	2	3	4	5	6	7	8	9
エ	−	±	0	1	2	3	4	5	6	7	8	9
オ	−	±	0	1	2	3	4	5	6	7	8	9
カ	−	±	0	1	2	3	4	5	6	7	8	9
キ	−	±	0	1	2	3	4	5	6	7	8	9
ク	−	±	0	1	2	3	4	5	6	7	8	9
ケ	−	±	0	1	2	3	4	5	6	7	8	9
コ	−	±	0	1	2	3	4	5	6	7	8	9
サ	−	±	0	1	2	3	4	5	6	7	8	9
シ	−	±	0	1	2	3	4	5	6	7	8	9
ス	−	±	0	1	2	3	4	5	6	7	8	9
セ	−	±	0	1	2	3	4	5	6	7	8	9
ソ	−	±	0	1	2	3	4	5	6	7	8	9
タ	−	±	0	1	2	3	4	5	6	7	8	9
チ	−	±	0	1	2	3	4	5	6	7	8	9
ツ	−	±	0	1	2	3	4	5	6	7	8	9
テ	−	±	0	1	2	3	4	5	6	7	8	9
ト	−	±	0	1	2	3	4	5	6	7	8	9

4

	解答記入欄											
	−	±	0	1	2	3	4	5	6	7	8	9
ア	−	±	0	1	2	3	4	5	6	7	8	9
イ	−	±	0	1	2	3	4	5	6	7	8	9
ウ	−	±	0	1	2	3	4	5	6	7	8	9
エ	−	±	0	1	2	3	4	5	6	7	8	9
オ	−	±	0	1	2	3	4	5	6	7	8	9

	解答記入欄											
	−	±	0	1	2	3	4	5	6	7	8	9
カ	−	±	0	1	2	3	4	5	6	7	8	9
キ	−	±	0	1	2	3	4	5	6	7	8	9
ク	−	±	0	1	2	3	4	5	6	7	8	9
ケ	−	±	0	1	2	3	4	5	6	7	8	9
コ	−	±	0	1	2	3	4	5	6	7	8	9

	解答記入欄											
	−	±	0	1	2	3	4	5	6	7	8	9
サ	−	±	0	1	2	3	4	5	6	7	8	9
シ	−	±	0	1	2	3	4	5	6	7	8	9
ス	−	±	0	1	2	3	4	5	6	7	8	9
セ	−	±	0	1	2	3	4	5	6	7	8	9
ソ	−	±	0	1	2	3	4	5	6	7	8	9

(注) この解答用紙は実物を縮小してあります。A３用紙に145%拡大コピーすると、ほぼ実物大で使用できます。（タイトルと配点表は含みません）

二〇二四年度　明星高等学校　本科

国語解答用紙

評点
/100

フリガナ	
氏　名	

記入方法及び注意事項
1.記入は必ず鉛筆またはシャープペンシルで、⓪の中を正確にぬりつぶして下さい。
2.訂正する場合は、消しゴムできれいに消して下さい。
3.この解答用紙を汚したり、折り曲げたりしないで下さい。

良い例	悪い例
●	⊘ ⊙ ◐

受験番号						
⓪	⓪	⓪	⓪	⓪	⓪	⓪
①	①	①	①	①	①	①
②	②	②	②	②	②	②
③	③	③	③	③	③	③
④	④	④	④	④	④	④
⑤	⑤	⑤	⑤	⑤	⑤	⑤
⑥	⑥	⑥	⑥	⑥	⑥	⑥
⑦	⑦	⑦	⑦	⑦	⑦	⑦
⑧	⑧	⑧	⑧	⑧	⑧	⑧
⑨	⑨	⑨	⑨	⑨	⑨	⑨

解答番号	解答記入欄					解答番号	解答記入欄					解答番号	解答記入欄					解答番号	解答記入欄				
	1	2	3	4	5		1	2	3	4	5		1	2	3	4	5		1	2	3	4	5
1	①	②	③	④	⑤	26	①	②	③	④	⑤	51	①	②	③	④	⑤	76	①	②	③	④	⑤
2	①	②	③	④	⑤	27	①	②	③	④	⑤	52	①	②	③	④	⑤	77	①	②	③	④	⑤
3	①	②	③	④	⑤	28	①	②	③	④	⑤	53	①	②	③	④	⑤	78	①	②	③	④	⑤
4	①	②	③	④	⑤	29	①	②	③	④	⑤	54	①	②	③	④	⑤	79	①	②	③	④	⑤
5	①	②	③	④	⑤	30	①	②	③	④	⑤	55	①	②	③	④	⑤	80	①	②	③	④	⑤
6	①	②	③	④	⑤	31	①	②	③	④	⑤	56	①	②	③	④	⑤	81	①	②	③	④	⑤
7	①	②	③	④	⑤	32	①	②	③	④	⑤	57	①	②	③	④	⑤	82	①	②	③	④	⑤
8	①	②	③	④	⑤	33	①	②	③	④	⑤	58	①	②	③	④	⑤	83	①	②	③	④	⑤
9	①	②	③	④	⑤	34	①	②	③	④	⑤	59	①	②	③	④	⑤	84	①	②	③	④	⑤
10	①	②	③	④	⑤	35	①	②	③	④	⑤	60	①	②	③	④	⑤	85	①	②	③	④	⑤
11	①	②	③	④	⑤	36	①	②	③	④	⑤	61	①	②	③	④	⑤	86	①	②	③	④	⑤
12	①	②	③	④	⑤	37	①	②	③	④	⑤	62	①	②	③	④	⑤	87	①	②	③	④	⑤
13	①	②	③	④	⑤	38	①	②	③	④	⑤	63	①	②	③	④	⑤	88	①	②	③	④	⑤
14	①	②	③	④	⑤	39	①	②	③	④	⑤	64	①	②	③	④	⑤	89	①	②	③	④	⑤
15	①	②	③	④	⑤	40	①	②	③	④	⑤	65	①	②	③	④	⑤	90	①	②	③	④	⑤
16	①	②	③	④	⑤	41	①	②	③	④	⑤	66	①	②	③	④	⑤	91	①	②	③	④	⑤
17	①	②	③	④	⑤	42	①	②	③	④	⑤	67	①	②	③	④	⑤	92	①	②	③	④	⑤
18	①	②	③	④	⑤	43	①	②	③	④	⑤	68	①	②	③	④	⑤	93	①	②	③	④	⑤
19	①	②	③	④	⑤	44	①	②	③	④	⑤	69	①	②	③	④	⑤	94	①	②	③	④	⑤
20	①	②	③	④	⑤	45	①	②	③	④	⑤	70	①	②	③	④	⑤	95	①	②	③	④	⑤
21	①	②	③	④	⑤	46	①	②	③	④	⑤	71	①	②	③	④	⑤	96	①	②	③	④	⑤
22	①	②	③	④	⑤	47	①	②	③	④	⑤	72	①	②	③	④	⑤	97	①	②	③	④	⑤
23	①	②	③	④	⑤	48	①	②	③	④	⑤	73	①	②	③	④	⑤	98	①	②	③	④	⑤
24	①	②	③	④	⑤	49	①	②	③	④	⑤	74	①	②	③	④	⑤	99	①	②	③	④	⑤
25	①	②	③	④	⑤	50	①	②	③	④	⑤	75	①	②	③	④	⑤	100	①	②	③	④	⑤

（注）この解答用紙は実物を縮小してあります。Ａ３用紙に147%拡大コピーすると、ほぼ実物大で使用できます。（タイトルと配点表は含みません）

推定配点

一 問一　各3点×5　問二　4点　問三、問四　各5点×2
問五～問八　各4点×5　問九 (1) 5点　(2) 6点
二 問一　各3点×3　問二～問六　各5点×5　問七　6点

100点	計

２０２４年度　　明星高等学校　ＭＧＳ

英語解答用紙

番号		氏名		評点	／100

1	問題A	No.1		No.2		No.3		No.4			
	問題B	ア		イ		ウ		エ		オ	

2	問１								
	問２		問３	２番目		５番目		問４		問５	
	問６								
	問７								
	問８	①		②		③			
		④		⑤					

3	問１								
	問２	最初		最後		問３			
	問４	３番目		５番目		問５			
	問６	1		2		3		4	
	問７	10		20					

4	問１	a		b		c		d		e	
	問２										
	問３										
	問４	sometimes.									
	問５										
	問６										

（注）この解答用紙は実物を縮小してあります。175％拡大コピーすると、ほぼ実物大で使用できます。（タイトルと配点表は含みません）

推定配点		計
	1 問題A　各２点×４　問題B　各３点×５　2 問１　３点　問２　２点　問３　３点　問４，問５　各２点×２　問６　３点　問７，問８　各２点×６ 3 問１，問２　各３点×２　問３　２点　問４　３点　問５，問６　各２点×５　問７　７点　4 問１　各２点×５　問２　３点　問３　２点　問４　３点　問５，問６　各２点×２	100点

２０２４年度　明星高等学校　ＭＧＳ

数学解答用紙

番号		氏名	

評点	／100

1

(1)	(2)	(3)

(4)	(5)
$a=$ 　　, $b=$	$x=$

2

(1)	(2)	(3)
$n=$	$x=$	個

3

(1)	(2)	(3)
$a=$ 　　, $b=$		E(　　,　　)

4

(1)	(2)	(3)
cm^2	:	cm^3

5

(1)	(2)
cm^2	cm

(3)	(4)
:	cm^2

(注) この解答用紙は実物を縮小してあります。Ａ３用紙に161%拡大コピーすると、ほぼ実物大で使用できます。(タイトルと配点表は含みません)

推定配点		計
	1, 2 各５点×８　3～5 各６点×10	100点

二〇二四年度　明星高等学校　MGS

国語解答用紙

番号　　氏名　　評点　/100

一
① い　② える　③　④　⑤
⑥　⑦　⑧ る　⑨　⑩

二
問一　a　b
問二
問三
問四
問五
問六
問七　ア　イ　ウ　エ　オ

三
問一
問二
問三
問四
問五　最初　〜　最後
問六
問七　ア　イ　ウ　エ　オ

四
問一　a　b
問二
問三
問四
問五
問六

（注）この解答用紙は実物を縮小してあります。185%拡大コピーすると、ほぼ実物大で使用できます。（タイトルと配点表は含みません）

推定配点	計
一 各1点×10　二 問一 各2点×2　問二〜問四 各4点×3　問五 6点　問六 4点　問七 各2点×5 三 問一 4点　問二 6点　問三〜問六 各4点×4　問七 各2点×5 四 問一 各2点×2　問二 4点　問三、問四 各2点×2　問五、問六 各3点×2	100点

2023年度　明星高等学校　本科

英語解答用紙

評点
/100

フリガナ	
氏　名	

記入方法及び注意事項
1.記入は必ず鉛筆またはシャープペンシルで、⓪の中を正確にぬりつぶして下さい。
2.訂正する場合は、消しゴムできれいに消して下さい。
3.この解答用紙を汚したり、折り曲げたりしないで下さい。

良い例	悪い例
●	⊘ ⊙ ◐

受験番号						
⓪	⓪	⓪	⓪	⓪	⓪	⓪
①	①	①	①	①	①	①
②	②	②	②	②	②	②
③	③	③	③	③	③	③
④	④	④	④	④	④	④
⑤	⑤	⑤	⑤	⑤	⑤	⑤
⑥	⑥	⑥	⑥	⑥	⑥	⑥
⑦	⑦	⑦	⑦	⑦	⑦	⑦
⑧	⑧	⑧	⑧	⑧	⑧	⑧
⑨	⑨	⑨	⑨	⑨	⑨	⑨

解答番号	解答記入欄					解答番号	解答記入欄					解答番号	解答記入欄					解答番号	解答記入欄				
	1	2	3	4	5		1	2	3	4	5		1	2	3	4	5		1	2	3	4	5
1	①	②	③	④	⑤	26	①	②	③	④	⑤	51	①	②	③	④	⑤	76	①	②	③	④	⑤
2	①	②	③	④	⑤	27	①	②	③	④	⑤	52	①	②	③	④	⑤	77	①	②	③	④	⑤
3	①	②	③	④	⑤	28	①	②	③	④	⑤	53	①	②	③	④	⑤	78	①	②	③	④	⑤
4	①	②	③	④	⑤	29	①	②	③	④	⑤	54	①	②	③	④	⑤	79	①	②	③	④	⑤
5	①	②	③	④	⑤	30	①	②	③	④	⑤	55	①	②	③	④	⑤	80	①	②	③	④	⑤
6	①	②	③	④	⑤	31	①	②	③	④	⑤	56	①	②	③	④	⑤	81	①	②	③	④	⑤
7	①	②	③	④	⑤	32	①	②	③	④	⑤	57	①	②	③	④	⑤	82	①	②	③	④	⑤
8	①	②	③	④	⑤	33	①	②	③	④	⑤	58	①	②	③	④	⑤	83	①	②	③	④	⑤
9	①	②	③	④	⑤	34	①	②	③	④	⑤	59	①	②	③	④	⑤	84	①	②	③	④	⑤
10	①	②	③	④	⑤	35	①	②	③	④	⑤	60	①	②	③	④	⑤	85	①	②	③	④	⑤
11	①	②	③	④	⑤	36	①	②	③	④	⑤	61	①	②	③	④	⑤	86	①	②	③	④	⑤
12	①	②	③	④	⑤	37	①	②	③	④	⑤	62	①	②	③	④	⑤	87	①	②	③	④	⑤
13	①	②	③	④	⑤	38	①	②	③	④	⑤	63	①	②	③	④	⑤	88	①	②	③	④	⑤
14	①	②	③	④	⑤	39	①	②	③	④	⑤	64	①	②	③	④	⑤	89	①	②	③	④	⑤
15	①	②	③	④	⑤	40	①	②	③	④	⑤	65	①	②	③	④	⑤	90	①	②	③	④	⑤
16	①	②	③	④	⑤	41	①	②	③	④	⑤	66	①	②	③	④	⑤	91	①	②	③	④	⑤
17	①	②	③	④	⑤	42	①	②	③	④	⑤	67	①	②	③	④	⑤	92	①	②	③	④	⑤
18	①	②	③	④	⑤	43	①	②	③	④	⑤	68	①	②	③	④	⑤	93	①	②	③	④	⑤
19	①	②	③	④	⑤	44	①	②	③	④	⑤	69	①	②	③	④	⑤	94	①	②	③	④	⑤
20	①	②	③	④	⑤	45	①	②	③	④	⑤	70	①	②	③	④	⑤	95	①	②	③	④	⑤
21	①	②	③	④	⑤	46	①	②	③	④	⑤	71	①	②	③	④	⑤	96	①	②	③	④	⑤
22	①	②	③	④	⑤	47	①	②	③	④	⑤	72	①	②	③	④	⑤	97	①	②	③	④	⑤
23	①	②	③	④	⑤	48	①	②	③	④	⑤	73	①	②	③	④	⑤	98	①	②	③	④	⑤
24	①	②	③	④	⑤	49	①	②	③	④	⑤	74	①	②	③	④	⑤	99	①	②	③	④	⑤
25	①	②	③	④	⑤	50	①	②	③	④	⑤	75	①	②	③	④	⑤	100	①	②	③	④	⑤

（注）この解答用紙は実物を縮小してあります。A３用紙に147％拡大コピーすると、ほぼ実物大で使用できます。（タイトルと配点表は含みません）

推定配点	
Ⅰ～Ⅲ　各3点×20 Ⅳ　問1　各3点×3　問2～問5　各6点×4　問6　7点	
100点	計

2023年度 明星高等学校 本科

数学解答用紙

フリガナ	
氏　名	

記入方法及び注意事項
1.記入は必ず鉛筆またはシャープペンシルで、() の中を正確にぬりつぶして下さい。
2.訂正する場合は、消しゴムできれいに消して下さい。
3.この解答用紙を汚したり、折り曲げたりしないで下さい。

良い例	悪い例
●	∅ ⊙ ◐

受験番号						
⓪	⓪	⓪	⓪	⓪	⓪	⓪
①	①	①	①	①	①	①
②	②	②	②	②	②	②
③	③	③	③	③	③	③
④	④	④	④	④	④	④
⑤	⑤	⑤	⑤	⑤	⑤	⑤
⑥	⑥	⑥	⑥	⑥	⑥	⑥
⑦	⑦	⑦	⑦	⑦	⑦	⑦
⑧	⑧	⑧	⑧	⑧	⑧	⑧
⑨	⑨	⑨	⑨	⑨	⑨	⑨

解答番号	解答記入欄 1	2	3	4	5	解答番号	解答記入欄 1	2	3	4	5	解答番号	解答記入欄 1	2	3	4	5	解答番号	解答記入欄 1	2	3	4	5
1	①	②	③	④	⑤	26	①	②	③	④	⑤	51	①	②	③	④	⑤	76	①	②	③	④	⑤
2	①	②	③	④	⑤	27	①	②	③	④	⑤	52	①	②	③	④	⑤	77	①	②	③	④	⑤
3	①	②	③	④	⑤	28	①	②	③	④	⑤	53	①	②	③	④	⑤	78	①	②	③	④	⑤
4	①	②	③	④	⑤	29	①	②	③	④	⑤	54	①	②	③	④	⑤	79	①	②	③	④	⑤
5	①	②	③	④	⑤	30	①	②	③	④	⑤	55	①	②	③	④	⑤	80	①	②	③	④	⑤
6	①	②	③	④	⑤	31	①	②	③	④	⑤	56	①	②	③	④	⑤	81	①	②	③	④	⑤
7	①	②	③	④	⑤	32	①	②	③	④	⑤	57	①	②	③	④	⑤	82	①	②	③	④	⑤
8	①	②	③	④	⑤	33	①	②	③	④	⑤	58	①	②	③	④	⑤	83	①	②	③	④	⑤
9	①	②	③	④	⑤	34	①	②	③	④	⑤	59	①	②	③	④	⑤	84	①	②	③	④	⑤
10	①	②	③	④	⑤	35	①	②	③	④	⑤	60	①	②	③	④	⑤	85	①	②	③	④	⑤
11	①	②	③	④	⑤	36	①	②	③	④	⑤	61	①	②	③	④	⑤	86	①	②	③	④	⑤
12	①	②	③	④	⑤	37	①	②	③	④	⑤	62	①	②	③	④	⑤	87	①	②	③	④	⑤
13	①	②	③	④	⑤	38	①	②	③	④	⑤	63	①	②	③	④	⑤	88	①	②	③	④	⑤
14	①	②	③	④	⑤	39	①	②	③	④	⑤	64	①	②	③	④	⑤	89	①	②	③	④	⑤
15	①	②	③	④	⑤	40	①	②	③	④	⑤	65	①	②	③	④	⑤	90	①	②	③	④	⑤
16	①	②	③	④	⑤	41	①	②	③	④	⑤	66	①	②	③	④	⑤	91	①	②	③	④	⑤
17	①	②	③	④	⑤	42	①	②	③	④	⑤	67	①	②	③	④	⑤	92	①	②	③	④	⑤
18	①	②	③	④	⑤	43	①	②	③	④	⑤	68	①	②	③	④	⑤	93	①	②	③	④	⑤
19	①	②	③	④	⑤	44	①	②	③	④	⑤	69	①	②	③	④	⑤	94	①	②	③	④	⑤
20	①	②	③	④	⑤	45	①	②	③	④	⑤	70	①	②	③	④	⑤	95	①	②	③	④	⑤
21	①	②	③	④	⑤	46	①	②	③	④	⑤	71	①	②	③	④	⑤	96	①	②	③	④	⑤
22	①	②	③	④	⑤	47	①	②	③	④	⑤	72	①	②	③	④	⑤	97	①	②	③	④	⑤
23	①	②	③	④	⑤	48	①	②	③	④	⑤	73	①	②	③	④	⑤	98	①	②	③	④	⑤
24	①	②	③	④	⑤	49	①	②	③	④	⑤	74	①	②	③	④	⑤	99	①	②	③	④	⑤
25	①	②	③	④	⑤	50	①	②	③	④	⑤	75	①	②	③	④	⑤	100	①	②	③	④	⑤

評点
/100

（注）この解答用紙は実物を縮小してあります。A３用紙に147%拡大コピーすると、ほぼ実物大で使用できます。（タイトルと配点表は含みません）

推定配点

1、2 各7点×8

3 (1)、(2) 各7点×2　(3) 8点

4 (1)、(2) 各7点×2　(3) 8点

計	100点

二〇二三年度　明星高等学校　本科

国語解答用紙

評点
/100

フリガナ	
氏　名	

記入方法及び注意事項
1.記入は必ず鉛筆またはシャープペンシルで、⬭の中を正確にぬりつぶして下さい。
2.訂正する場合は、消しゴムできれいに消して下さい。
3.この解答用紙を汚したり、折り曲げたりしないで下さい。

良い例	悪い例
●	⊘ ⊙ ◐

受験番号						
⓪	⓪	⓪	⓪	⓪	⓪	⓪
①	①	①	①	①	①	①
②	②	②	②	②	②	②
③	③	③	③	③	③	③
④	④	④	④	④	④	④
⑤	⑤	⑤	⑤	⑤	⑤	⑤
⑥	⑥	⑥	⑥	⑥	⑥	⑥
⑦	⑦	⑦	⑦	⑦	⑦	⑦
⑧	⑧	⑧	⑧	⑧	⑧	⑧
⑨	⑨	⑨	⑨	⑨	⑨	⑨

解答番号	解答記入欄					解答番号	解答記入欄					解答番号	解答記入欄					解答番号	解答記入欄				
	1	2	3	4	5		1	2	3	4	5		1	2	3	4	5		1	2	3	4	5
1	①	②	③	④	⑤	26	①	②	③	④	⑤	51	①	②	③	④	⑤	76	①	②	③	④	⑤
2	①	②	③	④	⑤	27	①	②	③	④	⑤	52	①	②	③	④	⑤	77	①	②	③	④	⑤
3	①	②	③	④	⑤	28	①	②	③	④	⑤	53	①	②	③	④	⑤	78	①	②	③	④	⑤
4	①	②	③	④	⑤	29	①	②	③	④	⑤	54	①	②	③	④	⑤	79	①	②	③	④	⑤
5	①	②	③	④	⑤	30	①	②	③	④	⑤	55	①	②	③	④	⑤	80	①	②	③	④	⑤
6	①	②	③	④	⑤	31	①	②	③	④	⑤	56	①	②	③	④	⑤	81	①	②	③	④	⑤
7	①	②	③	④	⑤	32	①	②	③	④	⑤	57	①	②	③	④	⑤	82	①	②	③	④	⑤
8	①	②	③	④	⑤	33	①	②	③	④	⑤	58	①	②	③	④	⑤	83	①	②	③	④	⑤
9	①	②	③	④	⑤	34	①	②	③	④	⑤	59	①	②	③	④	⑤	84	①	②	③	④	⑤
10	①	②	③	④	⑤	35	①	②	③	④	⑤	60	①	②	③	④	⑤	85	①	②	③	④	⑤
11	①	②	③	④	⑤	36	①	②	③	④	⑤	61	①	②	③	④	⑤	86	①	②	③	④	⑤
12	①	②	③	④	⑤	37	①	②	③	④	⑤	62	①	②	③	④	⑤	87	①	②	③	④	⑤
13	①	②	③	④	⑤	38	①	②	③	④	⑤	63	①	②	③	④	⑤	88	①	②	③	④	⑤
14	①	②	③	④	⑤	39	①	②	③	④	⑤	64	①	②	③	④	⑤	89	①	②	③	④	⑤
15	①	②	③	④	⑤	40	①	②	③	④	⑤	65	①	②	③	④	⑤	90	①	②	③	④	⑤
16	①	②	③	④	⑤	41	①	②	③	④	⑤	66	①	②	③	④	⑤	91	①	②	③	④	⑤
17	①	②	③	④	⑤	42	①	②	③	④	⑤	67	①	②	③	④	⑤	92	①	②	③	④	⑤
18	①	②	③	④	⑤	43	①	②	③	④	⑤	68	①	②	③	④	⑤	93	①	②	③	④	⑤
19	①	②	③	④	⑤	44	①	②	③	④	⑤	69	①	②	③	④	⑤	94	①	②	③	④	⑤
20	①	②	③	④	⑤	45	①	②	③	④	⑤	70	①	②	③	④	⑤	95	①	②	③	④	⑤
21	①	②	③	④	⑤	46	①	②	③	④	⑤	71	①	②	③	④	⑤	96	①	②	③	④	⑤
22	①	②	③	④	⑤	47	①	②	③	④	⑤	72	①	②	③	④	⑤	97	①	②	③	④	⑤
23	①	②	③	④	⑤	48	①	②	③	④	⑤	73	①	②	③	④	⑤	98	①	②	③	④	⑤
24	①	②	③	④	⑤	49	①	②	③	④	⑤	74	①	②	③	④	⑤	99	①	②	③	④	⑤
25	①	②	③	④	⑤	50	①	②	③	④	⑤	75	①	②	③	④	⑤	100	①	②	③	④	⑤

（注）この解答用紙は実物を縮小してあります。Ａ３用紙に147%拡大コピーすると、ほぼ実物大で使用できます。（タイトルと配点表は含みません）

推定配点

一　問1　各2点×5　問2～問4　各3点×3　問5　5点
問6　7点　問7　5点　問8、問9　各7点×2
二　問1　各3点×2　問2　4点　問3～問10　各5点×8

100点	計

２０２３年度　　明星高等学校 ＭＧＳ

英語解答用紙

番号		氏名		評点	／100

Ⅰ	No.1		No.2		No.3		No.4	

Ⅱ	No.1		No.2	

Ⅲ	ア		イ		ウ			エ	

Ⅳ									
	1		2						
	3								
	4		5	④		⑤			
	6		7		8		9		
	10								

Ⅴ										
	1									
	2		3		4		5	2番目	5番目	6
	7	ア		イ		ウ		エ		8

（注）この解答用紙は実物を縮小してあります。Ａ３用紙に167％拡大コピーすると、ほぼ実物大で使用できます。（タイトルと配点表は含みません）

推定配点		計
	Ⅰ～Ⅲ　各３点×10 Ⅳ　問１，問２　各３点×２　問３　４点　問４，問５　各３点×３ 問６　４点　問７～問９　各３点×３　問10　４点 Ⅴ　問１　６点　問２～問５　各３点×４　問６　２点 問７　各３点×４　問８　２点	100点

２０２３年度　　明星高等学校　ＭＧＳ

数学解答用紙

番号		氏名		評点	／100

1

(1)	(2)	(3)

(4)	(5)
$x=$ 　　, $y=$	$x=$

2

(1)	(2)	(3)
$a=$ 　　, $x=$	個	BD：PQ＝

3

(1)	(2)
$a=$	P(　　,　　)

(3)	(4)
PQ＝	

4

(1)	(2)	(3)
枚		枚

5

(1)	(2)	(3)
度	cm	cm^3

(注) この解答用紙は実物を縮小してあります。Ａ３用紙に154%拡大コピーすると、ほぼ実物大で使用できます。(タイトルと配点表は含みません)

推定配点		計
	1, 2 各５点×８　3～5 各６点×10	100点

二〇二三年度　明星高等学校　MGS

国語解答用紙

番号		氏名		評点	/100

一

① ねる	②	③	④	⑤
⑥	⑦	⑧ めた	⑨	⑩

二

問1　A　B

問2

問3

問4

問5

問6

問7

三

問1

問2

問3

問4　A　B　C　D

問5

問6

四

問1

問2

問3

問4

問5　A　B　C

推定配点

一　各1点×10　二　問1　各2点×2　問2　4点
問3～問5　各5点×3　問6　8点　問7　4点
三　問1、問2　各4点×2　問3　5点　問4　各2点×4
問5　8点　問6　6点
四　問1～問4　各3点×4　問5　A、B　各3点×2　C　2点

計	100点

（注）この解答用紙は実物を縮小してあります。182%拡大コピーすると、ほぼ実物大で使用できます。（タイトルと配点表は含みません）

2022年度 明星高等学校 本科

英語解答用紙

評点
/100

フリガナ	
氏 名	

記入方法及び注意事項
1.記入は必ず鉛筆またはシャープペンシルで、()の中を正確にぬりつぶして下さい。
2.訂正する場合は、消しゴムできれいに消して下さい。
3.この解答用紙を汚したり、折り曲げたりしないで下さい。

良い例	悪い例
●	∅ ⊙ ◐

受験番号				
⓪	⓪	⓪	⓪	⓪
①	①	①	①	①
②	②	②	②	②
③	③	③	③	③
④	④	④	④	④
⑤	⑤	⑤	⑤	⑤
⑥	⑥	⑥	⑥	⑥
⑦	⑦	⑦	⑦	⑦
⑧	⑧	⑧	⑧	⑧
⑨	⑨	⑨	⑨	⑨

解答番号	解答記入欄 1	2	3	4	5	解答番号	解答記入欄 1	2	3	4	5	解答番号	解答記入欄 1	2	3	4	5	解答番号	解答記入欄 1	2	3	4	5
1	①	②	③	④	⑤	26	①	②	③	④	⑤	51	①	②	③	④	⑤	76	①	②	③	④	⑤
2	①	②	③	④	⑤	27	①	②	③	④	⑤	52	①	②	③	④	⑤	77	①	②	③	④	⑤
3	①	②	③	④	⑤	28	①	②	③	④	⑤	53	①	②	③	④	⑤	78	①	②	③	④	⑤
4	①	②	③	④	⑤	29	①	②	③	④	⑤	54	①	②	③	④	⑤	79	①	②	③	④	⑤
5	①	②	③	④	⑤	30	①	②	③	④	⑤	55	①	②	③	④	⑤	80	①	②	③	④	⑤
6	①	②	③	④	⑤	31	①	②	③	④	⑤	56	①	②	③	④	⑤	81	①	②	③	④	⑤
7	①	②	③	④	⑤	32	①	②	③	④	⑤	57	①	②	③	④	⑤	82	①	②	③	④	⑤
8	①	②	③	④	⑤	33	①	②	③	④	⑤	58	①	②	③	④	⑤	83	①	②	③	④	⑤
9	①	②	③	④	⑤	34	①	②	③	④	⑤	59	①	②	③	④	⑤	84	①	②	③	④	⑤
10	①	②	③	④	⑤	35	①	②	③	④	⑤	60	①	②	③	④	⑤	85	①	②	③	④	⑤
11	①	②	③	④	⑤	36	①	②	③	④	⑤	61	①	②	③	④	⑤	86	①	②	③	④	⑤
12	①	②	③	④	⑤	37	①	②	③	④	⑤	62	①	②	③	④	⑤	87	①	②	③	④	⑤
13	①	②	③	④	⑤	38	①	②	③	④	⑤	63	①	②	③	④	⑤	88	①	②	③	④	⑤
14	①	②	③	④	⑤	39	①	②	③	④	⑤	64	①	②	③	④	⑤	89	①	②	③	④	⑤
15	①	②	③	④	⑤	40	①	②	③	④	⑤	65	①	②	③	④	⑤	90	①	②	③	④	⑤
16	①	②	③	④	⑤	41	①	②	③	④	⑤	66	①	②	③	④	⑤	91	①	②	③	④	⑤
17	①	②	③	④	⑤	42	①	②	③	④	⑤	67	①	②	③	④	⑤	92	①	②	③	④	⑤
18	①	②	③	④	⑤	43	①	②	③	④	⑤	68	①	②	③	④	⑤	93	①	②	③	④	⑤
19	①	②	③	④	⑤	44	①	②	③	④	⑤	69	①	②	③	④	⑤	94	①	②	③	④	⑤
20	①	②	③	④	⑤	45	①	②	③	④	⑤	70	①	②	③	④	⑤	95	①	②	③	④	⑤
21	①	②	③	④	⑤	46	①	②	③	④	⑤	71	①	②	③	④	⑤	96	①	②	③	④	⑤
22	①	②	③	④	⑤	47	①	②	③	④	⑤	72	①	②	③	④	⑤	97	①	②	③	④	⑤
23	①	②	③	④	⑤	48	①	②	③	④	⑤	73	①	②	③	④	⑤	98	①	②	③	④	⑤
24	①	②	③	④	⑤	49	①	②	③	④	⑤	74	①	②	③	④	⑤	99	①	②	③	④	⑤
25	①	②	③	④	⑤	50	①	②	③	④	⑤	75	①	②	③	④	⑤	100	①	②	③	④	⑤

(注) この解答用紙は実物を縮小してあります。Ｂ４用紙に139%拡大コピーすると、ほぼ実物大で使用できます。(タイトルと配点表は含みません)

推定配点	
Ⅰ～Ⅲ 各3点×20　Ⅳ 各5点×8	
100点	計

2022年度　明星高等学校　本科

数学解答用紙

評点
/100

フリガナ	
氏　名	

受験番号				
⓪	⓪	⓪	⓪	⓪
①	①	①	①	①
②	②	②	②	②
③	③	③	③	③
④	④	④	④	④
⑤	⑤	⑤	⑤	⑤
⑥	⑥	⑥	⑥	⑥
⑦	⑦	⑦	⑦	⑦
⑧	⑧	⑧	⑧	⑧
⑨	⑨	⑨	⑨	⑨

記入方法及び注意事項

1.記入は必ず鉛筆またはシャープペンシルで、()の中を正確にぬりつぶして下さい。

2.訂正する場合は、消しゴムできれいに消して下さい。

3.この解答用紙を汚したり、折り曲げたりしないで下さい。

良い例	悪い例
●	Ø ⊙ ◐

解答番号	解答記入欄 1	2	3	4	5	解答番号	解答記入欄 1	2	3	4	5	解答番号	解答記入欄 1	2	3	4	5	解答番号	解答記入欄 1	2	3	4	5
1	①	②	③	④	⑤	26	①	②	③	④	⑤	51	①	②	③	④	⑤	76	①	②	③	④	⑤
2	①	②	③	④	⑤	27	①	②	③	④	⑤	52	①	②	③	④	⑤	77	①	②	③	④	⑤
3	①	②	③	④	⑤	28	①	②	③	④	⑤	53	①	②	③	④	⑤	78	①	②	③	④	⑤
4	①	②	③	④	⑤	29	①	②	③	④	⑤	54	①	②	③	④	⑤	79	①	②	③	④	⑤
5	①	②	③	④	⑤	30	①	②	③	④	⑤	55	①	②	③	④	⑤	80	①	②	③	④	⑤
6	①	②	③	④	⑤	31	①	②	③	④	⑤	56	①	②	③	④	⑤	81	①	②	③	④	⑤
7	①	②	③	④	⑤	32	①	②	③	④	⑤	57	①	②	③	④	⑤	82	①	②	③	④	⑤
8	①	②	③	④	⑤	33	①	②	③	④	⑤	58	①	②	③	④	⑤	83	①	②	③	④	⑤
9	①	②	③	④	⑤	34	①	②	③	④	⑤	59	①	②	③	④	⑤	84	①	②	③	④	⑤
10	①	②	③	④	⑤	35	①	②	③	④	⑤	60	①	②	③	④	⑤	85	①	②	③	④	⑤
11	①	②	③	④	⑤	36	①	②	③	④	⑤	61	①	②	③	④	⑤	86	①	②	③	④	⑤
12	①	②	③	④	⑤	37	①	②	③	④	⑤	62	①	②	③	④	⑤	87	①	②	③	④	⑤
13	①	②	③	④	⑤	38	①	②	③	④	⑤	63	①	②	③	④	⑤	88	①	②	③	④	⑤
14	①	②	③	④	⑤	39	①	②	③	④	⑤	64	①	②	③	④	⑤	89	①	②	③	④	⑤
15	①	②	③	④	⑤	40	①	②	③	④	⑤	65	①	②	③	④	⑤	90	①	②	③	④	⑤
16	①	②	③	④	⑤	41	①	②	③	④	⑤	66	①	②	③	④	⑤	91	①	②	③	④	⑤
17	①	②	③	④	⑤	42	①	②	③	④	⑤	67	①	②	③	④	⑤	92	①	②	③	④	⑤
18	①	②	③	④	⑤	43	①	②	③	④	⑤	68	①	②	③	④	⑤	93	①	②	③	④	⑤
19	①	②	③	④	⑤	44	①	②	③	④	⑤	69	①	②	③	④	⑤	94	①	②	③	④	⑤
20	①	②	③	④	⑤	45	①	②	③	④	⑤	70	①	②	③	④	⑤	95	①	②	③	④	⑤
21	①	②	③	④	⑤	46	①	②	③	④	⑤	71	①	②	③	④	⑤	96	①	②	③	④	⑤
22	①	②	③	④	⑤	47	①	②	③	④	⑤	72	①	②	③	④	⑤	97	①	②	③	④	⑤
23	①	②	③	④	⑤	48	①	②	③	④	⑤	73	①	②	③	④	⑤	98	①	②	③	④	⑤
24	①	②	③	④	⑤	49	①	②	③	④	⑤	74	①	②	③	④	⑤	99	①	②	③	④	⑤
25	①	②	③	④	⑤	50	①	②	③	④	⑤	75	①	②	③	④	⑤	100	①	②	③	④	⑤

(注)この解答用紙は実物を縮小してあります。Ｂ４用紙に139%拡大コピーすると、ほぼ実物大で使用できます。(タイトルと配点表は含みません)

推定配点	
1、2 各7点×8 3 (1)、(2) 各7点×2 (3) 8点 4 (1)、(2) 各7点×2 (3) 8点	
100点	計

二〇二二年度　明星高等学校　本科

国語解答用紙

評点
/100

フリガナ	
氏　名	

記入方法及び注意事項
1.記入は必ず鉛筆またはシャープペンシルで、◯の中を正確にぬりつぶして下さい。
2.訂正する場合は、消しゴムできれいに消して下さい。
3.この解答用紙を汚したり、折り曲げたりしないで下さい。

良い例	悪い例
●	⊘ ⊙ ◐

受験番号				
⓪	⓪	⓪	⓪	⓪
①	①	①	①	①
②	②	②	②	②
③	③	③	③	③
④	④	④	④	④
⑤	⑤	⑤	⑤	⑤
⑥	⑥	⑥	⑥	⑥
⑦	⑦	⑦	⑦	⑦
⑧	⑧	⑧	⑧	⑧
⑨	⑨	⑨	⑨	⑨

解答番号	解答記入欄					解答番号	解答記入欄					解答番号	解答記入欄					解答番号	解答記入欄				
	1	2	3	4	5		1	2	3	4	5		1	2	3	4	5		1	2	3	4	5
1	①	②	③	④	⑤	26	①	②	③	④	⑤	51	①	②	③	④	⑤	76	①	②	③	④	⑤
2	①	②	③	④	⑤	27	①	②	③	④	⑤	52	①	②	③	④	⑤	77	①	②	③	④	⑤
3	①	②	③	④	⑤	28	①	②	③	④	⑤	53	①	②	③	④	⑤	78	①	②	③	④	⑤
4	①	②	③	④	⑤	29	①	②	③	④	⑤	54	①	②	③	④	⑤	79	①	②	③	④	⑤
5	①	②	③	④	⑤	30	①	②	③	④	⑤	55	①	②	③	④	⑤	80	①	②	③	④	⑤
6	①	②	③	④	⑤	31	①	②	③	④	⑤	56	①	②	③	④	⑤	81	①	②	③	④	⑤
7	①	②	③	④	⑤	32	①	②	③	④	⑤	57	①	②	③	④	⑤	82	①	②	③	④	⑤
8	①	②	③	④	⑤	33	①	②	③	④	⑤	58	①	②	③	④	⑤	83	①	②	③	④	⑤
9	①	②	③	④	⑤	34	①	②	③	④	⑤	59	①	②	③	④	⑤	84	①	②	③	④	⑤
10	①	②	③	④	⑤	35	①	②	③	④	⑤	60	①	②	③	④	⑤	85	①	②	③	④	⑤
11	①	②	③	④	⑤	36	①	②	③	④	⑤	61	①	②	③	④	⑤	86	①	②	③	④	⑤
12	①	②	③	④	⑤	37	①	②	③	④	⑤	62	①	②	③	④	⑤	87	①	②	③	④	⑤
13	①	②	③	④	⑤	38	①	②	③	④	⑤	63	①	②	③	④	⑤	88	①	②	③	④	⑤
14	①	②	③	④	⑤	39	①	②	③	④	⑤	64	①	②	③	④	⑤	89	①	②	③	④	⑤
15	①	②	③	④	⑤	40	①	②	③	④	⑤	65	①	②	③	④	⑤	90	①	②	③	④	⑤
16	①	②	③	④	⑤	41	①	②	③	④	⑤	66	①	②	③	④	⑤	91	①	②	③	④	⑤
17	①	②	③	④	⑤	42	①	②	③	④	⑤	67	①	②	③	④	⑤	92	①	②	③	④	⑤
18	①	②	③	④	⑤	43	①	②	③	④	⑤	68	①	②	③	④	⑤	93	①	②	③	④	⑤
19	①	②	③	④	⑤	44	①	②	③	④	⑤	69	①	②	③	④	⑤	94	①	②	③	④	⑤
20	①	②	③	④	⑤	45	①	②	③	④	⑤	70	①	②	③	④	⑤	95	①	②	③	④	⑤
21	①	②	③	④	⑤	46	①	②	③	④	⑤	71	①	②	③	④	⑤	96	①	②	③	④	⑤
22	①	②	③	④	⑤	47	①	②	③	④	⑤	72	①	②	③	④	⑤	97	①	②	③	④	⑤
23	①	②	③	④	⑤	48	①	②	③	④	⑤	73	①	②	③	④	⑤	98	①	②	③	④	⑤
24	①	②	③	④	⑤	49	①	②	③	④	⑤	74	①	②	③	④	⑤	99	①	②	③	④	⑤
25	①	②	③	④	⑤	50	①	②	③	④	⑤	75	①	②	③	④	⑤	100	①	②	③	④	⑤

（注）この解答用紙は実物を縮小してあります。Ｂ４用紙に139%拡大コピーすると、ほぼ実物大で使用できます。（タイトルと配点表は含みません）

推定配点

□一 問1　各3点×5　問2、問3　各5点×2
問4～問8　各6点×5
□二 問1　各3点×3　問2～問7　各6点×6

100点	計

２０２２年度　明星高等学校　ＭＧＳ

英語解答用紙

番号		氏名	

評点	／100

I	No.1		No.2	

II	Question No.1		Question No.2	

III	Lily: I miss you already. (　　　　).

IV	問 1		問 2		問 3		問 4		問 5	

V						
	問 1		問 2		問 3	
	問 4	メリット１：				
		メリット２：				
	問 5		問 6			
	問 7					25 / 35

VI				
	問 1		問 2	
	問 3			
	問 4		問 5	
	問 6			
	問 7			
	問 8			
	問 9	i		ii
		iii		iv

（注）この解答用紙は実物を縮小してあります。182％拡大コピーすると、ほぼ実物大で使用できます。（タイトルと配点表は含みません）

推定配点		計
	I～III　各４点×５　　IV　各３点×５ V　問１～問６　各３点×７　問７　10点 VI　問１～問６　各３点×６　問７，問８　各４点×２　問９　各２点×４	100点

２０２２年度　明星高等学校　ＭＧＳ

数学解答用紙

番号		氏名		評点	／100

1

(1)	(2)	(3)

(4)	(5)
$x=$　　　, $y=$	$x=$

2

(1)	(2)	(3)
$a=$　　　, $b=$	$x=$	$\angle x=$

3

(1)	(2)
$a=$	D (　　　,　　　)

(3)	(4)
	$y=$

4

(1)	(2)	(3)
番目		$x=$

5

(1)	(2)
cm	cm

(注) この解答用紙は実物を縮小してあります。Ａ３用紙に161％拡大コピーすると、ほぼ実物大で使用できます。（タイトルと配点表は含みません）

推定配点		計
	1, 2　各６点×８　3 (1)　５点　(2)～(4)　各６点×３ 4 (1)　５点　(2), (3)　各６点×２　5　各６点×２	100点

二〇二三年度　明星高等学校　MGS

国語解答用紙

番号		氏名		評点	/100

一

① しい	②	③	④	⑤
⑥	⑦	⑧	⑨	⑩ む

二

問1 A　B

問2

問3

問4

問5

問6

問7

三

問1 Ⅰ　Ⅱ　Ⅲ

問2 〜

問3

問4

問5

問6

問7 (1) 1　2　(2)

四

問1

問2

問3

問4

問5

問6

(注) この解答用紙は実物を縮小してあります。179%拡大コピーすると、ほぼ実物大で使用できます。(タイトルと配点表は含みません)

推定配点

一 各2点×10

二 問1〜問3 各3点×4　問4〜問6 各4点×3　問7 6点

三 問1、問2 各3点×4　問3 6点　問4〜問6 各4点×3　問7 各2点×3

四 問1、問2 各2点×2　問3 3点　問4 2点　問5 3点　問6 2点

計 100点

2021年度 明星高等学校 本科

英語解答用紙

フリガナ	
氏名	

記入方法及び注意事項
1.記入は必ず鉛筆またはシャープペンシルで、◯の中を正確にぬりつぶして下さい。
2.訂正する場合は、消しゴムできれいに消して下さい。
3.この解答用紙を汚したり、折り曲げたりしないで下さい。

良い例	悪い例
●	⊘ ⊙ ◐

受験番号				
⓪	⓪	⓪	⓪	⓪
①	①	①	①	①
②	②	②	②	②
③	③	③	③	③
④	④	④	④	④
⑤	⑤	⑤	⑤	⑤
⑥	⑥	⑥	⑥	⑥
⑦	⑦	⑦	⑦	⑦
⑧	⑧	⑧	⑧	⑧
⑨	⑨	⑨	⑨	⑨

解答番号	解答記入欄					解答番号	解答記入欄					解答番号	解答記入欄					解答番号	解答記入欄				
	1	2	3	4	5		1	2	3	4	5		1	2	3	4	5		1	2	3	4	5
1	①	②	③	④	⑤	26	①	②	③	④	⑤	51	①	②	③	④	⑤	76	①	②	③	④	⑤
2	①	②	③	④	⑤	27	①	②	③	④	⑤	52	①	②	③	④	⑤	77	①	②	③	④	⑤
3	①	②	③	④	⑤	28	①	②	③	④	⑤	53	①	②	③	④	⑤	78	①	②	③	④	⑤
4	①	②	③	④	⑤	29	①	②	③	④	⑤	54	①	②	③	④	⑤	79	①	②	③	④	⑤
5	①	②	③	④	⑤	30	①	②	③	④	⑤	55	①	②	③	④	⑤	80	①	②	③	④	⑤
6	①	②	③	④	⑤	31	①	②	③	④	⑤	56	①	②	③	④	⑤	81	①	②	③	④	⑤
7	①	②	③	④	⑤	32	①	②	③	④	⑤	57	①	②	③	④	⑤	82	①	②	③	④	⑤
8	①	②	③	④	⑤	33	①	②	③	④	⑤	58	①	②	③	④	⑤	83	①	②	③	④	⑤
9	①	②	③	④	⑤	34	①	②	③	④	⑤	59	①	②	③	④	⑤	84	①	②	③	④	⑤
10	①	②	③	④	⑤	35	①	②	③	④	⑤	60	①	②	③	④	⑤	85	①	②	③	④	⑤
11	①	②	③	④	⑤	36	①	②	③	④	⑤	61	①	②	③	④	⑤	86	①	②	③	④	⑤
12	①	②	③	④	⑤	37	①	②	③	④	⑤	62	①	②	③	④	⑤	87	①	②	③	④	⑤
13	①	②	③	④	⑤	38	①	②	③	④	⑤	63	①	②	③	④	⑤	88	①	②	③	④	⑤
14	①	②	③	④	⑤	39	①	②	③	④	⑤	64	①	②	③	④	⑤	89	①	②	③	④	⑤
15	①	②	③	④	⑤	40	①	②	③	④	⑤	65	①	②	③	④	⑤	90	①	②	③	④	⑤
16	①	②	③	④	⑤	41	①	②	③	④	⑤	66	①	②	③	④	⑤	91	①	②	③	④	⑤
17	①	②	③	④	⑤	42	①	②	③	④	⑤	67	①	②	③	④	⑤	92	①	②	③	④	⑤
18	①	②	③	④	⑤	43	①	②	③	④	⑤	68	①	②	③	④	⑤	93	①	②	③	④	⑤
19	①	②	③	④	⑤	44	①	②	③	④	⑤	69	①	②	③	④	⑤	94	①	②	③	④	⑤
20	①	②	③	④	⑤	45	①	②	③	④	⑤	70	①	②	③	④	⑤	95	①	②	③	④	⑤
21	①	②	③	④	⑤	46	①	②	③	④	⑤	71	①	②	③	④	⑤	96	①	②	③	④	⑤
22	①	②	③	④	⑤	47	①	②	③	④	⑤	72	①	②	③	④	⑤	97	①	②	③	④	⑤
23	①	②	③	④	⑤	48	①	②	③	④	⑤	73	①	②	③	④	⑤	98	①	②	③	④	⑤
24	①	②	③	④	⑤	49	①	②	③	④	⑤	74	①	②	③	④	⑤	99	①	②	③	④	⑤
25	①	②	③	④	⑤	50	①	②	③	④	⑤	75	①	②	③	④	⑤	100	①	②	③	④	⑤

評点
／100

（注）この解答用紙は実物を縮小してあります。Ｂ４用紙に139％拡大コピーすると、ほぼ実物大で使用できます。（タイトルと配点表は含みません）

推定配点	
Ⅰ～Ⅲ 各3点×19 Ⅳ 問1～問3 各3点×5 問4～問7 各4点×7	
100点	計

２０２１年度　明星高等学校　本科

数学解答用紙

評点
／100

フリガナ	
氏　名	

記入方法及び注意事項
1.記入は必ず鉛筆またはシャープペンシルで、◯の中を正確にぬりつぶして下さい。
2.訂正する場合は、消しゴムできれいに消して下さい。
3.この解答用紙を汚したり、折り曲げたりしないで下さい。

良い例	悪い例
●	⊘ ⊙ ◐

受験番号				
⓪	⓪	⓪	⓪	⓪
①	①	①	①	①
②	②	②	②	②
③	③	③	③	③
④	④	④	④	④
⑤	⑤	⑤	⑤	⑤
⑥	⑥	⑥	⑥	⑥
⑦	⑦	⑦	⑦	⑦
⑧	⑧	⑧	⑧	⑧
⑨	⑨	⑨	⑨	⑨

解答番号	解答記入欄 1	2	3	4	5	解答番号	解答記入欄 1	2	3	4	5	解答番号	解答記入欄 1	2	3	4	5	解答番号	解答記入欄 1	2	3	4	5
1	①	②	③	④	⑤	26	①	②	③	④	⑤	51	①	②	③	④	⑤	76	①	②	③	④	⑤
2	①	②	③	④	⑤	27	①	②	③	④	⑤	52	①	②	③	④	⑤	77	①	②	③	④	⑤
3	①	②	③	④	⑤	28	①	②	③	④	⑤	53	①	②	③	④	⑤	78	①	②	③	④	⑤
4	①	②	③	④	⑤	29	①	②	③	④	⑤	54	①	②	③	④	⑤	79	①	②	③	④	⑤
5	①	②	③	④	⑤	30	①	②	③	④	⑤	55	①	②	③	④	⑤	80	①	②	③	④	⑤
6	①	②	③	④	⑤	31	①	②	③	④	⑤	56	①	②	③	④	⑤	81	①	②	③	④	⑤
7	①	②	③	④	⑤	32	①	②	③	④	⑤	57	①	②	③	④	⑤	82	①	②	③	④	⑤
8	①	②	③	④	⑤	33	①	②	③	④	⑤	58	①	②	③	④	⑤	83	①	②	③	④	⑤
9	①	②	③	④	⑤	34	①	②	③	④	⑤	59	①	②	③	④	⑤	84	①	②	③	④	⑤
10	①	②	③	④	⑤	35	①	②	③	④	⑤	60	①	②	③	④	⑤	85	①	②	③	④	⑤
11	①	②	③	④	⑤	36	①	②	③	④	⑤	61	①	②	③	④	⑤	86	①	②	③	④	⑤
12	①	②	③	④	⑤	37	①	②	③	④	⑤	62	①	②	③	④	⑤	87	①	②	③	④	⑤
13	①	②	③	④	⑤	38	①	②	③	④	⑤	63	①	②	③	④	⑤	88	①	②	③	④	⑤
14	①	②	③	④	⑤	39	①	②	③	④	⑤	64	①	②	③	④	⑤	89	①	②	③	④	⑤
15	①	②	③	④	⑤	40	①	②	③	④	⑤	65	①	②	③	④	⑤	90	①	②	③	④	⑤
16	①	②	③	④	⑤	41	①	②	③	④	⑤	66	①	②	③	④	⑤	91	①	②	③	④	⑤
17	①	②	③	④	⑤	42	①	②	③	④	⑤	67	①	②	③	④	⑤	92	①	②	③	④	⑤
18	①	②	③	④	⑤	43	①	②	③	④	⑤	68	①	②	③	④	⑤	93	①	②	③	④	⑤
19	①	②	③	④	⑤	44	①	②	③	④	⑤	69	①	②	③	④	⑤	94	①	②	③	④	⑤
20	①	②	③	④	⑤	45	①	②	③	④	⑤	70	①	②	③	④	⑤	95	①	②	③	④	⑤
21	①	②	③	④	⑤	46	①	②	③	④	⑤	71	①	②	③	④	⑤	96	①	②	③	④	⑤
22	①	②	③	④	⑤	47	①	②	③	④	⑤	72	①	②	③	④	⑤	97	①	②	③	④	⑤
23	①	②	③	④	⑤	48	①	②	③	④	⑤	73	①	②	③	④	⑤	98	①	②	③	④	⑤
24	①	②	③	④	⑤	49	①	②	③	④	⑤	74	①	②	③	④	⑤	99	①	②	③	④	⑤
25	①	②	③	④	⑤	50	①	②	③	④	⑤	75	①	②	③	④	⑤	100	①	②	③	④	⑤

（注）この解答用紙は実物を縮小してあります。Ｂ４用紙に139%拡大コピーすると、ほぼ実物大で使用できます。（タイトルと配点表は含みません）

推定配点	
[1]、[2] 各7点×8 [3] (1) 各7点×2 (2) 8点 [4] (1)、(2) 各7点×2 (3) 8点	
100点	計

二〇二一年度　明星高等学校　本科

国語解答用紙

評点　/100

良い例	悪い例
●	∅ ⊙ ◐

記入方法及び注意事項
1.記入は必ず鉛筆またはシャープペンシルで、()の中を正確にぬりつぶして下さい。
2.訂正する場合は、消しゴムできれいに消して下さい。
3.この解答用紙を汚したり、折り曲げたりしないで下さい。

フリガナ	
氏　名	

受験番号				
⓪	⓪	⓪	⓪	⓪
①	①	①	①	①
②	②	②	②	②
③	③	③	③	③
④	④	④	④	④
⑤	⑤	⑤	⑤	⑤
⑥	⑥	⑥	⑥	⑥
⑦	⑦	⑦	⑦	⑦
⑧	⑧	⑧	⑧	⑧
⑨	⑨	⑨	⑨	⑨

解答番号	解答記入欄					解答番号	解答記入欄					解答番号	解答記入欄					解答番号	解答記入欄				
	1	2	3	4	5		1	2	3	4	5		1	2	3	4	5		1	2	3	4	5
1	①	②	③	④	⑤	26	①	②	③	④	⑤	51	①	②	③	④	⑤	76	①	②	③	④	⑤
2	①	②	③	④	⑤	27	①	②	③	④	⑤	52	①	②	③	④	⑤	77	①	②	③	④	⑤
3	①	②	③	④	⑤	28	①	②	③	④	⑤	53	①	②	③	④	⑤	78	①	②	③	④	⑤
4	①	②	③	④	⑤	29	①	②	③	④	⑤	54	①	②	③	④	⑤	79	①	②	③	④	⑤
5	①	②	③	④	⑤	30	①	②	③	④	⑤	55	①	②	③	④	⑤	80	①	②	③	④	⑤
6	①	②	③	④	⑤	31	①	②	③	④	⑤	56	①	②	③	④	⑤	81	①	②	③	④	⑤
7	①	②	③	④	⑤	32	①	②	③	④	⑤	57	①	②	③	④	⑤	82	①	②	③	④	⑤
8	①	②	③	④	⑤	33	①	②	③	④	⑤	58	①	②	③	④	⑤	83	①	②	③	④	⑤
9	①	②	③	④	⑤	34	①	②	③	④	⑤	59	①	②	③	④	⑤	84	①	②	③	④	⑤
10	①	②	③	④	⑤	35	①	②	③	④	⑤	60	①	②	③	④	⑤	85	①	②	③	④	⑤
11	①	②	③	④	⑤	36	①	②	③	④	⑤	61	①	②	③	④	⑤	86	①	②	③	④	⑤
12	①	②	③	④	⑤	37	①	②	③	④	⑤	62	①	②	③	④	⑤	87	①	②	③	④	⑤
13	①	②	③	④	⑤	38	①	②	③	④	⑤	63	①	②	③	④	⑤	88	①	②	③	④	⑤
14	①	②	③	④	⑤	39	①	②	③	④	⑤	64	①	②	③	④	⑤	89	①	②	③	④	⑤
15	①	②	③	④	⑤	40	①	②	③	④	⑤	65	①	②	③	④	⑤	90	①	②	③	④	⑤
16	①	②	③	④	⑤	41	①	②	③	④	⑤	66	①	②	③	④	⑤	91	①	②	③	④	⑤
17	①	②	③	④	⑤	42	①	②	③	④	⑤	67	①	②	③	④	⑤	92	①	②	③	④	⑤
18	①	②	③	④	⑤	43	①	②	③	④	⑤	68	①	②	③	④	⑤	93	①	②	③	④	⑤
19	①	②	③	④	⑤	44	①	②	③	④	⑤	69	①	②	③	④	⑤	94	①	②	③	④	⑤
20	①	②	③	④	⑤	45	①	②	③	④	⑤	70	①	②	③	④	⑤	95	①	②	③	④	⑤
21	①	②	③	④	⑤	46	①	②	③	④	⑤	71	①	②	③	④	⑤	96	①	②	③	④	⑤
22	①	②	③	④	⑤	47	①	②	③	④	⑤	72	①	②	③	④	⑤	97	①	②	③	④	⑤
23	①	②	③	④	⑤	48	①	②	③	④	⑤	73	①	②	③	④	⑤	98	①	②	③	④	⑤
24	①	②	③	④	⑤	49	①	②	③	④	⑤	74	①	②	③	④	⑤	99	①	②	③	④	⑤
25	①	②	③	④	⑤	50	①	②	③	④	⑤	75	①	②	③	④	⑤	100	①	②	③	④	⑤

（注）この解答用紙は実物を縮小してあります。Ｂ４用紙に139%拡大コピーすると、ほぼ実物大で使用できます。（タイトルと配点表は含みません）

推定配点

一　問１　各３点×５　問２、問３　各４点×２　問４　３点　問５～問９　各５点×５

二　問１　各３点×３　問２～問９　各５点×８

100点	計

2021年度　明星高等学校　MGS

英語解答用紙

番号		氏名		評点	／100

I	A 1		A 2	
	B 1		B 2	

II	1		2		3		4		5	
	6 ①									
	6 ②									

III	1		2		3	
	4					
	5					

IV	1		2		3		4		
	5		6		7		8		
	9	(1)							
		(2)							

（注）この解答用紙は原本未入手のため、縮小率を掲載していません。

推定配点		計
	I　各３点×４　　II～IV　各４点×22	100点

2021年度　明星高等学校　MGS

数学解答用紙

番号　氏名　評点 ／100

1
(1)　(2)　(3)
(4) $x=$　, $y=$
(5) $x=$

2
(1) :
(2)
(3) $\angle x=$

3
(1) $a=$
(2) $x=$

4
(1)　(2)　(3)

5
(1) cm
(2) cm
(3) :

推定配点
1～4　各6点×13　5 (1) 6点　(2), (3) 各8点×2
計 100点

二〇二一年度　明星高等学校　MGS

国語解答用紙

番号　氏名　評点 ／100

一
1　2　3　4　5　6　7　8　9　10

二
問一 A　B　C
問二
問三
問四
問五
問六

三
問一
問二
問三
問四
問五
問六
問七

四
問一
問二
問三
問四 1
問四 2

推定配点
一 各2点×10
二 問一 各3点×3　問二～問五 各4点×4　問六 7点
三 問一～問三 各4点×3　問四 6点　問五～問七 各4点×3
四 問一～問三 各3点×3　問四 (1) 3点 (2) 6点
計 100点